매일 같은 노력을 정확하게 반복하는 자는

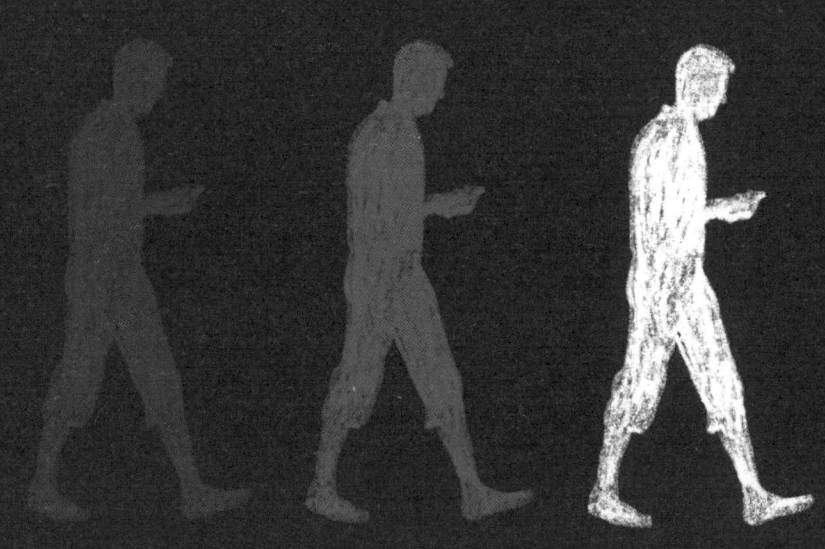

3일 전의 나와 2일 전의 나와 1일 전의 내가
완전하게 하나가 되어…

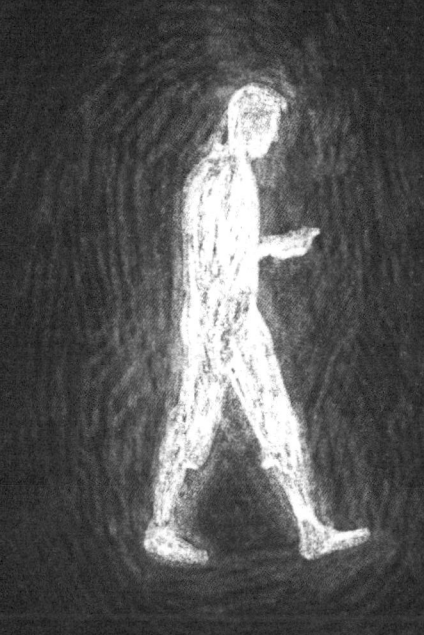

운명을 뚫는 힘을 가지게 된다네.

일러두기

본 작품은 모두 실제 사건이 기록되었으나 등장인물이 전달하는 일부 기업, 지명, 인물 등은 실제와 다를 수 있으며 그들이 해석한 대로 재창조되었음을 밝힙니다.

더 레이저

The Laser

태도가 파도가 되는 힘

정주영 지음

프롤로그

"이 세상의 이치는 수학 지식 없이 알아낼 수가 없다."
―로저 베이컨(자연과학자, 철학자)

1900년대에 멀고 먼 나라에 어느 작은 도시에서 한 삼십 대 청년이 모든 문을 걸어 잠그고 자신의 삶을 스스로 망쳤다며 자책하고 있었다. 늙은 노부부는 그 청년을 살려내기 위해 그 도시에서 가장 현명하다고 알려진 수학자이자 철학자였던 교수를 어렵게 집으로 불렀다. 청년은 처음에는 거부했지만 반나절을 문 앞에서 기다리던 교수를 보고 마음이 움직여 문을 반쯤 열어놓은 채로 물었다.

"저는 평생을 잘못 살았네요."

"정말 그렇게 생각하는가?"

그 말에 청년은 다시 문을 닫아버렸다. 뻔한 희망 어쩌고를 말할 거라고 생각한 것이다.

교수는 반나절을 더 기다렸다. 다시 문이 반쯤 열렸다.

"저는 길게 들을 마음의 여유가 없어요. 짧게 말씀해주세요."

"언제부터 자네가 잘못되었다고 생각하는가?"

"글쎄요, 입시에 실패했을 때부터일까요? 재능이 없단 걸 확인했을 때? 아니면 좋은 회사에 못 들어갔을 때? 살면서 실패가 선처럼 이어져 있으니 그걸 언제부터라고 말하기 어렵네요. 아니, 그게 언제부터라는 것도 말하고 싶지 않네요."

잠시 생각하던 청년은 언짢은 듯 되물었다.

"그러는 교수님은 언제부터 그렇게 잘나갈줄 아셨나요?"

"내가 그렇게 잘나갔던가?"

"저의 불행은 잘 보시면서, 자신의 행운은 잘 보지 못하시는군요."

"뭐가 행운인가?"

청년은 갑자기 교수를 상대할 마음이 생겼다.

"교수라는 직함부터가 본인의 온전하고도 눈물겨운 노력 덕분이라고 생각하는 건 아니시겠죠? 부모님들은 당연히 공부를 잘하셨을 거고, 교수님은 그 똑똑한 머리로 학교에서도 쉽게 앞서나가셨을 거예요. 저는 수학을 아무리 공부해도 잘하지 못했어요. 그런데 교수님은 어릴 때부터 수학 분야에서 스타셨죠. 사회가 사랑하는 고차원적인 능력을 두 손에 꽉 쥐고 있으니, 가장 높은 권위도 쉽게 만나셨겠죠. 그런 지위는 그런 재력도 주죠. 다 선순환이에요. 그런 사람이 악순환에 갇힌 사람을 납치된 공주를 구해내는 왕자처럼 구할 수 있을까요? 뭐 노력을 더 하라거나 꿈을 꾸라든가 그릿이 어쩌고 약 팔 거면 그냥 가주세요."

청년의 긴 대답에 교수는 시종 무표정이었다.

"쓸데없는 것들을 생각하는군."

"네?"

청년은 방문을 완전히 열어젖혔다. 늙은 교수는 두꺼운 안경과 긴 수염이 인상적으로 자라 있었다. 그냥 동네 할아버지 같은 모습이었다. 청년은 속으로 목소리만 듣고 너무 큰 권위를 느꼈다고 후회했다.

늙은 교수는 안경을 한 번 올리더니 말했다.

"나는 자네와 세상이 얼마나 수학과 철학적으로 완벽히 설계된 아름답고 단순한 것인지를 말하러 왔네."

"저는 수학을 아무리 공부해도 못했는데요?"

"나도 수학을 아무리 공부해도 복잡해지기만 했던 시절이 있었네. 그러다 수십 년 공부하고서야 아주 단순한 진리를 찾은 걸세. 그건 누구나 마음을 열면 바로 알 수 있지."

청년은 늙은 교수의 기다림과 신비로움에 이미 마음이 오롯이 열려 있었다.

"연습장을 하나 들고 오게나."

청년은 교수의 말에 서랍 속 연습장을 꺼내어 왔다.

"내가 만약 자네의 인생을 이렇게 만들어준다면 어떨 거 같나?"

청년은 교수가 연습장에 그린 그림에 입꼬리가 올라갔다.

"이제는 이런 거 안 믿죠."

교수는 그림 옆에 몇 가지 글자를 써넣었다. 청년은 학창 시절에 배웠던 수학 공식이 떠올랐다.

"등비수열이네요. 항상 같은 비율로 숫자가 기하급수적으로 팽창하는."

"기억하고 있군 그래. 맞네. 등비수열이네."

교수는 잠깐 물을 한잔 마셨다.

"자네 한 살 때 사진 혹시 갖고 있나?"

"엄마!"

청년은 엄마를 부르더니 앨범을 가져왔다. 태어난 날부터 청년의 아기 때 모습까지 날짜별로 빼곡히 정리되어 있었다. 교수는 앨범을 보다가 청년의 아기 때 모습에 처음으로 미소를 지으며 말했다.

"자네도 참 귀여웠군. 두 살 때, 세 살 때 사진은?"

청년은 웬 낯선 사람이 자신의 태어난 과정을 다 훑어보는 모습을 보고 오묘하면서도 알 수 없는 기분을 느꼈다. 청년은 두 살, 세 살 때의 앨범도 노교수에게 보여줬다.

"세 살까지 앨범이 있어요."

청년은 늙은 교수에게 말했다.

"그렇지, 그때가 자네의 신체 기관이 모두 자라나는 경이로운 순간이니까."

교수는 연습장을 다시 달라고 하더니, 큰 글씨로 숫자를 일곱 줄 썼다.

1

1+2

1+2+4

1+2+4+8

1+2+4+8+16

1+2+4+8+16+32

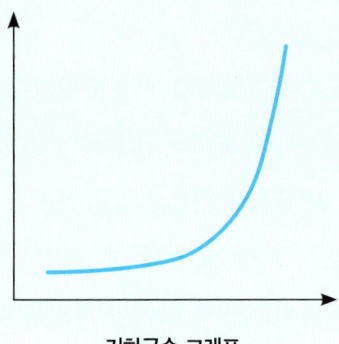

기하급수 그래프

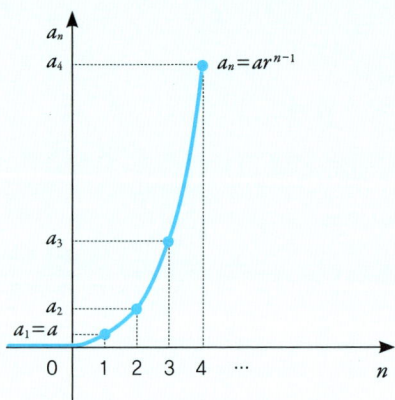

등비수열 함수 그래프

1+2+4+8+16+32+64

청년은 연습장을 가득 메운 일곱 줄의 의미를 물었다.

"저게 다 나이라네. 자네는 방금 나에게 1살과 1+2인 3살까지 보여줬어."

"그럼 밑에는 7살이고, 15살, 31살, 63살이 되는 건가요?"

청년의 질문에 교수는 웃으며 대답했다.

"그래, 이 정도만 알아도 세상의 진리를 간단하게 깨우치기에 충분하지."

청년은 그저 덧셈의 나열일 뿐인데 뭐가 특별한지를 되물었다.

"저 일곱 줄을 자네 인생의 일곱 단계라고 생각해보게."

청년은 고개를 끄덕였다. 그리고 늙은 교수는 이번에는 진지한 표정으로 다시 물었다.

"저기 언제부터 자네가 잘못되었다고 생각하는가?"

청년은 그제야 이 교수가 왜 자신에게 아까 질문을 반복하는지를 깨달았다.

"저기 16이 더해지는 구간요. 5단계네요. 앞에는 제가 아장아장 걸었던 앨범의 시간과 초등학생 때 행복했던 기억, 중학생 때 공부를 해볼까 했던 '시작하는 마음'들이 있었죠. 그게 4단계까지였고, 5단계부터 16년이란 시간이 저에겐 지옥이었군요. 경쟁에서 밀려나고 파산까지 당하고…."

교수는 머리를 끄덕였다.

"자네는 올해 몇 살인가?"

"31살입니다."

청년은 왠지 이 교수가 무슨 말을 할지 알 것 같았다.

"그러니까 저기 16년은 인생의 일부이니까 다시 펼쳐지는 32, 64의 시간에 노력해라. 뭐 이런 거네요?"

교수는 청년의 빈정거림에 호탕하게 웃었다.

"나는 자네에게 노력하고 어쩌고로 설교하는 데 관심 없다니까? 나는 오랫동안 숫자에 중심을 두고서 이성적으로 살아온 사람이네. 자꾸 감성으로 감동시키려는 사람으로 매도하지 말아주게."

"그럼 뭔가요?"

청년은 자신의 추측이 맞지 않자 뾰로통한 표정으로 되물었다.

교수는 다시 청년의 앨범을 꺼냈다.

"자네는 학교 다니면서 성적표를 위해 등비수열을 공부했겠지만, 세상의 이치는 등비수열 하나에도 온 우주가 담기듯 섬세하게 기록되어 있다네."

교수는 청년의 1개월 때 사진을 꺼내 들었다.

"신생아들은 1개월 때 머리를 좌우로 움직이기 시작하지. 그리고 보자…."

3개월 때 기록된 청년의 사진을 꺼냈다.

"3개월이면 45도 이상 세상에 고개를 들 수 있어. 봐봐. 자네도 45도로 딱 고개를 들고 있지 않은가?"

청년은 끄덕였다.

"7개월 때 손을 짚고 혼자 앉을 수 있게 되고, 15개월 때 드디어 혼자 걷기 시작했군."

노교수는 앨범을 주르륵 넘겼다.

"자, 31개월. 이때 아이들이 어떻게 되는지 아는가?"

"글쎄요."

"자기 통제를 할 수 있게 된다네."

청년은 대수롭지 않게 고개를 찬찬히 끄덕거렸다.

"그럼 묻겠네. 아이가 저 시기에 통제가 안 된다고 포기하는 부모가 있는가?"

"그럴 리가요. 당연히 없죠."

"그런데 31살까지 자네가 꿈꾸던 거나 원하던 것은 단 하나라도 제대로 안정되게 통제된 적이 없었지 않나."

"그건 그랬죠. 계속 실패만 하고 무너졌으니까요."

늙은 교수는 청년의 말을 들으며 고개를 아래위로 가볍게 움직였다.

"다시 아이 얘기로 돌아오세. 아이들은 31개월 때 자기 통제가 부족할 수도 있다네. 하지만 나는 부모님한테 나의 어린 시절을 여쭤보니 자네 말대로 통제력이 엄청 좋았다고 하더군. 그게 나에겐 첫 행운이었을지도 모르겠어. 하지만 세상을 행운으로만 보면 안 되네. 다음 단계부터 아이들이 63개월이 되는 순간까지, 아이들의 세상 전부가 경이롭게 바뀌기 때문이지."

"어떻게 바뀌나요?"

청년은 눈을 다소 치켰다가 물었다.

"가위질에 능숙해지고, 세상에 알고자 하는 것들에 적극적으로 질문, 궁리, 해결하려는 탐구력이 기하급수적으로 증가하지. 성취나 경쟁적인 욕구가 충족되는 일에 만족할 수도 있게 된다네."

"아이들이 자랄 때 뭔가 세상 어른들이 가지려던 태도가 다 길러지는군요."

"그렇지. 그런데 31개월 된 아이가 32개월 되면서 자신의 '16개월'을 엉망이었다며 다음 '32개월'의 성장을 포기한다면 어떻게 될 것 같은가?"

청년은 그제야 교수가 무슨 말을 하려는 건지를 고스란히 이해할 수가 있었다. 그렇지만 청년이 세상을 향해 다시 밝게 움직이기엔 너무 많은 것들이 무너져 있었다. 청년은 체념한 표정으로 교수가 들고 있던 자신의 앨범을 다시 제자리에 갖다놓고 돌아왔다.

"그렇단들 지난 16년으로 다 무너질 수도 있는 거잖아요. 너무 잔인하고 잔혹한 시간들이었어요. 어떻게 그걸 무시하고 다시 일어설 수 있겠어요?"

청년은 입을 살짝 씰룩거리며 다소 격앙된 투로 소리쳤다.

노교수는 별로 개의치 않고 다시 호탕하게 웃었다.

"나는 이제 '몇 년' '몇 월' 단위까지 이야기했고 아직 내 말은 끝나지 않았는데 자네가 혹 치받고 들어오는군. 물론 자네의 심정도 이해한다네. 그러나 아직 저기에 '몇 일'의 관점을 말하지 않았어."

"몇 일의 관점은 어떤 걸까요?"

"한 달은 보통 몇 날이지?"

"31일이죠."

"그럼 한 달은 일 단위로 몇 단계인가?"

"아…."

청년은 말을 잇지 못했다.

"그래, 자네는 사실 머리가 좋아. 나는 한 달로 한 사람의 인생을 바꾸는 걸 수도 없이 봐왔다네. 대신 사는 대로 흘려보내면 안 되네. 한 달이란 숫자는 5단계로 표현될 수 있는 시간들일세. 자네가 31살이란 '31년' 단위의 엄청난 시간에 좌절할 동안, 자네의 '31일' 단위의 엄청난 기회는 흘러가고 있었네. 작심삼일은 2단계쯤 되겠지. 그리고 그걸 넘어서서 4일을 도전하고, 8일을 이어가고, 16일까지 꽂아보면 자네는 반드시 바뀌게 된다네. 무엇이든 바꿀 수 있는 모자람 없는 시간이지."

청년은 본의 아니게 눈물을 질끔거렸다.

"아, 미안하네. 자네의 31년 시간을 모욕하는 건 아니었네."

노교수는 청년의 침묵을 잠시 기다려주었다.

"…아뇨. 교수님은 제게 31일을 새롭게 살 용기를 주셨습니다."

청년은 문밖으로 뛰쳐나갔다.

차례

프롤로그 6

1부 태도는 파도가 된다　　17

2부 The lights　　25

3부 눈동자 행성의 주인과 몬스터들　　67

4부 The Laser　　311

1

태도는 파도가 된다

어느 날 멀고 먼 곳에 부자와 부자의 아이, 그리고 늙은 철학자가 우연히 같은 엘리베이터에 탔다.

한 평 남짓한 공간에는 양옆에 거울이 덧대어져 있었다. 아이는 곧 자기 몸을 거울 앞에서 이리 비틀고 저리 비틀다가 이내 팔을 뻗어 제 맘대로 움직여봤다.

"아빠! 아빠!!!"

아이가 눈을 동그랗게 뜨고 소리쳤다.

"제 팔이 거울에 수천 개가 생겼어요!!"

아이는 곧장 팔을 이리저리 막 내두르기 시작했다.

그러자 수천 개의 팔들이 일제히 움직였다.

"우와!"

아이는 감탄사를 내뱉었다.

부자 아빠가 껄껄 웃었다.

"너의 빛이 이렇게 커질 거란다. 같은 빛이 모이면 이렇게 강해진단다. 기억하렴."

부자와 아이가 엘리베이터에서 내린 후, 철학자도 거울 앞에 섰다.

그는 아이처럼 팔을 휘휘 내두르기 시작했다.

늙은 철학자의 눈에는 금방 눈물이 가득 찼다.

"나는 우주의 원리가 아름답고 단순할 것이라고 굳게 믿는다."
―아인슈타인

대한민국에서도 상위 0.1퍼센트에 드는 '회장님'을 순위에도 없던 내가 오랜 시간 만날 수 있다는 것은 특이한 경험이었다. 나는 여전히 그가 나에게서 나는 알지 못하는 어떤 특별한 지점을 발견했으리라 믿고 있다. "혹시 저를 만나주시는 이유가 뭔가요?" 하고 묻기 전에, 스스로 답을 알고 있어야 하는 그런 특별한 지점 말이다. 그러나 오랜 시간 만나면서 알게 된 사실 중에 하나는 회장도 그저 평범한 늙은 어른이었고, 그도 그저 살아온 이야기를 들려주고 싶어 하는 긴 시간의 역사를 가진 사람이었다.

회장의 여유로운 모습과는 반대로 나는 삼십 대와 사십 대의 경계선에서 인생이 전쟁인 것을 매 순간 매 초마다 느끼고 있었다. 이십 대에 꿈만 있어도 앞으로 나아갈 수 있던 힘은 온데간데없이 사라졌다. 삼십 대에 당장 무언가를 이루어야 할 것만 같은 심리적 압박감은 무기력의 원인이 되었고, 커피를 아무리 마셔대도 더는 집중할 수 없는 상태까지 다다랐다. 이루고 싶은 것은 분명하나 미루고 있던 것도 분명했다.

회장과 저녁 식사를 하면서 이번에는 그가 살아온 이야기보다 내가 살아갈 무언가를 그에게서 발견해야겠다는 결심이 차올랐다. 그는 그날도 사업에서 무언가 중요한 결정을 내리고 왔다고 말했다.

"중요한 결정을 내리려면 중요한 순간들이 그만큼 많이 모인 거겠지요?"

"그렇다네."

"그런데… 중요한 순간조차 만들기 어려울 만큼 지쳐 있다면 어떻게 변할 수 있을까요?"

회장은 순간 놀란 표정을 지었다. 그는 나를 잠깐 응시했다.

"자네, 3일 전에 뭐 했나?"

나는 급하게 기억을 더듬었다. 딱히 특별한 일을 하지는 않았다. 분명 노트북을 켜고 무언가를 하고 있긴 했는데 말이다. 갑자기 받은 질문이라 아무 답도 떠오르지 않았다.

"그냥 평소처럼 일했던 거 같습니다."

"2일 전에는?"

"그날 점심에는 좀 졸렸어요. 그냥저냥 처리할 일들 좀 하고, 저녁에는 약속이 있어서 다녀왔습니다."

"1일 전에는?"

어제 일은 선명했다.

"어제는 회장님을 뵙기 전날이라… 좀 더 열심히 일했던 거 같습니다. 커피를 유난히 많이 마신 하루였죠."

회장은 와인을 한 모금 들이켰다. 그는 항상 생각을 정리하고 천천히 말하는 버릇이 있었다.

"3일 전과 2일 전과 1일 전의 파동이 다 다르군."

"파동요?"

회장은 고개를 끄덕였다.

"자네, 매일 같은 노력을 정확하게 반복해본 적이 있나?"

"아니요, 없습니다. 인생은 정말 많은 일들이 일어나니까요, 매일 같은 노력을 하는 게 쉽지 않죠."

"매일 다른 노력을 하니까 인생에 정말 많은 일들이 일어나는 게 아닐까?"

순간 나는 정곡을 찔린 느낌이 들었다. 그는 담배가 들어 있던 주머니에서 무언가 하나를 꺼내서 나에게 건넸다. 레이저 포인터였다.

"오늘 프레젠테이션 할 때 썼던 걸세. 자네, 가지게나."

레이저 포인터를 받자, 작은 스테인리스 통에서 무언가 모를 기운과 온기가 느껴졌다.

"자네의 중요한 순간을 만드는 데에 도움이 될걸세."

"어떻게요?"

"이 통 안에는 모든 단계의 파동이 동일하게 모인다네. 태양보다 백배 밝은 빛이 모이게 되지."

"와, 태양보다 빛이 밝아질 수도 있군요."

무려 백 배나 밝아지다니…. 처음 아는 사실에 나는 화들짝 놀랐다.

"1917년에 아인슈타인이 발견했던 현상이라네. 세상은 파동으로 가득 차 있다는 발견이었지. 같은 파동이 모이면 같은 밝기로 우주까지 닿게 되지. 그 원리가 담겨 있는 게 이 레이저 포인터라네. 과학자들은 매일 출력을 높여서 일 초 만에 우주까지 쏘고 있지."

내가 레이저 포인터를 만지작거리자, 그는 나에게 성공의 비결을 들려주었다.

"자네의 하루도 파동으로 가득 차 있네. 자네는 같은 파동을 만들어 본 적이 없을 뿐이야. 성공은 같은 파동이 파도가 되며 일어나는 결과일 뿐이라네."

'파동이 파도가 된다.'

지금까지 한 번도 같은 노력을 반복해본 적은 없었다. 학교나 직장에서 정한 시간표에 나를 가둔 적은 있었지만, 나의 노력을 파동으로 이해하고 반복했던 적은 없었다. 나의 노력은 언제나 기분에 따라 출렁거렸다.

"매일 같은 노력을 정확하게 반복하는 자는 3일 전의 나와 2일 전의 나와 1일 전의 내가 완전하게 하나가 되어, 운명을 뚫는 힘을 가지게 된다네."

운명을 뚫는 힘, 나는 그게 간절히 필요했다. 그게 간절할 나이이기도 했다.

"오늘 아주 긴 이야기가 펼쳐질 거 같군. 자리를 옮기세."

나는 눈앞에 최고급 스테이크를 반쯤 남기고 일어섰다. 몸의 허기짐보다 영혼의 허기짐이 몰려왔다.

2

The lights

아인슈타인 두뇌를 얻는 법

　1955년 4월 18일 아침 8시, 미국 뉴저지의 프린스턴병원에는 봄의 따사로운 햇살 속에 차갑게 경직된 시신 하나가 앰뷸런스 소리와 함께 운반되었다. 기자들은 병원에 몰려와 저마다의 번뜩이는 필력으로 1면에 실을 사진과 헤드라인 문구를 뽑아대고 있었다. 〈뉴욕타임스〉는 '아인슈타인 박사, 76세에 잠들다'는 헤드라인 밑에 '온 세계가 위대한 과학자를 잃은 슬픔에 잠겼다'라고 기록했다. 기사 하단에는 죽음을 앞둔 그의 최근 모습이 다소 자극적으로 배치되었다.
　그의 시신은 곧 출입 통제 구역으로 이동되었고, 그를 부검하기 위해 한 병리학자가 모습을 드러냈다. 사인은 부검할 필요 없이 정확했다. 아인슈타인은 내부 출혈로 사망했다. 그의 배 속에 피가 고일 때

그는 살면서 가장 무서운 소리로 비명을 질렀다. 그의 비서였던 헬렌 두카스는 그의 마지막 날을 회상했고 기자들은 그녀의 말을 빠르게 메모장에 옮겨 적었다.

부검은 사실 형식적인 것이었다. 아인슈타인은 자신을 한 줌의 재로 만들어 바닷가 어딘가에 뿌려달라고 말했다. 출입 통제 구역 밖에는 그의 뜻을 따르기 위해 유족들이 기다리고 있었다. 하지만 그날 〈뉴욕타임스〉 기자들이 모두 놓친 진짜 특종은 병원 안 출입 통제 구역의 10평짜리 작은 공간에서 일어났다.

1955년, 짧게 자른 단정한 머리에 동그란 금테 안경을 쓰고 있던 사십 대 병리학자는 차갑게 경직된 아인슈타인의 몸을 갈라내어 검사하는 역할을 맡았다. 그는 사람들이 소위 말하는 명문 대학의 최고 정점인 HYP(하버드-예일-프린스턴), 빅쓰리를 다 돌아다녔다. 예일대 의과대학 출신으로 프린스턴대학병원에 최고 권위자가 된 토머스 하비에게 형식적으로나마 아인슈타인의 시체가 거쳐가는 것은 꽤나 자연스러운 일이었다.

"그래서 아인슈타인의 몸은 어떻게 되는 건가?"

하비가 실무진에게 물었다.

"한 시간 뒤에 여기 프린스턴대학에서 이십 분 정도 떨어진 트렌턴에 화장될 거예요. 바로 앞에 델라웨어 강이 있거든요. 아마 거기에 유족들이 울면서 가루를 뿌리겠죠."

"화장을 시킨다고?"

하비는 깜짝 놀랐다. 온 지구상에서 가장 뛰어난 천재였던 사람을 가루로 만들어서 없앤다고? 한평생 아인슈타인처럼 천재의 삶을 꿈꾸었던 그에게는 마치 성경책을 가루로 만들어서 없앤다는 말과 같았다.

하비는 포커페이스를 유지했다. 실무진이 조금 있다가 다시 출입 통제 구역으로 돌아오겠다고 말했다. 하비와 아인슈타인, 단둘만 남아 있는 시간이었다. 그는 갈등했다.

노련한 솜씨로 배를 갈라냈다. 당연히 내부 출혈이 심했다. 그는 익숙한 듯 보고서에 형식적인 사망 원인을 기록했다. 그리고 아인슈타인의 얼굴을 바라봤다. 죽은 자는 아무 말이 없었다. 하비도 아무 말 없이 고민했다. 그리고 톱을 하나 들고 와서 머리를 자르기 시작했다. 핏물이 쏟아지고 곧 아인슈타인의 두뇌가 모습을 드러냈다.

"포르말린이 어디 있더라…."

하비는 떨리는 손을 부여잡고 포르말린 용액과 큰 유리병을 들고 왔다. 그리고 아인슈타인의 두뇌를 잘랐다. 포르말린은 무색의 방부제였다. 그는 두뇌를 포르말린이 든 유리병에 담갔다. 그리고 다시 머리를 잠갔다.

"똑똑."

실무진이 노크했다. 시간이 평소보다 더 걸리자, 실무진이 "들어갑니다" 하고 강제로 문을 열었을 때, 하비는 아인슈타인의 배를 잘 봉합하고 있었다.

"휴, 배 속에 출혈이 정말 심하더군요."

"수고 많으셨어요."

"여기, 보고서…."

하비가 보고서를 건넸다. 아인슈타인 시신을 운구하는 차량이 도착하고 유족은 트렌턴으로 떠났다. 20분 뒤 그의 몸이 소각되었다는 소식이 들렸다. 하비는 본능적으로 포르말린으로 감싼 두뇌를 숨겼다.

하비와 같은 병리학자들은 시간이 좀 더 지나면 법의학자가 된다. 범죄심리학자와 함께 여러 범죄와 사망 원인, 시체의 시간 경과 등을 분석하고, 많은 시신의 다양한 상황을 마주하기에 고도의 윤리의식이 요구되는 직업이다. 심지어 시신의 일부 조각을 활용해 억울한 사건에 진실을 밝히는 일에 도움을 주기도 한다. 그래야 하는 하비는 범죄심리학자가 가장 가까이에서 속는 무서운 사람이 되었다. 그는 무슨 짓을 저질렀는가?

하비의 범죄는 완전 범죄가 되어 이십 년이 넘도록 아무도 몰랐다. 하비는 아인슈타인의 두뇌를 다양한 곳에 숨겼다. 그는 예일대학에서 배웠던 모든 의학 지식을 동원해서 아인슈타인의 두뇌를 분석했다. 그의 질문은 간단했다.

'어떻게 아인슈타인의 두뇌처럼 될 수 있는가?'

그러나 HYP의 촉망받는 명문 학자가 발견한 것은 놀랍게도 아무것도 없었다. 실상 아인슈타인의 두뇌는 오히려 정상인의 두뇌의 무게와 비슷했고, 상대성 이론을 알려주었을 우아한 무언가가 전혀 없었다. 당황한 하비는 아인슈타인의 두뇌를 잘랐다. 그는 240조각을 낼 만큼 토막 살인 그 이상의 무서운 집념에 빠졌다. 왜 포르말린에 담긴 이 두뇌 안에 눈에 띄는 게 아무것도 없다는 말인가?

1978년, 한 기자가 토머스 하비를 훌륭한 병리학자로 인터뷰할 때, 특별할 것 없던 인터뷰 말미에 갑자기 하비가 충격적인 고백을 했다.

"아인슈타인의 두뇌는 사라지지 않았어요. 제 실험실에 있어요."

죽음을 앞둔 하비는 그가 썰어둔 아인슈타인의 두뇌를 전 세계 유명한 학자들에게 전달하기 시작했다. 그는 자신의 완전범죄를 고풍스럽게 포장했다.

"과학의 발전을 위해서였습니다. 그리고 학자들의 연구를 위해 그들에게 아인슈타인의 두뇌를 보내겠습니다."

학자들이 몰려들었다. 그리고 전 세계 여기저기서 실망스러운 소식이 들려왔다. 학자들이 분석한 아인슈타인의 두뇌는 너무 평범했다. 몇 가지 두뇌 부위가 일반인보다 조금 더 컸다는 정도가 전부였다. 아쉽게도 그 부위 또한 정상 범위 안에 속했다. 그를 천재로 만든 무언가는 그 어디에서도 발견되지 않았다.

아인슈타인은 어떻게 보통 사람의 평범한 두뇌를 갖고 완벽한 천재가 되었는가?

2007년, 하비는 아인슈타인의 두뇌를 잘랐던 프린스턴병원에서 뇌졸중으로 사망했다. 그는 운명처럼 같은 병원 부검실에 누워 있었으며, 그의 뇌는 잘리지 않았고 그의 온몸이 완전히 화장되어 사라졌다.

같은 에너지의 끌어당김의 비밀

전 세계의 과학자들은 인간이 자신의 의지와 열정으로 성공했다고 말하는 모든 분야의 모든 성취에 대해 무려 백여 년에 걸친 근본적인 답을 찾아왔다. 거대한 성공을 이루어낸 사람일수록 거대한 에너지를 발견할 수 있을 것이다. 그렇지 않은가?

물론 대부분이 그렇다고 말할 것이다. 하지만 그들에게서 당신이 육안으로 관찰할 수 있는 것은 무엇인가? 세계 최고의 하버드대학을 나왔던, 세계 최고로 돈을 벌었던 그 사람을 우연히 길거리에서 마주쳐도 그들이 하필 평범한 티셔츠를 입고 돌아다닌다면, 당신은 그들의 에너지를 절대로 알아채지 못할 것이다. 의학자들도 알 수 없다. 살을 걷어내도 그저 인간의 생리현상이 보일 뿐이다. 그러나 과학자들이 인간을 이루는 마지막 단위까지 파헤치자 그들은 엄청난 비밀을 발견하게 된다.

"만약 이 우주의 비밀을 발견하기를 원한다면, 모든 것을 에너지, 주파수, 그리고 진동으로써 생각하라."
— 니콜라 테슬라(물리학자, 1856년~1943년)

비밀은 같은 에너지들의 끌어당김 현상에 있었다. 같은 에너지는 같은 노력을 말한다. 같은 노력을 매일 반복하면 서로 끌어당기기 시작한다. 매일 같은 노력을 정확하게 반복하는 자는 3일 전의 나와 2일 전의 나와 1일 전의 내가 완전하게 하나가 되어, 운명을 뚫는 힘을 가지게 된다.

과학자들은 이 힘을 '유도방출'이라는 단어로 자주 설명한다. 같은 에너지들끼리 유도하면 거대한 방출을 할 수 있다는 과학자들의 설명은 평범한 사람들이 자연방출을 하며 살아가는 세상과는 완전히 다른 세상이 있다는 것을 보여준다.

세계적인 철학자들도 오랜 사유 끝에 이 힘을 얻기 위해서는 매일매일 당신이 간절히 원하는 것에 같은 에너지를 반복해야 한다고 주장해왔다. 심지어 기원전부터 말이다.

"우리가 반복적으로 행하는 것이 우리 자신이다. 그렇다면 탁월함을 얻는 비밀은 반복인 것이다."
—아리스토텔레스(기원전 384년~322년)

"성공은 매일매일 반복하는 작은 노력들이 모인 결과다."
—로버트 콜리어(1885년~1950년)

   핵심은 과학자들이 인간이 매일매일 같은 것을 반복할 때 그 노력들을 원자 단계에서 관찰할수록 그 에너지들이 하찮게 합쳐지는 것이 아니라 기하급수적으로 곱해진다는 데에 있다. 거대한 성공을 이루어낸 사람일수록 거대한 에너지를 만들기 위해 매일매일 정확히 같은 에너지를 만드는 노력을 반복한다. 그것들은 시간이 지날수록 '더하기'가 아니라 끌어당김 현상으로 '곱하기'가 된다. 그게 거대한 에너지를 만드는 법의 전부다. 바로 이 발견이 1917년 아인슈타인이 노벨상을 휩쓴 지점이다.
   여기서 표현되는 파동은 에너지를 말한다. 한 개의 파동이 같은 한 개를 끌어당겨 두 개가 되는 모습이다. 그리고 이 증폭의 과정을 눈여겨보라. 모든 파동이 똑같이 생겼다. 당신이 무언가를 노력하며 파동을 만들 때 그 파동들이 모두 똑같이 생겼을 경우 서로 보강 간섭되며 거대한 파동을 만든다. 당신이 매일매일 똑같은 노력을 반복하면 그 파동은 당신의 상상을 넘어설 만큼 거대한 파도가 된다는 뜻이다.

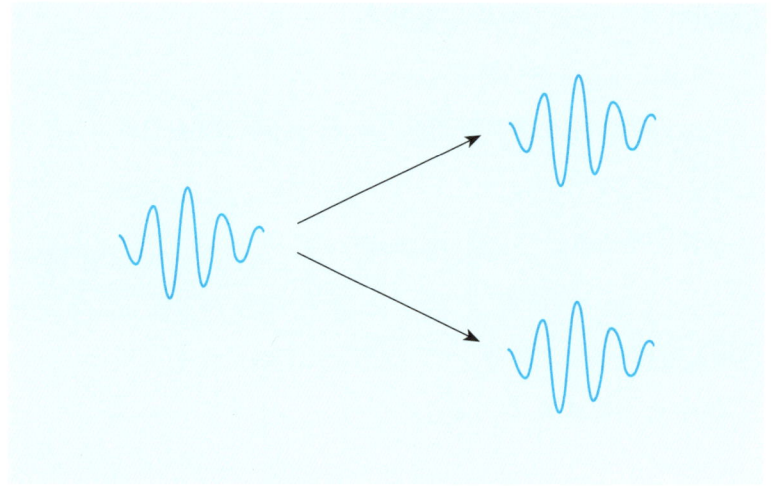

파동의 끌어당김이 처음 일어나는 현장이다. 정확히 똑같이 생긴 에너지가 복사되는 것을 보라.

　니콜라 테슬라가 말한 대로 세상 모든 에너지는 파동으로 표현된다. 당신이 보낸 하루, 당신이 노력한 흔적들, 반복되는 열정, 의지, 노력, 그리고 궁극적으로 빛이 강해지는 법까지 우주의 모든 파동이 이 절대 법칙을 따른다. 같은 파동이 파도를 일으킨다.

　1917년, 아인슈타인은 같은 빛의 파동이 파도를 일으켜서 우주까지 닿을 수 있다는 것을 증명했고, 1960년 미국의 물리학자 테오도어 테이먼이 그 발견을 최초로 보여줬다. 2010년대에 현대 과학의 정점에 오른 NASA가 빛의 파동을 무한대로 파도를 일으키자, 우주까지 1초 만에 날아가는 빛을 인간의 손으로 빚어낼 수 있게 되었다.

　그리고 이백여 년 동안 계속된 과학자들의 연구에서 갈수록 중요해지는 지점은 빛의 파동이 인간의 파동과 완벽하게 같다는 것이다. 빛은 원자 단위에서 움직이고, 인간도 원자 단위에서 움직인다.

인간이 무언가에 강하게 몰입할 때, 집요하게 무언가를 파고들 때, 그들의 몸속에서도 거대한 파동이 만들어지기 시작한다. 파동을 반복하면 파도가 되고 평범한 사람과 다르게 파워가 강력해진다.

오, 그리고 이것은 토머스 하비가 실패했던 지점을 그대로 지적하고 있다. 아인슈타인의 뇌는 그 파동을 만들 수 있는 정도면 충분했던 것이다. 그래서 보통 사람의 두뇌와 같았다. 보통 사람은 파동을 반복하지 않는다. 보통 사람들은 기분대로 살고, 태도로 밀어붙이지 않는다. 파동을 파도로 만들기보다, 파동 위에 요트를 띄워놓고 저마다의 삶을 즐긴다. 그게 평범한 사람과 아인슈타인의 차이점의 전부다.

우리가 듣기 원했던 아인슈타인의 천재성, 타고난 재능, 꿈, 열정, 진심 이런 것 등등을 말할 때 테슬라는 다시 다가와서 꾸짖는다.

"만약 이 우주의 비밀을 발견하기를 원한다면, 모든 것을 에너지, 주파수, 그리고 진동으로써 생각하라."

아인슈타인은 매일 아침에 눈뜰 때마다 생기는 자신의 에너지를 매일 같은 파동으로 공급해 거대한 파도를 만들었을 뿐이다. 그게 성공의 전부다. 아인슈타인의 천재성을 분석했던 학자들은 모두 끝에서 아인슈타인이 매일 지켰던 루틴과 항상 같은 시간에 앉아서 연구하던 모습이 전부라는 것에 실망하고 만다. 우리가 찾는 어떠한 거대한 재능의 위대한 탄생 같은 신화는 전혀 발견되지 않는다.

오히려 아인슈타인은 정확하게 말한다. 자신의 두뇌는 평범했고, 자신의 끈기는 비범했다고. 그리고 같은 과학자인 전설적인 테슬라가 그 말을 웃으면서 변환해줄 것이다. 자신의 에너지는 계속 같은 파동을 만들고 있었다고.

성공한 사람들의 환상을 걷어내고 나면 조금 더 성공한 사람들의 거대한 에너지의 깊은 본질에 다가가게 된다.

우리는 삶이 지치고 더는 희망이 보이지 않을 때 삶이 어둡다고 말한다. 그리고 삶이 다시 일어서고 성공을 거머쥘 때 삶이 마침내 빛난다고 말한다. 놀랍게도 우리의 이러한 직관은 우주가 보는 그대로를 말해준다.

혹시 당신은 지구상에서 당신이 무엇을 하든 우주에 빛으로 전달된다는 것을 알고 있는가? 나머지는 아무것도 전달되지 않는다. 우주는 숨도 쉴 수 없을 만큼 진공의 공간이기 때문이다. 당신이 매일 아침 눈을 뜨는 것도 태양의 거대한 가스 덩어리가 빛으로 전달되기 때문이다. 저 멀리 태양이 저 현장에서 무엇을 하는지 보이는가? 아니, 태양은 당신의 얼굴을 그저 빛으로 따갑게 비출 뿐이다. 그리고 그 빛을 에너지로 분해해서 동식물이 자라고 당신이 그 동식물을 먹으며 자란다. 우주의 눈에도 당신이 빛으로 보이는 것은 당연한 일이다.

신의 눈에도 당신은 그렇게 기록되어 있다.

"너희는 빛이다(마태복음 5:14)."

이제 여러분은 지구상에 과학자들이 왜 그렇게 빛을 증폭하는 데에 안간힘을 써왔는지 이해할 수 있게 되었다. 태양의 거대한 가스 덩어리도 빛으로 전달되는 것처럼, 지구상에 모든 것도 예외 없이 빛을 증폭하는 절대 법칙을 따른다. 당신도 그 절대 법칙으로 살아가고 있다. 당신이 돈을 증폭하든 지식을 증폭하든 삶의 어떠한 형태에서 무엇

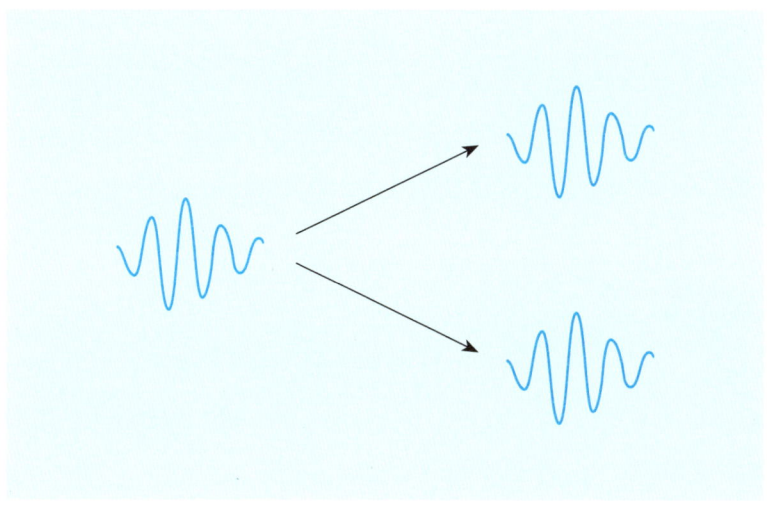

이든 간절함을 증폭할 때 이 법칙을 모르면 어둠 속에서 지낼 수밖에 없다.

  나는 당신의 삶이 빛으로 가득 차길 원한다. 당신의 삶이 어둡다면 실제로 어두운 것이다. 당신이 정말 성공하고 기쁘다면 실제로 당신의 몸이 빛으로 밝은 것이다. 1917년에 아인슈타인의 빛을 증폭하는 법을 당신이 놓치고 있었던 것이다.

  그러니 1917년 아인슈타인의 실험실로 다시 돌아오자. 다시 이 그림을 유심히 들여다보라.

  에너지 하나가 두 개로 확장한다. 그리고 이 두 개는 다시 끌어당김을 반복한다. 그 결과 아인슈타인은 빛을 증폭하는 세 번째 단계에서 놀라운 사실을 발견한다.

  잠시 숫자를 헤아려보라.

  '하나, 둘, 셋.'

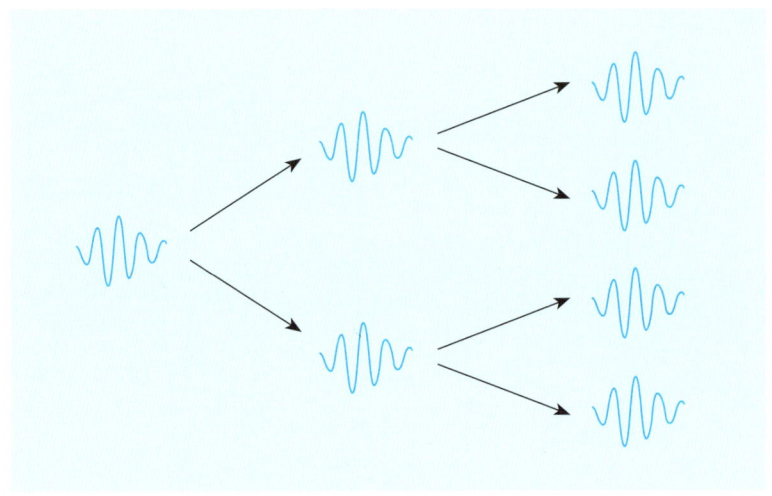

파동이 같은 에너지를 끌어당긴 세 번째 단계를 보라. 하나, 둘, 넷의 세상이 시작된다.

이것은 우리의 상식이다. 그러나 나는 당신과 나의 오래된 상식을 부술 계획이다. 에너지 단계에서는 같은 에너지를 유도할 경우,

'하나, 둘, 넷.'

숫자가 다르게 변한다. 끌어당김의 반복 효과 때문이다. 하나가 하나를 끌어당길 때는 두 개이지만, 두 개가 다시 두 개를 끌어당길 때는 네 개가 되는 것이다. 이것은 레이저 통 안에서 일어나는 사건이다. 레이저 통은 그대로 있지만 그 통 안에서 에너지가 증폭하기 시작하는 것이다.

핵심은 레이저 통이나 당신이나 같은 원자 덩어리라는 사실이다. 그래서 이것은 당신의 몸속에서도 일어나는 사건이다. 당신의 몸은 그대로인 듯 보이지만 그 몸속에서 에너지가 증폭하기 시작하는 것이다. 당신은 하루, 이틀, 사흘로 같은 노력을 반복하지만, 에너지 단계

에서는 끌어당김 효과로 인해 하나, 둘, 넷으로 변화한다.

이쯤에서 눈치챘는가? 나는 '작심삼일' 현상을 말하고 있다. 정확히 대부분의 평범한 사람들은 3일 차부터 이 에너지의 들뜸을 견디지 못한다. 의학자들은 흔히 대부분의 사람들이 작심삼일에서 멈추는 것을 세로토닌이 딱 72시간가량만 지속되기 때문이라고 설명한다. 세로토닌은 힘든 일을 시작할 때 스트레스를 줄여주지만, 72시간이 지난 뒤에는 보조금이 끊겨버린다. 당신은 스트레스가 늘어나는 것을 겪게 된다. 반면 이때 에너지는 들뜨기 시작한다. 당신은 다 집어치우고 땅에 발을 붙이고 싶어진다. 그렇게 간절함은 단절을 겪게 된다.

반대로 성공한 사람은 그 현장에 남아 있는 사람들이다. 매일매일 같은 노력을 복사 붙여 넣기를 반복한다. 하나, 둘, 넷 다음으로 여덟, 열여섯, 서른둘… 그 끌어당김을 유지하는 사람들이다.

과학자들은 이 현상을 정확하게 파동으로 설명한다. 매일 정확하게 같은 노력을 반복하는 사람의 진동은 파동이 되어 과학자들이 부르는 보강 간섭 상태에 진입한다.

매일매일 같은 에너지로 노력을 반복하는 사람들은 잔잔한 호수 속에 작은 파동을 반복해서 거대한 파도를 만든다. 이 파도를 끝까지 두면 지구에서 우주까지 1초 만에 도달하는 레이저 빛이 만들어진다.

그러나 문제는 뒤죽박죽으로 노력하면 에너지는 당황스럽게도 0이 된다는 사실이다. 과학자들은 이 현상을 소멸 간섭이라고 부른다. 에너지들이 결이 달라서 서로 상쇄해서 사라진다는 뜻이다.

이 그래프가 무서운 사실은 노력이 노력을 공격한다는 것이다. 당신이 꿈꾸며 어느 날은 해봤다가 어느 날은 귀찮아서 하지 않았다가

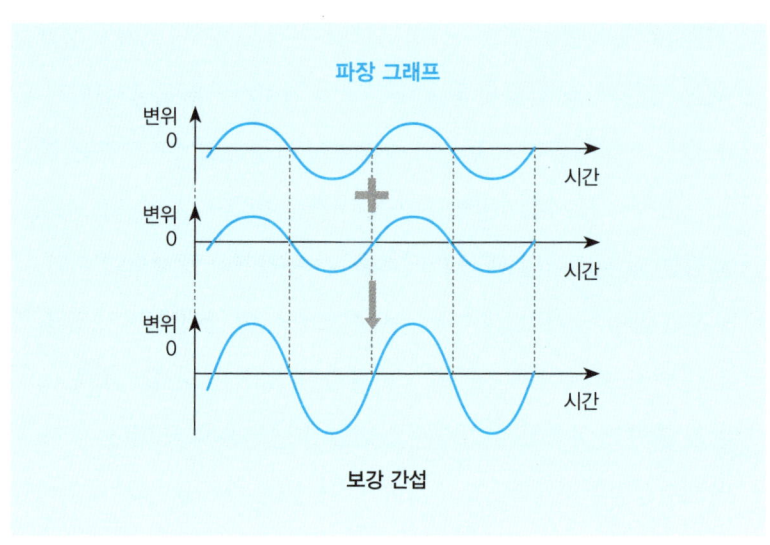

파동이 합쳐지면 강해진다. 매일 같은 노력을 했을 땐 이렇게 강해진다.

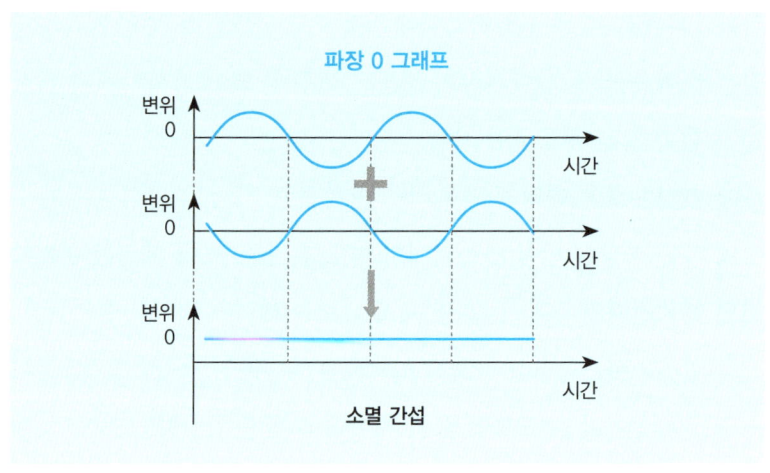

파동이 달라지면 사라진다. 매일 다른 노력을 했을 땐 이렇게 사라진다.

하는 것에 과학자들의 파장의 렌즈를 갖다대어보면, 노력하는 사람이 하지 않는 사람보다 결코 나은 상태가 아니었다. 정확하게 아무것도 하지 않는 사람과 똑같은 상태인 것이다. 당신의 에너지는 0으로 사라진다. 열정? 의지? 그런 고상한 것들은 0을 보고 도망가버린다.

즉, 우주는 같은 에너지의 파동으로만 모든 것이 강해지게 설계되어 있다. 바로 이것이 1917년 아인슈타인이 발견한 증폭의 전부다.

당신은 살덩어리로 이루어진 무언가가 아니다. 우주에서 보았을 때 당신은 빛덩어리로 보인다. 신도 당신을 빛으로 바라보고 있다. 당신이 매일 하는 많은 것들은 같은 에너지 상태가 겹쳐 강해지는 보강 간섭 상태로 들어가야 한다.

이쯤에서 당신이 잠깐 책을 덮고 계산기를 꺼냈으면 한다. 우리는 이제부터 중요한 계산을 시도할 것이다.

당신은 스스로 이루고 싶은 것에 간절한 노력을 하며 하루를 보냈다. 덕분에 에너지 파동 하나가 만들어졌다. 그리고 다음 날, 다다음 날도 이 법칙을 유지하며 계속 방향을 유지한다. 그러면 하나, 둘, 넷으로 커지는 에너지는 100일이 될 무렵에는 에너지 몇 개가 되는가?

이 계산은 당신이 직접 해보아야 한다. 당신이 이제 매일 반복하며 만들 에너지이기 때문이다. 딱 100일 동안 끌어당김을 한다고 가정하고 계산해보라.

100일 뒤면 인간 몸의 세포 수인 100조개의 수십 배가 넘는 에너지가 만들어진다. 당신이 무엇을 하든 100일 동안 똑같은 에너지를 반복해서 파동을 파도로 만든다면, 당신의 몸은 우주까지 쏘는 레이저 통 속처럼 온몸이 달아오른다. 당연히 우주의 눈에는 당신이 마침내

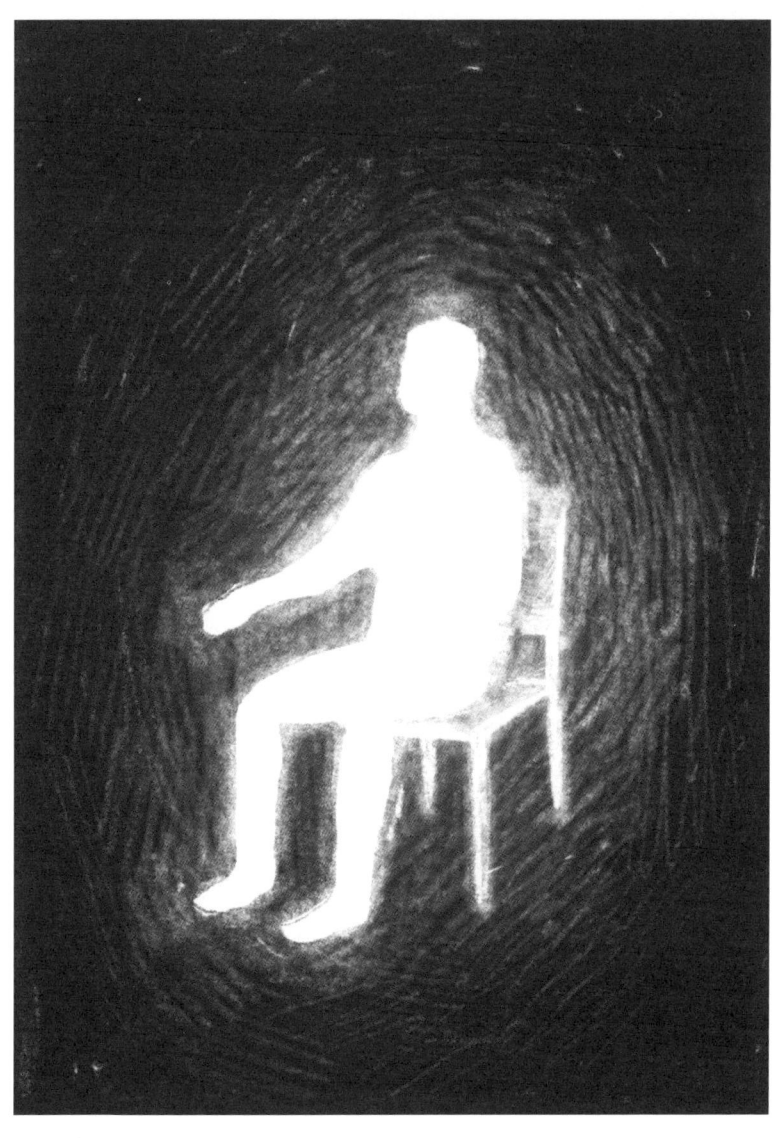

매일 같은 노력을 반복하면 당신의 몸은 레이저 통 속처럼 온몸이 달아오른다. 에너지는 빛이다. 이게 당신의 모습이다.

밝게 보이기 시작한다.

신에게는 시간이 존재하지 않는다. 과거, 현재, 미래가 모두 하나로 겹쳐 있다. 마찬가지로 당신이 매일매일 쌓던 에너지가 그렇게 하나로 겹쳐서, 같은 밝기의 빛이 포개어진 모습을 상상해보라.

당신은 완벽한 빛을 발할 수 있다. 당신이 시험을 치는 행위는 그 지식의 에너지가 가득 찬 상태로 눈에서 나가게 된다. 남들이 집중력, 몰입이라 말할 때 웃어넘겨라. 당신은 매일 같은 노력을 반복해서 그 에너지가 강해졌을 뿐이다.

당신이 돈을 벌 때도 그 돈을 끌어당기는 에너지를 온몸으로 발산하게 된다. 곧 세상에 모든 게 돈으로 보일 것이다. 당신은 돈을 보며 뛰어다니기 시작한다. 이 증언들은 억만장자들의 자서전에 널리고 널렸다.

당신이 무엇을 하든 주변 사람들은 불과 석 달 만에 당신의 간절함과 거대해진 에너지에 깜짝 놀랄 것이다. 집중력과 열정, 노력으로 당신을 해석할 것이다. 그러나 당신은 같은 에너지를 계속 반복했을 뿐이라는 것에 깜짝 놀라게 될 것이다. 파동이 파도를 만들었을 뿐이다.

우주는 정확하게 같은 것을 요구한다. 우주는 1킬로그램짜리 두뇌에게 거대한 것을 바라지 않는다. 1킬로그램짜리에게 거대한 열정과 어마어마한 재능을 원하지도 않는다. 그저 어제의 파동과 오늘의 파동이 같으면 서로 자석처럼 달라붙어 더 큰 진동을 만들 역할만 해내면 된다.

이게 당신이 성공하기 위해 알아야 할 전부다.

당신이 무엇을 하든 파동이 같으면 된다. 간절한 만큼 계속 같은 파동을 만들면 된다. 그러면 파도가 몰려올 것이다. 당신은 요트를 타고 편하게 누워 있는 사람들을 파도로 덮어버리면 된다. 그게 우주의 가장 간단한 법칙이다.

이제 우리는 주변에 놀라운 성공을 거둔 사람들, 추앙받는 많은 권위적인 사람들에 대해 그 권위를 싹 지울 수 있게 되었다. 토머스 하비의 HYP의 우아함에 대해서도 싹 지울 수 있게 되었다. 그렇지 않은가?

우리는 3일 전과 2일 전과 1일 전에 같은 에너지를 쌓고 오늘도 같은 에너지를 만들고 있던 우리 같은 사람을 '천재'라 오해해왔다.

그리고 1917년 이후로 아인슈타인이 그 권위를 가장 크게 비웃었다.

"모든 권위에 대한 맹목적인 복종이 진실의 가장 큰 적이다."

이제 진실을 마주해야 하지 않을까? 당신 주변의 아인슈타인처럼 보이는 사람들, 당신과 겸상을 할 수 없을 만큼 높은 위치에 있는 사람들, 비싼 아파트와 비싼 것들을 주렁주렁 매달고 있는 사람들, 그들의 놀라운 위치는 과대평가받고 있다. 그들은 반복해서 에너지를 끌어당겼을 뿐인데 말이다.

유도 방출은 우주에서 이루어지는 작용이다. 그 사람들은 성공을 위해 그저 유도 방출이 잘 일어날 수 있게끔 세로토닌 없이도 매일매일 같은 에너지를 꾸준히 입금했을 뿐이다.

그러니 무엇을 하든 3일 전과 2일 전과 1일 전의 내가 완전히 하나가 되도록 반복해보라. 이제부터 과학자처럼 당신의 파동이 파도가 되는 것을 설계하고 적용할 차례다. 그게 전부인 세상에서 당신의 놀라운 잠재력은 과소평가받아왔다.

역사상 가장 뛰어난 바이올리니스트라 평가받는 사라사테는 1800년도에 한 비평가가 자신을 "천재"라고 짧게 표현하자 큰소리로 비웃으며 대답했다.

"천재?"

그는 큰소리로 한 번 더 신랄하게 웃더니 대답했다.

"37년간 단 하루도 빠짐없이 14시간씩 연습했는데, 그들은 나를 천재라고 부릅니다."

여기서 '단 하루도 빠짐없이'라는 단어와 '시간'이란 단어가 이제 눈에 들어오는가? 당신은 위 문장에서 14시간이란 숫자에 바로 압도될 것이다. 그럴 수밖에 없는 게 사라사테는 태생적으로 작은 손을 갖고 태어났다. 바이올린은 냉정한 악기다. 손의 크기에 큰 영향을 받는다. 손이 클수록 더 쉽게 바이올린의 음을 이을 수 있고 음의 떨림과 현란하게 음이 미끄러지는 기교에도 능숙해진다. 작은 손은 바이올린의 음을 사소하게 잇는 것부터가 어렵다. 사라사테가 바이올린을 켤 이유가 어디에도 없었다는 뜻이다. 그러나 그는 500그램밖에 안 되는 나무조각에 간절했고, 주변 모든 사람들이 말리는 데에도 매일 14시간 동안 꼿꼿하게 서서 작은 나무 악기에 턱을 갖다 대었다. 그리고 매일 14시간씩 37년간 하면, 앞서 언급한 조건들은 사라진다. 오히려 소멸 간섭으로 적당한 나이에 요령껏 기분대로 연습하다가 사라진 큰 손들을 꾸짖으며 보강 간섭의 거대한 파동으로 지구 역사상 1위 바이올리니스트가 되었다.

물론 큰 손이 유리한 냉정한 악기인 사실은 여전히 변하지 않는다.

운명의 벽을 뚫으려면 37년째 하루도 빠짐없이 무려 14시간 동안 반복할 만큼 간절할 수도 있지만(그렇게 하면 무엇을 하든 지구 역사상 1인자가 될 수 있다), 오늘날 신경과학자인 다니엘 레비틴은 매일 3시간만큼으로도 어떤 분야든 최상위 전문가의 경지에 도달할 수 있다고 주장한다.

다행히도 권위 있는 과학자들이 권장하는 것은 37년이 아닌 10년이다. 권장 연습량도 14시간이 아닌 3시간이다. 대신 같은 에너지를 매일 반복해 쌓아야 한다는 것이 과학자들이 모든 분야에 성공한 사람들을 자신들의 분석력으로 낱낱이 살펴보고 내린 결론이다.

"작곡가, 야구선수, 소설가, 스케이트선수, 피아니스트, 체스선수, 숙달된 범죄자, 그밖에 어떤 분야에서든 연구를 거듭하면 할수록 이 수치를 확인할 수 있다. 1만 시간은 대략 하루 3시간, 일주일에 20시간씩 10년간 연습한 것과 같다. 어쩌면 두뇌는 진정한 숙련자의 경지에 접어들기까지 그 정도의 시간을 요구하는지도 모른다."

이제 '대략 하루 3시간, 일주일에 20시간씩'이라는 단어도 눈에 들어오는가? 3일 전에도 3시간, 2일 전에도 3시간, 1일 전에도 3시간, 그리고 오늘도 3시간 동안 같은 노력을 반복하는 사람은 진정한 숙련자의 에너지를 갖게 된다.

이 발견은 꽤 반 직관적이다. 그렇지 않은가? 우리는 성공한 사람들이 겨우 이 정도만으로 성공할 거라 절대 생각하지 않는다. 뭔가 영혼을 갈아넣을 만큼의 의지, 밤잠을 설치며 그것만 하는 노력 등 성공의 이면에 강렬한 무언가를 기대한다. 물론 그 정도 경지를 원한다면, 당신이 매일 14시간을 붙잡고 노력하면 어떤 시점에서 사라사테의 바이올린을 연주할 수 있을 것이다. 하지만 여기서 핵심은 세계적인 심리학자들이 성공한 사람과 그렇지 못한 사람을 관찰할수록 14시간이라는 강렬한 시간의 역할이 작아지고, 3시간이라도 얼마나 꾸준히 이어나갔는지가 마법과 같은 힘을 발휘한다는 사실에 있다.

"누가 예상했겠는가? 정작 재능 발달 연구에 십 년을 쏟아부은 나조차 전혀 예상하지 못했다."

세계적인 심리학자 바릭도 약 1년간 올인하는 연습과 4년 동안 끝까지 이어나가는 연습을 비교했다. 총 연습 시간은 똑같았다. 그러나 초반에 강렬하게 연습하던 사람과 달리 꾸준히 같은 간격으로 노력하던 사람들이 마지막 지점에서 압도적으로 높은 성과를 기록했다. 바릭은 당황했다. 짧지만 올인하는 사람들의 피, 땀, 눈물에 반짝이는 무언가를 기대했기 때문이다.

영혼을 갈아넣을 만큼의 의지, 밤잠을 설치며 그것만 하는 초반의 노력은 왜 아무것도 남기지 않고 상처만 남기는가?

당신은 이제 그 이유를 알고 있다.

모든 것은 파동이다. 우주는 1년간 올인한 사람의 강렬함에 신경 쓰지 않는다. 그 뒤로 3년간 파동이 멈췄던 지점을 기억한다. 결국 파동은 사라진다. 반대로 4년간 같은 에너지를 계속 반복하는 사람은 니콜라 테슬라와 웃으며 인사를 나누고 커피 한잔 나누면서 파동과 진동으로 에너지의 거대한 끌어당김을 이야기할 수 있게 된다.

당신의 모든 노력은 매일 같은 파동을 이어나가야 한다. 파동은 파도가 된다.

그리고 이제 그 힘을 증명할 시간이다.

이를 위해 미국 캘리포니아에 있는 NASA의 한 연구실을 방문해보자. 당신이 그 연구실에 들어가면 귀에 못이 박히도록 같은 소리만 듣게 된다.

바로 '같은 에너지들끼리 유도하면 거대한 방출을 할 수 있다'는 아인슈타인의 1917년도 논문 한 줄이다. 전 세계 과학자들은 이 한 줄로 무려 100년이 넘게 토론하고 있기 때문이다.

2023년에 NASA는 온 지구상에서 가장 강력한 빛 한 줄기를 만드는 데에 성공하고야 만다. 처음에는 하나의 에너지에서 시작해 이들을 끌어당겨서 하나, 둘, 넷, 여덟, 열여섯… 그리고 억 단위, 조 단위, 경 단위, 해 단위….

같은 에너지들을 무한대로 유도하여 지구상에 가장 거대한 방출을 만들어낸 것이다. 그 결과는 가히 무서웠다. 우주선을 쏘아 올리면 수천 시간이 걸릴 공간을 레이저는 단 1분 만에 빛으로 달려간 것이다.

만약 당신이 이 빛 한 줄기에 정말 원하는 단 하나의 것을 온 우주에 전달할 수 있다면 진짜로 어떤 꿈을 넣고 싶은가? 매일매일 세 시간씩 10년간이나 노력해왔다면 무엇을 위해 매일 반복했는지를 말하고 싶은가? 빛은 모든 것을 전달할 수 있는 요술램프 지니와 같은 존재다.

실제로 과학자들은 100여 년 만에 파동을 파도로 만들어 상상도 못할 우주의 공간까지 빛을 쏠 수 있게 되자 당황했다. 빛을 증폭하는

이 고양이의 이름은 Taters다. 지구에서 우주 가장 먼 곳에
인류가 알린 최초의 주인공은 인간이 아닌 고양이였다.

법을 발견했지만, 그 안에 무엇을 전달하고 싶은지를 미처 생각하지
못한 것이다.

그래서 그들은 공부만 한 공학자답게, 그 레이저에 고양이가 15초
동안 노는 모습을 얼떨결에 담아 보냈다.

고양이의 모습이 무한대로 증폭된 신호는 지구에서 우주 가장 먼
곳에 보낸 최초의 신호였다.

그리고 당신도 이제 막 빛을 증폭하는 법을 발견했다. 매일매일 같
은 에너지들끼리 유도하면 거대한 방출을 하게 된다. 매일 같은 노력
을 정확하게 반복할 때 우주에서 가장 강력한 에너지가 만들어진다
는 뜻이다.

당신의 빛이 증폭 끝에 레이저가 될 때 당신은 그 빛 한 줄기에 무
엇을 전하고 싶은가? 태양의 가스 덩어리처럼 당신의 열정 덩어리가

빛으로 전달될 때 당신은 신에게 무엇을 보이고 싶은가? 신은 당신을 빛으로 바라보고 있다. 수천 년 전에 적어놓은 것처럼. 당신은 이제 그 빛을 증폭할 때가 왔다.

그 안에 빛은 다 똑같다

1978년, 예일대학의 한 교수는 토머스 하비의 제안이 담긴 편지를 곰곰이 바라봤다.

역사상 최고였던 천재의 뇌를 연구할 수 있다는 하비의 글에는 흥분이 가득 묻어 있었다. 그 편지를 받은 날, 그도 1955년의 토머스 하비처럼 똑같은 흥분을 느꼈다. 역사상 가장 논란이 되는 240조각 중 한 조각을 그도 들여다볼 수 있는 기회였다.

교수의 입은 차분하려 애써도 슬며시 미소가 지어졌다. 손은 당장이라도 답장을 하기 위해 펜을 찾고 있었다. 그러나 그는 평정심을 찾고자 서재에서 나와서 큰 전축이 있는 방으로 들어갔다. 전축 위에 올려둔 바이올린을 꺼내 주세페 타르티니가 작곡한 악마의 트릴을 연주했다.

타르티니가 새로운 바이올린 주법의 연구를 할 때 문득 꿈에서 악마가 소나타를 연주하는 것을 녹여 만들었다던 곡은 높은 난도를 자랑했다. 곧 늙은 교수의 손에서 현란한 기교와 음들이 미끄러지며 가냘프게 떨렸다. 그는 새로운 연구를 시작할 때 습관적으로 이 곡을 연주하는 버릇이 있었다.

바이올린에서 트릴은 장식음으로 어떤 음과 그 2도의 음을 빠르게 교대로 반복하며 연주하는 데 악마의 트릴은 그 트릴 기법의 정수를 자랑한다. 교수가 악마의 트릴 3악장에 알레그로 아사이 파트를 켤 때, 그는 템포를 평소보다 조금 높여서 트릴을 빠르게 연주하기 시작했다. 같은 트릴이 미끄러지며 내려가는 연주가 한 치의 오차도 없이 미끄럼틀을 타듯 흘러 내려왔다. 원래는 7분 정도의 곡이었지만 템포를 빠르게 높여 6분 만에 완주했다.

"신기하군."

"신기하네요. 이렇게 매끄럽게 트릴을 연주한 적 없었잖아요. 안 그래요?"

아내가 와인을 건네며 다정하게 물었다. 그녀는 그가 이십 대 때부터 바이올린을 연주하던 것을 기억하고 있었다. 의대 교수가 바이올린이라니. 그 독특한 매력에 이끌린 지가 벌써 사십 년이 되었다. 남편에게 한 번도 묻지는 않았지만 그녀는 그가 바이올린을 켜는 이유를 상류사회에 골프 같은 것으로 짐작하고 있었다. 손이 그렇게 작은 데도 왜 하필 바이올린을 켜는지를 묻지 않은 것은 그녀의 성숙함을 드러내는 증거였다. 결혼 생활 내내 악마의 트릴을 반복해서 저리 연주하는 것도 뭔가 운명이 정한 한계를 넘는 그만의 리추얼처럼 보였다.

그는 그 자리에 서서 같은 음이 반복되는 트릴만 몇 시간씩 연습하고는 했다. 하지만 오늘은 지금까지 들어온 연주 중에 가장 아름다운 트릴이었다. 아내는 기념으로 와인을 건넸고, 교수는 아내가 건네준 와인잔을 입에 털어 넣듯 마시며 말했다.

"잠깐… 집중해야 할 게 있소."

"네네. 저도 나가려던 차였어요."

그가 바이올린을 켤 때는 가장 예민할 때였다. 그 예민함이 무엇인지 묻지 않는 것도 그녀는 자신이 성숙하기 때문이라 생각했다. 하지만 그날 그녀는 그게 무엇인지를 물어봤어야 했다. 그는 역사상 가장 놀라운 조각 하나를 받을 예정이었고, 곧 거절할 예정이었기 때문이었다. 돈으로 환산할 수 없는 것을 돈과 평생 상관없이 살아온 사람이 순수하게 거절하는 것을 알았다면 이번만큼은 그녀는 큰소리로 고함을 쳤을 것이다.

"잘 다녀와요."

교수는 조용히 자신의 서재로 들어갔다. 그는 토머스 하비의 편지를 다시 읽어보았다. 여전히 흥분이 몰려왔다. 그러나 그는 그것이 진실을 발견할 수 있다는 흥분이 아니었음을 잘 알고 있었다. 토머스 하비의 편지가 있던 책상에는 그가 오랜 시간 분석했던 아이슈타인의 일대기가 놓여 있었다.

하비는 240개의 조각난 뇌 조각을 갖기 이전에 아인슈타인의 흩어진 인생 조각을 끼워 맞추는 것이 먼저라는 판단이 들었다.

하지만 그의 인생 조각은 아무리 들여다봐도 이해가 되지 않았다. 뭔가 일반적이지 않았다. 천재의 탄생을 가리키는 것이 아니라 바닥에 잘 미끄러지는 미끄럼틀을 보는 느낌이었다.

"대학에 낙방해서 고등학교 1년을 더 다녔고, 졸업해도 추천서를 써주지 않아서 실직자로 1년을 보내고, 생활고로 과외 알바 광고 전단까지 돌리고 취업을 해도 3등급으로 밀려난 직장생활이라…."

심지어 그는 이십 대에 아이 아빠가 되었다. 먹고사는 문제가 그를 압도하기 시작했다는 뜻이다.

"그리고 갑자기 이렇게 된다고?"

교수는 안경을 다시 들어 올렸다. 그다음은 전 세계가 그에게 미쳐 날뛰는 미스터리한 전설이 시작되었기 때문이다.

1907년~1915년: 일반 상대성 이론 완성

1917년: 레이저 이론 완성

1921년: 노벨상 수상

이 기간에 그는 사라사테의 바이올린처럼 매일 14시간을 미쳐 지냈는가? 아니, 전혀. 아인슈타인은 낮에는 특허청에서 일하고 평일 밤과 주말에는 물리 공부와 실험을 매일매일 규칙적으로 이어나갔을 뿐이었다. 퇴근하고 돌아온 직장인은 몇 시간을 확보할 수 있을까? 중요한 질문이다. 그도 별수 없었다. 매일매일 하루 3시간씩 대학교에서 배웠던 물리를 그 스스로 마저 이어갔을 뿐이다.

그 누구도 아인슈타인을 대학 울타리에 더 품어서 사라사테의 바이올린처럼 14시간 동안 바이올린 활을 켜댈 수 있게 해주지 않았다. 오히려 전공 분야인 물리로는 다시는 발도 못 붙이도록 교수가 추천서도 써주지 않아 특허청 3등급 어딘가로 밀려났다. 게다가 그는 돈이 급해서 닥치는 대로 과외 알바도 해야 했다. 한 집안의 가장이 되었기 때문이다. 그에게 과외 수업을 듣던 학생은 그의 수업에 큰 흥미를 느끼지 못했고, 문득 그의 얼굴이 그의 수업보다 더 재미있게 느껴져 노트 한쪽에 이렇게 기록했다.

"짤막한 두개골이 심하게 넓적해 보이고, 피부는 그을린 갈색이다. 입이 크고 검은 콧수염은 삐죽삐죽 돋아나 있으며, 코도 살짝 매부리코다. 눈은 진한 갈색인데 은은하게 빛나는 매력이 있다."

바로 이 시기가 그가 전 세계를 뒤흔들 에너지를 모으던 기간이었다. 사라사테의 바이올린은 어디 갔는가? 오히려 세상이 바이올린 줄마저 한 줄 두 줄 점점 끊어대고 있었다. 슈퍼스타의 탄생의 발자취를 추적하던 학자들은 업계에서 밀려난 사람의 발자취를 하나둘 점검하는 것에 당황스러워했다.

물론 아인슈타인을 실제로 대학에서 쫓아낸 당사자들은 더 당황스러워했다. 그를 담당했던 교수들은 신문에 난 아인슈타인의 얼굴과 이름에 화들짝 놀라며 그의 대학 졸업 사진과 다시 비교하며 물었다.

"지금 이 아인슈타인이 정말 내가 알던 그 아인슈타인 학생이 맞나요?"

세계적인 석학인 민코프스키도 자신이 아인슈타인을 발견하지 못한 것에 당황해했다. 당시 교수들이 물리학의 슈퍼스타가 될 거라 점찍었던 학생들은 대학 울타리에 포근하게 담겨서 적당한 완장을 차고 그렇고 그런 무언가로 흘러 들어갔다. 그리고 정작 울타리 바깥으로 쫓겨났던 학생이 전 세계 물리학계 슈퍼스타가 되어 돌아온 것이다. 아인슈타인이 대학을 '돼지우리'라고 표현했던 것도 이제 우리는 그 단어의 온도를 오롯이 이해할 수 있다.

'나였더라도 저 자리에서 아인슈타인은 발견하지 못했을 거야…'

일대기를 넓게 펼쳐놓고 보던 교수는 당시 아인슈타인의 학창 시절

성적표와 발달 단계를 보며 고개를 끄덕였다. 그 시절의 아인슈타인은 성적이 뛰어나지 않았고, 자기가 좋아하는 것에만 관심을 보이는 외골수 학생으로 보였을 것이다.

'이런 사람의 인생을 평생 흠모해왔다니.'

게다가 교수는 아인슈타인의 뇌가 그저 인간의 생리 현상이 담긴 뇌 조각이라는 것을 알고 있었다. 유명인이 마셨던 씻지 않은 컵같이 그의 신체는 그의 정신이 떠난 후 남은 찌꺼기였을 뿐이다.

한편으로 어이가 없었다. 토머스 하비도 이 의학적 사실을 다 알고 있으면서도 왜 이런 일을 벌였단 말인가?

당장 가계도만 훑어봐도 아인슈타인은 유전적으로도 물리학계 슈퍼스타가 될 무언가를 물려받지 못했다. 한 천재 의사의 가계도를 파보니 '의사에 의사더라' 따위의 그런 전설이 없었던 것이다. 아인슈타인의 아버지는 영업 사원 시절을 끝내고 사업을 해보려 도전했으나 사업 실패로 보기 좋게 파산했으며, 어머니는 남편만 믿던 가정주부였다.

학자의 가계도가 아니라 파산까지 치달은 적당한 사업가의 기질이 전해지고 있었다. 그런 사람의 뇌가 유전적으로 특별했을까? 당신은 정말 그렇게 생각하는가?

하지만 그렇다고 아인슈타인의 두뇌를 불구덩이에 태워버리기에는 너무 아까웠다. 분명히 무언가가 있을 것이다. 더 많이 공부한 만큼 더 무거워지지 않았을까?

하비가 아인슈타인의 두뇌를 훔치고 나서 가장 먼저 했던 것도 그 두뇌의 무게를 재는 일이었다. 천재의 뇌는 더 많은 것을 가득 품고 있을 테니까 말이다. 그렇지 않을까? 아니었다. 오히려 일반인의 뇌보다 조금 더 가벼운 무게였다. 그의 젊은 시절로 유추해 계산해봐도 그의 뇌는 평범했다. 결국 하비는 당황해서 이 분야에서 가장 권위자라 불리는 교수에게 연락을 취한 것이다.

하지만 천재든 평범한 사람이든 해부학으로 봤을 때는 특별한 차이점이 존재하지 않는다. 의학자들이 무엇을 관찰해도 생리 현상만 보일 뿐이었다. 원자 단계에서 모인 에너지는 파동이 사라지면 다 사라진다. 즉, 아인슈타인의 뇌를 포르말린 용액에 담가봤자 그 에너지를 모으던 정신은 포르말린 용액에 담기지 않는다.

교수는 담배를 한 대 피우고 온 뒤, 다시 차분하게 아인슈타인의 일대기를 정리했다.

1907년부터 아인슈타인은 우주의 비밀을 깊게 파고들고 있었다. 1915년쯤에 다다르자 빛의 속도를 다루는 상대성 이론을 완성했고, 1917년 빛을 증폭하는 레이저 이론을 완성해 숫자로 헤아렸다.

"1907년에서 1917년, 딱 십 년 걸렸군."

교수는 집에 있던 레이저 장난감을 슬쩍 켜보았다.

"왜 하필 십 년의 사유 끝에 발견한 것이 레이저였을까?"

'죽은 자는 말이 없지.'

교수는 1917년에 아인슈타인이 쓴 레이저 논문을 다시 출력해 읽기 시작했다.

"첫 문단에 모든 게 담겨 있군."

확실히 천재가 쓴 논문은 달랐다.

"외부의 에너지와 동일한 파장의 빛을 유도하면 거대한 방출이 만들어진다라…."

하지만 의학교수가 이해하기는 어려웠다. 교수는 조금 더 근거를 찾던 중에 아인슈타인의 논문들 옆에 그의 말이 담긴 신문 더미에서 단서를 발견할 수 있었다.

"물체는 에너지죠. 에너지는 곧 빛입니다. 그러므로 우리는 모두 정확하게 빛의 모습인 겁니다."

'그렇다면….'

그는 아인슈타인의 뇌가 움직였을 하루를 생각해봤다. 움직이는 것은 결국 에너지다. 에너지는 곧 빛이다. 1917년에 아인슈타인은 같은 에너지끼리 무한대의 끌어당김을 만들어내는 것을 발견했다. 그 법칙을 발견했을 때 아인슈타인의 하루는 어땠을까? 아인슈타인의 일과에 대한 문헌을 찾아보던 교수는 화들짝 놀랐다.

"맙소사!!"

교수가 소리를 지르자 아내가 방에 들어왔다.

"무슨 일 있어요?"

"여보, 그거 알아? 아인슈타인은 3일 전에도 2일 전에도 1일 전에도 복사기에 밀어 넣듯이 똑같이 생활했다는 거?"

"그게 무슨 소리예요?"

교수는 그제야 아내에게 자신이 아인슈타인의 뇌 조각을 받을 예정자라는 사실과 그 편지에 답장을 하기 위해 아인슈타인의 인생 전체를 처음부터 살펴보던 과정을 들려줬다.

"그리고 이건…."

아내가 1917년 논문을 읽어 내려갔다.

"같은 빛이 서로 끌어당기는 논문이지."

"10년 끝에 그가 증명하려 했던 것은…."

교수는 방 한 바퀴를 돌았다.

"우주가 아니라 바로 자기 자신이었어."

교수는 벌떡 일어서서 칠판에 분필로 아인슈타인의 일대기를 기록하기 시작했다.

1902년: 특허청 3등급 인생 시작. 혼외 딸 사망. 아버지 사망

1903년: 결혼

1905년: $E=mc^2$ 발견

1909년: 특허청 퇴사

1917년: 레이저 발견

1933년: 명성의 정점

"이렇게 보니 파란만장했네요."

교수는 칠판 위를 보며 아내에게 물었다.

"아버지가 돌아가시고 혼외 딸이 사망한 뒤 결혼을 해. 보통 사람들이면 제정신이 아니었을 시기겠지. 심지어 인생이 가장 낮은 등급인 3등급 심사관으로 밀려났어. 그런데 어떻게 이 시기를 거쳐 2년 뒤에 $E=mc^2$를 발견했을까?"

"그러게요, 그는 저 소용돌이 속에서 어떻게 연구를 계속했을까요?"

"비밀은… 아인슈타인은 단 하루도 '절대 시간'을 놓친 적이 없었어."

"절대 시간요?"

"그는 매일 같은 시간을 보냈던 사람으로 유명한 사람이야. 연구를 지독하게 하고 난 뒤에는 과열된 머리를 식히러 반드시 산책을 했는데, 산책 시간마저 매일 45분씩 하루 세 번이야. 실험실의 쥐처럼 일정했지. 그는 쳇바퀴 같은 하루를 보냈어. 3일 전을 봐도 2일 전을 봐도 1일 전을 봐도 그의 하루는 완전하게 복사 붙여 넣기였지."

"그래도 사람이 살다 보면 이런저런 일이 생기는데 말이에요. 우리만 해도 오늘 근사한 곳에서 외식하고 오느라 당신이 연구할 시간을 줄였잖아요. 아이들도 있으니까요."

"그게 나와 아인슈타인이 달랐던 점이지."

교수는 고개를 끄덕이며 말했다.

"그는 서재가 있는 방에 들어가면 어떤 일이 있어도 그 시간을 방해하지 못하게 했어. 그 방에서 그는 시공간이 분리된 공간처럼 행동했어. 직장인 시절에는 친구에게 아침 9시에 출근해서 퇴근하고 저녁이 되어서야 이 시간을 확보하는 게 너무 힘들다는 편지를 보낸 적도 있었지. 그런데 중요한 것은 몸과 마음이 그만큼 지쳐도 우리처럼 '절대 시간'을 단 한 번도 상대적인 시간으로 바꾸지 않았지."

"그게 보통 사람들과 다른 지점이었군요."

아내의 말에 교수가 고개를 끄덕였다.

"과학자들은 시간이 에너지가 된다는 것을 아는 사람들이지. 같은 시간이 같은 에너지가 되고, 같은 배수가 돼서 어마하게 커지는 것을 항상 실험실에서 관찰했던 자들이거든."

"저는 이미 그게 보이는 것 같네요."

"무슨 말이오?"

교수가 이해되지 않는다는 듯 물었다.

"당신이 쓴 저 파란만장한 일대기에 연도들을 잘 봐봐요. 가장 힘들었을 시기 1년, 가장 행복했을 시기 2년, 가장 놀라웠을 시기 4년, 가장 깊어질 시기 8년, 가장 성공했을 시기 16년. 당신이 말하던 게 레이저였나요? 빛이 1, 2, 4, 8, 16으로 증폭하는 게 저 사람 인생에도 달라붙어 있네요."

아내의 말에 숫자를 헤아려보던 교수는,

"최초의 빛 하나가 똑같은 빛을 끌어당겨서 2개, 그리고 그들이 4개, 8개, 16개… 무한히 증폭하는 것이 레이저인데, 그 결과 레이저는 워낙 강력해서 태양의 휘도보다 100배나 밝지."

"태양보다 100배나 밝다고요?"

교수가 고개를 끄덕였다. 그리고 감탄하며 말했다.

"아인슈타인이 우리보다 100배나 밝았던 이유기도 하지."

"에이, 그래도 어떻게 사람이 100배나 밝아져요?"

아내가 웃으며 말하자, 교수는 진지하게 답했다.

"아인슈타인은 1917년에 레이저의 발견을 두고 이렇게 설명했어. '물체는 에너지죠. 에너지는 곧 빛입니다. 그러므로 우리는 모두 정확하게 빛의 모습입니다'라고. 자, 그러면 증명해볼까?"

"매일 아인슈타인이 보낸 하루도 에너지겠지."

"그렇죠."

"그러면 그 에너지도 빛이지 않을까?"

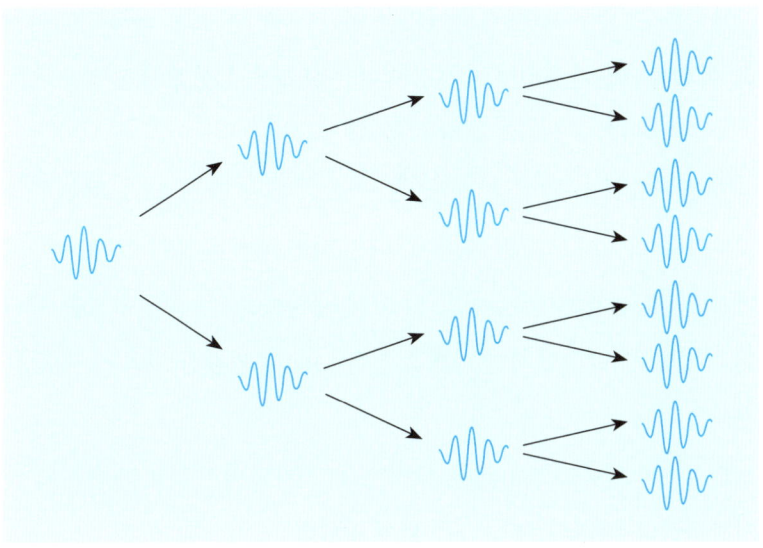

이제 이 파동들을 당신의 하루 노력으로 볼 시간이다. 아인슈타인의 하루 일과는 복사기로 인쇄하듯이 똑같았던 것으로 유명하다. 그의 끌어당김이 보이는가?

"그렇겠죠?"

"그러면 그 시간들이 똑같은 에너지로 뭉쳐지면 빛이 증폭되는 원리를 그대로 따르지 않을까?"

"아….."

아내는 감탄했다.

"매일매일 연구에 있어서만큼은 절대 시간을 지켰던 아인슈타인의 시간이 가진 에너지는 3일 전과 2일 전과 1일 전 모두 같은 빛을 가지게 되고, 그 빛은 서로를 끌어당기지 않았을까?"

"엄청 강해졌겠군요."

아내는 그제야 교수의 말을 완전하게 이해했다.

"레이저를 발견한 아인슈타인이 레이저였군요."

교수는 고개를 끄덕였다. 아내는 인간이 볼 수 없는 빛의 영역이지만, 아인슈타인이 100배 밝기로 빛나는 모습을 상상했다.

"이제야 아인슈타인의 비밀을 풀 수 있겠어."

"어떻게요?"

"아인슈타인이 남겼던 말이야. '나는 머리가 좋은 것이 아니다. 문제가 있을 때 다른 사람보다 좀 더 오래 생각했을 뿐이다. 어려운 문제에 부딪힐 때도 많았지만 다행히 신은 나에게 민감한 코와 노새 같은 끈기를 주셨다'라고."

교수는 아인슈타인의 말을 그대로 읊으며 토머스 하비의 편지를 만지작거렸다. 아내가 그 모습을 보며 말했다.

"그러게요, 죽으면 화장해달라 했던 아인슈타인이 죽어서 두뇌만 포르말린 용액에 담겨서 우리한테 배달되기 직전이니까 말이에요. 그런데 당사자는 머리가 좋은 것이 아니라고 못 박았으니. 학창 시절만 봐도 그리 머리가 좋은 것은 아니었죠."

"나는 아인슈타인의 말에 비밀이 담겨 있다고 생각해. 바로 노새 같은 끈기 말이오. 여보, 노새 알아요?"

아내는 고개를 저으며 말했다.

"동물인 건 아는데, 대충 짐 나를 때 쓰는 말 같은 거 아니에요?"

"비슷하지만 둘 다 조금 다른 동물이지. 말은 자기 체중의 30퍼센트까지 나를 수 있는데, 노새는 20퍼센트 수준밖에 안 돼. 체격도 말보다 작아서 볼품없어. 또 말은 시속 50킬로미터까지 달릴 수 있지만, 노새는 초라하게 20킬로미터 수준이지. 여기까지만 놓고 보면 노새를 키울 이유가 없을 것 같은데, 노새는 끈기 면에서 말을 압승한다오. 말보다 오래 살고, 입맛도 까다롭지 않고, 가죽은 말보다 더 질기고 덜 민감하고 동시에 강한 햇빛과 비도 잘 견뎌. 그뿐인가? 발굽도 말보다 더 튼튼하고, 질병과 해충도 더 강하게 버텨서 말과는 비교가 안 될 만한 끈기를 가졌지."

교수는 물을 한 잔 들이켜고 말했다.

"말이 지쳐 나가떨어질 때쯤, 노새는 끝까지 지구 한 바퀴는 걷더라는 말이오."

아내는 그의 말을 듣고 잠시 생각하며 말을 이었다.

"1년, 2년, 4년, 8년, 16년… 누군가가 한 분야에서 그만큼 오랫동안 증폭하려면 노새만큼의 끈기가 필요하겠군요. 말처럼 화려한 모습으로 빨리 달리는 게 아니라."

"하지만 대학은 명마를 찾지."

교수는 웃으며 말했다.

"심지어 재밌는 사실이 뭔지 알아요, 여보?"

"뭐예요?"

"아인슈타인의 자녀들을 혹시 아시오?"

"그걸 제가 어떻게 알아요?"

아내가 황당하다는 듯이 답했다.

"왜 그 강력한 빛은 아인슈타인에서 끝났느냐는 질문인 거지."

"아하…."

아내는 고개를 끄덕였다.

"노새의 끈기는 2대째까지 생기지는 않지. 물론, 아인슈타인의 자녀들은 저마다 명문대학에 진학했어. 교수와 결혼도 했었지. 그런데 그게 다였어."

"왜 그렇게 끝났을까요?"

"빛을 켜는 법은 유전되는 게 아니라 발견하는 거니까."

그리고 교수는 웃으며 말했다.

"아인슈타인은 자기 연구에 빠져 지내느라 자녀들과 관계가 썩 좋지 않았어. 아이들은 매일 같은 에너지를 찾는 연습을 하지 않았고, 적당히 흘러가는 대로 살게 되었지."

그의 말에 아내는 아들 마이클에게는 꼭 이 교훈을 들려줘야겠다고 마음먹었다. 교수는 다시 칠판 위에 빛이 빛을 끌어당기는 것을 가리켰다.

"온갖 소용돌이 속에서도 매일매일 같은 에너지를 넣어야 3일 전의 나와 2일 전의 나와 1일 전의 내가 완전하게 하나가 돼서 가장 강력한 레이저가 만들어지는 거지."

그리고 교수는 칠판 옆에 커져가는 파장을 가리켰다.

"이렇게 커져가는 파동이 레이저의 원리라오. 매일 같은 에너지를 반복하면 에너지가 뭉쳐지면서 파동이 저렇게 거세어지지."

아내는 아들도 이렇게 교육을 시키면 되겠다고 다시금 마음먹었다.

아내는 기쁨에 겨운 남편의 눈을 바라봤다. 그 모습에 아내도 흡족한 미소를 띠었다. 잠시 후 차분하게 말했다.

"여보, 제가 정말 좋아하는 고대 철학자의 말이 있어요."

"그게 뭐요?"

"램프 조명의 생김새들은 다 다르죠. 그러나 그 안에 빛은 다 똑같다는 말이에요. 아인슈타인과 당신의 생김새는 달라요. 그러나 그 안에 빛은 다 똑같다는 것을 잊지 마요."

교수는 철학자의 말에 진심으로 기뻐하더니 토머스 하비의 편지를 찢어버렸다. 그리고 교수는 환희에 차서 말했다.

"과학자들은 세상을 거대한 파동으로 바라보다가, 스스로 거대한 파동이 되어버리지."

3

눈동자 행성의 주인과 몬스터들

행성에서 항상 빛을 보며 서 있던 파수꾼 미어캣들에게 하루는 신이 다가와서 물었다.

"너희는 왜 매일 빛이 나오는 방향만 보고 있는가?"

그러자 나이가 가장 많은 미어캣 한 마리가 대답했다.

"우리가 보는 빛이 그만큼 아름답기 때문입니다."

"네가 생각하는 아름다움이란 무엇인가?"

신이 다시 물었다.

"말로 표현하기는 어렵지만, 빛이 스며든 제 새끼들을 볼 때와 당신이 창조하신 모든 것들에 빛이 스며들 때의 감탄입니다."

"너는 어디서 그것을 보고 있느냐?"

늙은 미어캣이 고개를 갸웃하며 답했다.

"당신이 창조하신 지구에서 봅니다."

신이 말했다.

"틀렸어, 너희가 서 있는 곳은 지구가 아니라 한 사람의 눈동자 안이라네."

"어떻게 그럴 수가 있지요?"

흠칫 몸을 움츠린 미어캣이 물었다.

"지구나 눈동자나 동그랗지 않는가! 너는 그 사람의 눈 안에 살던 파수꾼이었어."

"그렇다면 이 환한 세상은 무엇이란 말입니까?"

늙은 미어캣은 지금껏 지구라 여겼던 공간을 사방으로 둘러봤다. 역시나 지구였다. 그러자 신이 다시 일러주었다.

"정말 큰 꿈을 오랫동안 품은 인간들은 눈동자가 지구본처럼 바뀐다. 지구의 빛이 눈동자에 다 모인단다."

늙은 미어캣이 부르르 몸을 떨자 신은 말했다.

"뒤를 돌아보렴."

늙은 미어캣이 힐끗 뒤를 돌아봤다.

"태양이 보일 뿐입니다."

그 말에 신은 슬며시 입꼬리를 올리고선 말을 이었다.

"네 주인의 두뇌가 오랜 세월 꿈을 품으며 밝아진 거란다. 그건 태양이 아니었지."

"그럼 눈동자 행성의 파수꾼인 제가 매일 지켰던 것은….'

"…그 사람의 빛이었지."

아인슈타인은 잠에서 깨어났다. 그는 꿈에서 나눈 대화를 기억했다. 그는 여전히 꿈속의 빛으로 둘러싸인 듯 황홀함을 느꼈다. 그는 방금 몸속에 또 하나의 우주인 소우주를 본 것이었다. 그는 문득 궁금해졌다. 빛이 어떻게 강해질 수 있는지…. 아인슈타인의 다음 연구 주제는 빛이 되었다.

몰입의 비밀,
초점 관리자들의 강력한 조종법

눈은 몸의 등불이니 그러므로 네 눈이 성하면 온몸이 밝을 것이오.
―〈마태복음〉 6 : 22

나는 신의 생각을 알고 싶다. 나머지는 세부적인 것에 불과하다.
―아인슈타인

아주 먼 옛날 '신'은 한 사람의 눈동자에 작은 미어캣 두 마리와 까마귀가 사는 세상을 정교하게 만들어두었다. 지구에서도 항상 햇빛 방향으로 서 있는 미어캣들과 인간처럼 영리한 까마귀들로 이런 눈동자 세상에 대한 단서를 남겨뒀지만, 사람들은 대부분 그들의 존재를 신경 쓰지 않았다. 인간은 언제나 자신의 말과 행동, 그리고 모든 것을 두뇌의 의지라고 여겼다. 눈동자로 바깥의 빛과 내면의 빛을 들이는 것도 두뇌의 일이라고 치부했다. 하지만 실제로 그 빛에 초점을 맞추는 것은 눈동자 행성 속에서 살고 있는 '빛의 파수꾼'인 미어캣들이었다. 미어캣들은 초점을 자유롭게 이동하며 인간을 한눈팔게 만들 수도 있었고, 하나만 뚫어져라 응시하게 만들 수도 있었다. 하지만 인간은 이 몰입의 힘을 갖게 되는 순간 너 나 할 것 없이 쉽사리 오만해졌다.

인간의 오만함을 경계한 신은 눈동자 행성에서 내면이 아닌 바깥의 빛에 취하면 다디단 샤인머스캣이 자라도록 만들었다. 내면에 이르는 길에 달콤한 빗장을 걸어둔 셈이었다. 빛의 파수꾼들은 이 맛에 속절없이 매혹당했다. 미어캣들은 인간의 두뇌가 성공을 꿈꿔도 들은 척도 하지 않았다. 두뇌가 공부를 하려고 해도 텔레비전에 초점을 맞췄다. 운동을 하고 싶어 해도 푹신한 소파에 초점을 맞췄다. 업무 중에도 시시각각 스마트폰에 초점을 맞췄다. 인간은 텔레비전을 보면서, 소파에 몸을 기대면서, 자꾸만 폰을 들여다보면서 이게 다 자기 두뇌의 결정이라 여겼다. 그럴 때마다 미어캣들은 더욱더 바깥세상에 초점을 맞추었고, 눈동자 행성의 '빛의 조종사'인 까마귀는 멀찍이 떨어진 먼 하늘 끝에서 '저 한심한 꼬락서니 좀 보라지' 쯧쯧 혀를 차고, 다소 음충맞게 인간들을 비웃었다.

인간들은 무언가를 간절히 원할 때 빛의 파수꾼인 미어캣들의 도움이 필요했다. 인간의 혼란은 보통 여기서 시작되곤 했다. 인간들은 미어캣들에게 다가가는 법을 몰랐고, 자기 눈동자의 초점 역시 전혀 신경 쓰지 않았기 때문이다. 언제나 초점은 바깥을 향하는 자동 모드로 전환되기 일쑤였다. 인간의 두뇌란, 잠시도 내면에 집중하지 못하는 법이니 말이다.

미어캣들은 반짝이는 것들에 자주 초점을 맞췄다. 매일매일 바깥세상에서 펼쳐지는 화려한 것들을 눈으로 좇았다. 눈동자 행성 전역에 샤인머스캣이 드높게 자라났다. 마땅한 결과였다. 인간들이 탐욕스럽게 치킨을 우걱우걱 먹기 시작하면 어김없이 포도당이 듬뿍 든 비가 샤인머스캣 위로 쏟아졌다. 텔레비전을 봐도 눈동자 안을 더 기름지게 만들었다. 실상 사람들은 하루를 허무하게 보낼 때마다 자신의 눈동자 속 초점이 아닌 자신의 두뇌 속 의지를 탓했다. 도파민으로 치장한 바깥의 빛과 부지런한 미어캣들의 합작품은 두뇌를 이기기에 충분했다.

그리하여 인간은 두 부류로 나뉘었다. 바깥세상의 빛만 좇으며 샤인머스캣을 폭식하는 자들과 자기 내면의 빛을 따르며 샤인머스캣을 먹지 않는 자들로…. 어찌 되었든 내면을 들여다보면 샤인머스캣은 반드시 말라붙었다.

신은 몰입의 비밀을 자연 속에 단서로 숨겨두기도 했다. 바로 아인슈타인이 찾아낸 그 단서…. 그는 1917년에 특이한 현상을 발견하게 된다. 실험실 시험관에 빛 에너지가,

'1개, 2개, 3개, 4개….'

이렇게 하나하나 늘어나지 않고,

'1개, 2개, 4개, 8개….'

두 배씩 곱해져 늘어났다. 빛은 두 배씩 강해질수록 그 중압감에서 벗어나려고 몸부림쳤다. 과학자들은 오히려 중압감을 증폭시키려고 거울 두 대를 설치한 뒤 지켜보았다. 그들의 다음 행보는 노벨상 수상이었다. 세상의 모든 과학자들은 경이로움에 빠졌다. 실험실에서 두 배씩 강해지던 빛줄기는 거대한 파동이 되어 지구의 모든 보호막을 뚫고 우주를 향해 순식간에 달려갔다. 지구에서 달까지 1초 만에 강한 빛줄기가 도달하고 화성을 넘어 더 먼 우주까지 급속도로 내달렸다. 마치 만리장성을 일순간 동시에 축조하는 것처럼, 엠파이어 스테이트 빌딩 1만 개를 수직으로 1초 만에 쌓아 올리는 것처럼 말이다. 특히, 아인슈타인은 이 원리를 인간에게도 적용할 수 있다는 사실에 더 큰 충격을 받았다.

"가만, 이거 인간도 똑같은 구조이지 않아?"

왜 아니겠는가? 물리학자 리처드 파인만이 말한 것처럼 세상의 모든 것은 원자로 이루어져 있었다. 인간 역시 그 누구도 예외 없이 원자로 이루어져 있다. 과학자들은 생각했다. '우리가 발견한 것은 인간 에너지에 대한 발견이었어.' 이 원리는 부자들 사이에서도 부를 축적하는 트렌드가 되었다. 부자들은 생각했다. '돈이 늘어나는 것도 결국 원자가 늘어나는 거잖아?' 평범한 사람들이 월급을 덧셈하고 있을 때, 부자들은 수익 파이프라인을 여러 개로 확장해 돈을 곱셈하고 있었다. 아래 두 그래프를 보라.

부자들은 이 비밀을 꽁꽁 숨겨 다녔지만, 나이가 들어 더는 감출 필요가 없을 때 열어놓는 자들도 많았다.

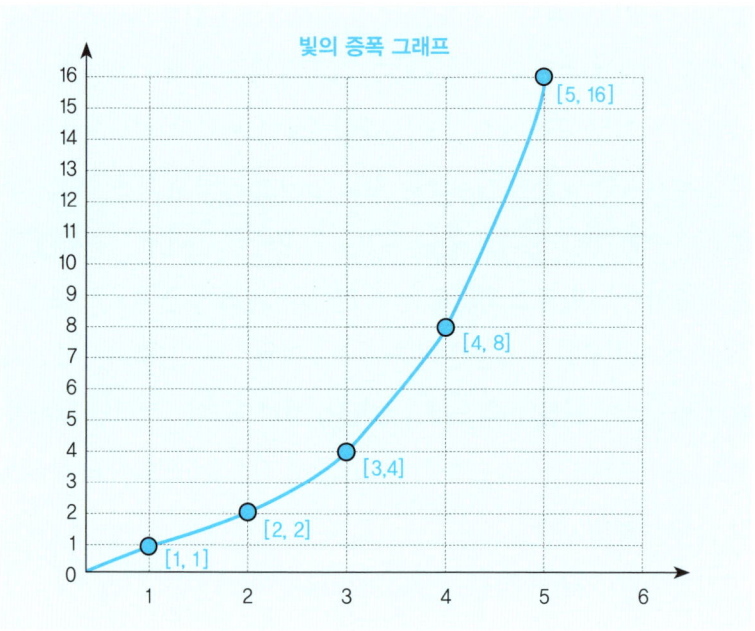

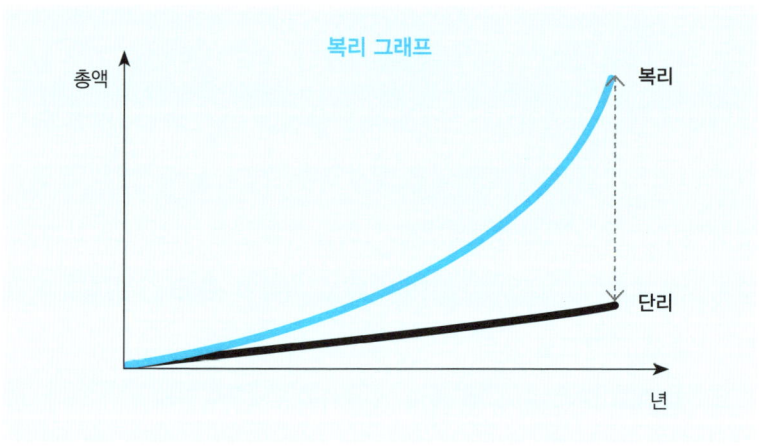

빛이 증폭하는 모습과 돈이 증폭하는 모습이 왜 똑같을까? 당신은 이것을 우연이라 생각하는가?

"복리의 힘을 기억하십시오. 수익률을 늘려 자본을 키우려고 평생 노력할 필요가 없습니다."

―월터 슐로스

"복리는 내가 좋아하는 단어 중 하나입니다. 복리의 힘은 강력합니다. 워런 버핏이 한 번의 투자 성공으로 돈벼락을 맞아 세계 최고의 부자가 된 것이 아닙니다. 45년 동안 버크셔 해서웨이의 가치를 약 20퍼센트 복리로 늘렸기 때문입니다. 어떤 투자자가 연평균 수익률 20퍼센트를 45년 동안 유지할 수 있다면, 투자 원금 1백만 달러가 36억 달러로 증가할 것입니다."

―에드 와켄하

그리고 부자들은 이 성공 법칙의 발명인을 기억했다.

"아인슈타인은 복리는 세계 8대 불가사의라고 불렀으며, 우리의 목표는 그 힘을 우리 투자자들의 이익을 위해 활용하는 것입니다."

―크리스토퍼 베그

왜 갑자기 부자들이 아인슈타인을 들먹이는지 이제 이해가 되는가? 그리고 빛의 증폭 그래프가 곧 부자들의 그래프라는 것을 확인했는가? 평범한 사람들이 '1억, 2억, 3억, 4억, 5억, 6억, 7억…'을 평생에 걸쳐 모을 때, 부자들은 '1억, 2억, 4억, 8억, 16억, 32억, 64억…'으로 정확하게 2배로 궤도를 올려서 돈을 버는 것을 목표로 했다. 신은 이 차이에 대해 깔끔하게 기록해두었다.

"구하라 그러면 주실 것이오." (마태복음 7:7)

원하는 만큼 얻는 것은 당연한 법칙이다. 평범한 사람들은 '1억'만 모아도 기뻐한다. 거대한 꿈을 가진 사람들은 '1억'부터가 본격적인 시작이라는 핵심을 안다. 그들의 초점은 돈에 점점 빠져들기 시작했고, 돈의 궤도에 오를수록 어느샌가 돈만 뚫어져라 보는 힘을 갖기 시작했다. 그 결과는 당신이 아까 만난 부자의 그래프로 우아하게 표현이 된다. 성공한 사람들은 돈뿐만 아니라 세상 모든 것들이 이 2배의 법칙에 들어맞다는 점을 깨달았다. 우주에 모든 것은 원자로 이루어져 있으니까.

성공한 사람들은 자녀들에게 이 놀라운 비밀을 공부부터 체력, 그리고 재력을 이루는 전 과정에 걸쳐 가르쳐주었다. 어느 재벌가의 회장 역시 아들에게 이 비밀을 알려주었다.

"3일 전의 너와 2일 전의 너와 1일 전의 네가 하나가 되면 무엇이든 이룰 수 있다는 것을 절대 잊지 말거라. 이 그래프를 보렴."

"이게 뭐예요?"

"네가 무언가를 배우고 나서 잊어버리는 속도."

아이는 뾰로통한 표정으로 말했다.

"배우는 건 허무한 거군요."

"파동을 만들지 않으면 미동도 하지 않는 게 우주지. 심리학자들은 3일 전의 너와 2일 전의 너와 1일 전의 네가 하나가 되는 모습을 이렇게 표현한단다."

아이가 말했다.

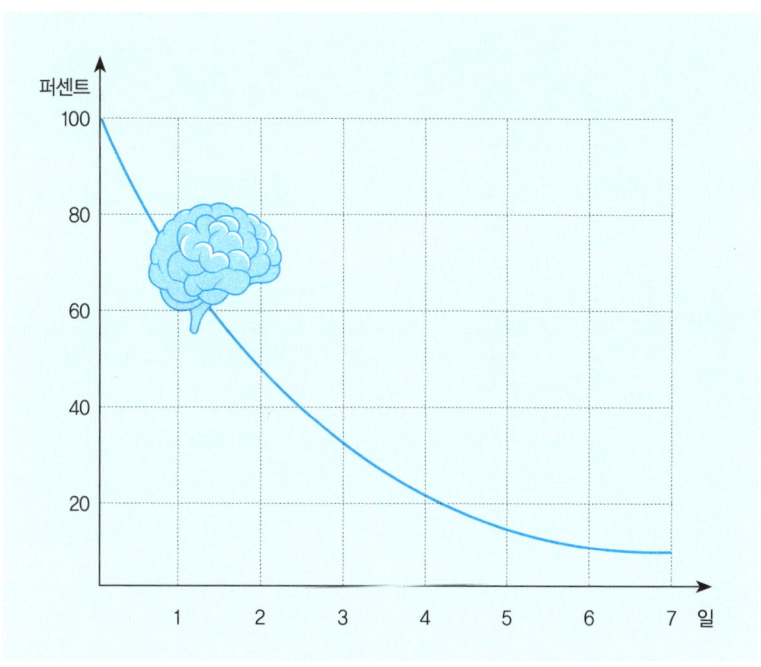

파동이 반복되지 않는 뇌의 모습이다. 우주는 파동이 없는 모든 곳을 소멸하게 만든다.

"파도 같아요."

"맞아, 매일매일 네가 만드는 파동은 곧 거대한 파도가 된단다."

바로 이것이 최고의 자리에 오르는 공식이다. '매일매일 단 하나의 것에 같은 에너지를 넣는 것.' 이 사실을 알면 인간은 그게 무엇이든 자신의 한계와 상관없이 '사라사테의 바이올린'을 들고 전 세계를 무대로 아름다운 연주를 시작할 수 있다. 공식대로 매일매일 같은 에너지를 수십 년간 반복한다면 그 빛은 얼마나 밝을까? 실제로 레이저의 빛은 태양의 빛보다 휘도가 100배나 더 밝다. 그 빛을 실제로 보고 느낄 수 있다면 공허함을 채우려 명품관을 전전하거나, 자동차 하차감

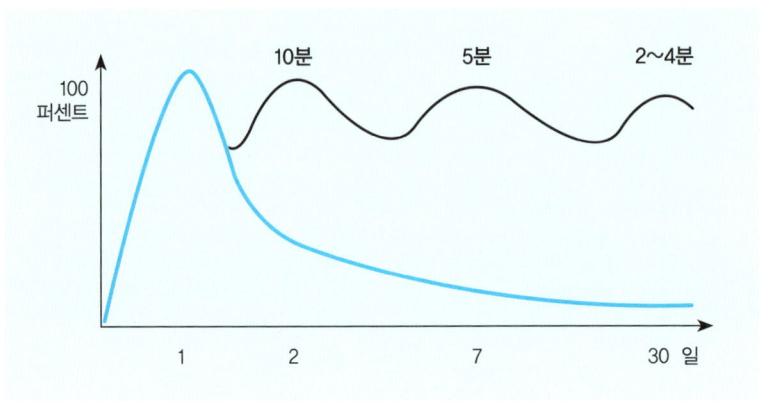

파동을 반복하는 뇌의 모습이다. 가슴이 뛰지 않는가?

따위에 연연하지 않을 것이다. 하지만 신은 인간이 볼 수 있는 빛을 제한했다. 우리는 그저 가시광선만 볼 수 있을 뿐이다. 태양 빛이 전부라고 믿거나 자기 방에 켜진 형광등 불빛 정도만 보는 인간은 자기 몸속에 흐르는 무한한 가능성의 빛을 깨닫지 못한다. 인간 대부분은 그 수준에 머물러 있다. 몸속 에너지를 80퍼센트나 가져가는 눈동자의 영향력을 깨닫지 못하는 이들은, 내면을 향하는 몰입의 힘이 부족했다. 바깥세상이 이끄는 대로 시달리며 조바심 내며 끌려다닌다. 그들의 삶은 어긋난 초점처럼 늘 해상도가 흐릿했다.

  극소수의 성공한 사람들만이 매일매일 파동을 통해 몸속에 거대한 에너지를 일으켜서 세상을 향해 쏘았다. 돈을 사랑했지만 갖지 못한 보통 사람들이 부자들에게로 표류해 왔다. 부자는 억대 돈을 움직였고, 피고용인은 기껏해야 몇 백만 원을 움켜쥐었다. 부자들은 다른 사람의 파동을 모아 자신의 파동으로 삼았다. 평범한 사람들은 부자들의 파동에 휩쓸려 자기 파동의 흔적조차 찾지 못했다. 빈자들은 돈을 기다렸다. 그럴수록 자신의 파동을 잃어가고 있었다. 성공한 사람들은 파도를 기다렸다. 자신들이 날마다 쌓은 파동을 볼모로 거대한 파도를 기다렸다. 그들의 눈동자는 갈수록 강한 레이저를 우주까지 쏘아 올렸다. 그 파장을 본 신이 말했다.

"구하고 있구나. 그러니 줄 것이다."

부자들의 눈동자, 그 파동의 크기는 점점 커져 거대한 파도가 되었다. 파도는 끊임없이 포말을 만들어댔다. 파동의 바다는 고요할 날이 없었다. 반면 평범한 사람들의 눈동자, 정작 그 눈동자 행성에 사는 파수꾼들의 하루는 아주 단순했다. 작은 미어캣 두 마리가 지구를 똑 닮은 동그란 눈동자 행성에서 달콤한 샤인머스캣을 만들기 위해 일했다. 그저 매일매일 바깥으로 빛줄기를 비췄다. 포도가 잘 자라서 최상급 품종인 샤인머스캣이 되면 달콤한 머스캣 위에서 그들은 빛으로 가득 찬 기쁨과 풍요로움에 질식해갔다.

빛의 파수꾼 두 미어캣의 이름은 '마틸다'과 '바틀비'였고, 빛의 조종사 까마귀의 이름은 '몬태그'였다. 인간은 그들의 존재를 몰랐지만, 그들은 인간의 모든 걸 조종했다. 마틸다와 바틀비가 비추는 빛은 '뇌'라는 공장으로 흘러 들어갔다. 그들이 비춘 각도에 따라 몸속의 100조 개의 세포들이 따라 움직이는 놀라운 광경이 펼쳐졌다.

미어캣 두 마리, 그리고 까마귀는 눈동자 행성이 가장 강하게 반응할 바깥세상의 빛을 찾아 움직였다. 그 신호를 발견한 순간, 외부의 빛을 담뿍 쥔 샤인머스캣도 가장 달콤하게 자랐다. 대부분의 평범한 사람들은 마틸다와 바틀비가 하는 일에 무관심했다. 미어캣들은 무능하지 않았다. 칼같이 정확했다. 그들의 하루는 빛을 들여오는 단순하지만 명확한 일이었다. 빛의 속도보다는 느리지만 충분한 속도였다. 마틸다와 바틀비는 자신의 일을 사랑했다. 물론 몬태그도 그들처럼 밖을 내다보는 것을 좋아했지만 뇌 공장에서는 그보다 더 기묘한 일들이 일어나고 있다는 사실을 알았다.

그날은 여느 때와 달리 사건이 벌어졌다. 마틸다와 바틀비가 세상을 비추는 일에 두뇌가 가끔 개입하려 드는 순간이 있었다. 몬태그는 두뇌의 개입을 같잖게 여겼다. 빛을 조종해 언젠가 완벽하게 뇌를 지배할 생각까지 품고 있었다. 두뇌는 너무나 성가신 존재였다. '저놈의 두뇌가 허구한 날 꿈 타령 하지 못하게, 세상에 고분고분하게 수그리며 살게끔 더 찍어 눌러버려야겠다'고 다짐했다. 방법은 간단했다. 인간이 무언가 하려고 노력할 때마다 초점을 어긋나게 만들면 되었다. 어차피 인간들은 몇 가지 팩트만 늘어놓아도 두뇌가 제풀에 지쳐 항복했다.

"네 주제에 무슨 공부야?"

"이번에는 성과 어땠어?"

"무슨 사업을 한다고 그래?"

"아직도 네가 젊은 줄 알지?"

"그런다고 그게 되겠니?"

무례한 사람들이 인생에 끼어들 때면 몬태그는 초점을 좀 더 정교하게 맞춰주라고 미어캣들에게 명령했다. 바깥에 초점이 맞춰졌다. 늘 그랬듯이 두뇌는 한껏 쪼그라들어서 인간의 몸과 마음을 더욱 무력하게 만드는 명령을 내렸다. 어설픈 내면의 꿈들로 몸속 에너지를 뺏기지 않는 일, 그래서 늘 바깥세상만을 비추는 환한 빛을 조종하는 일, 그게 눈동자 행성에서 몬태그의 생존 비결이었다. 그의 날개는 늙었다. 그러나 그의 눈빛은? 세월이 무색할 정도로 예리하게 벼려 있었다.

미어캣과 까마귀는 빛에 대한 업무 외에는 별다른 대화를 나누지는 않았다. 다만 까마귀가 보라는 각도대로 미어캣들이 빛을 받아들이는 모습을 보면, 실상 까마귀가 미어캣들의 지배자라는 점을 엿볼 수 있었다. 몬태그의 조언대로만 빛을 비추면 샤인머스캣은 더욱 달콤하게 익었다. 마틸다와 바틀비가 여러 상황을 관찰한 결과, 몬태그가 시킨 대로 할 때 인간 역시 눈앞에 주렁주렁 열린 행복의 열매를 탐욕스럽게 먹어 치우는 것처럼 보였다. 남의 꿈으로 대리 만족하는 욕망, 현실에 안주하는 기쁨, 포기해 마땅한 하잘것없는 꿈… 슬쩍슬쩍 부추기면 인간은 샤인머스캣이라는 매력적인 가짜 행복에 걸려들었다. 한때 몬태그는 그런 인간들이 역겨웠다. 잘 알지도 못하면서 속아서 웃어대는 멍청이들. 그는 인간을 혐오했다.

"눈을 감게 해버려."

두 미어캣들은 곧장 초점을 바꾸었다. 노래가 흘러나오자 R의 눈이 절로 감겼다. 그는 스르르 감긴 자신의 눈을 노래에 대한 감동의 징표로 여겼다. 비틀스의 노래 〈렛 잇 비〉였다.

"삶이 곤경에 처해 있을 때, 내 어머니 메리는 나에게 와서 지혜의 말씀을 해주곤 해. 그대로 두어라. 내가 어둠 속에서 방황할 때 다시 그녀가 내 눈앞에 와서 지혜의 말씀을 전해주지~ 그대로 두렴. 그대로 두렴. 다 해결될 거야."

몬태그가 치를 떨었다.

"역겨워. 그대로 두라니. 그 시절을 어떻게 그대로 두라는 걸까."

이 노래는 피아노 선율로 시작되었다. 그게 가장 큰 문제였다. R은 이 피아노 선율을 들을 때마다 어김없이 자기 연민에 빠져들었다. 온몸의 세포들은 상처받았다. 그의 꿈을 위해 그토록 치열하게 애썼는데, 이제는 가끔 꺼내보는 낡고 해어진 추억 취급이라니…. 몬태그는 당장 날아가 두뇌를 죄다 쪼아버리고 싶은 걸 가까스로 참곤 했다. 마틸다와 바틀비는 이런 몬태그의 속도 모른 채 음악에 취해 기분 좋게 흥얼거렸다. "렛 잇 비~ 렛 잇 비~." 더 참지 못한 몬태그는 푸르락누르락해진 얼굴로 미어캣들에게 성을 냈다.

"비틀스가 3분짜리 노래를 만들기 위해 30년간 얼마나 노력했는지 아는가? 1만 시간이 넘게 피, 땀, 눈물을 쏟았단 말이다. 그런데 꿈이랍시고 말만 앞세우고 그 언저리에서 대충 깔짝거리다가 포기한 사람이, 자기 연민에 빠지는 일이 얼마나 역겨운지 정녕 모르는가?"

미어캣들은 몬태그의 말을 제대로 이해하지 못했다. 하지만 어렴풋이 느끼고는 있었다. 그들은 인간의 진정한 꿈을 비추기보다 설탕이 코팅된 달콤한 하루에 초점을 맞추었다. 미어캣들과 까마귀는 괜히 고작 3일 정도 노력하다 곧잘 포기해버리는 인간의 꿈을 응원하다가 에너지를 모두 소진하고 싶지 않았다. 파수꾼들은 두뇌가 인간의 꿈을 우편으로 보내오면 거의 매번 반송함에 넣어버렸다. 그리고 초점을 살짝 어긋나게 틀어버렸다. 인간은 결코 내면으로 가 닿지 못했다. 빛의 파수꾼과 조종사는 인간의 두뇌가 '꿈!'을 외치면 어둠 속에 '꾸우우우우우우우움'으로 처박아두었다.

 음악 감상, 넷플릭스 몰아 보기, 유튜브 표류하기, 맛집 탐방, 최저가 쇼핑에 이르기까지…. 미어캣들은 늘 샤인머스캣이 흠뻑 차고도 남도록 사탕발림한 일상을 인간에게 속삭였다. 몬태그는 미어캣들에게 달콤함을 약속했다. 그 결과, 평범한 사람들의 눈동자는 오직 샤인머스캣을 위해 만들어진 기관 같았다. 마틸다와 바틀비는 샤인머스캣을 먹기 위해 바깥세상의 모든 빛을 수집하려 들었지만, 정작 빛의 의미는 알지 못했다. 그렇다면 그 반대는 어떨까? 인간이 원하는 내면의 꿈, 두뇌가 명령하는 마음의 소리를 어설프게 좇으려면 위험 부담이 상당했다. 행여나 빛을 잘못 비추면 빛은 오히려 분노에 가득 찬 번개로 바뀌었다. 그 번개는 행성의 포도나무를 뿌리 끝까지 태워버렸다. 미어캣들이 번개에 맞기라도 한다면 산 채로 화장될지도 모를 일이었다. 빛은 환희이면서 공포였다.

 하지만 두뇌는 끈질겼다. 끊임없이 눈동자 행성에 꿈의 신호를 보내왔다. 제법 그럴싸한 꿈들을 들고 올 때마다, 몬태그는 굳은 표정으로 숨을 들이쉬고 내뱉었다. 빛의 파수꾼들은 몬태그의 뜻의 따라 꿈의 신호를 무시했다. 그 외에 모든 쓰잘머리 없는 것들에 초점을 맞춰댔다. 인간이 아침에 했던 대단한 결심이 저녁쯤 희미해지는 것은, 사고뭉치 아이 길들이듯 두뇌의 버르장머리를 고쳐놓으려는 온 세포의 의지였다. 세포들은 두뇌의 의지와 별개로 움직였다. 100조개에 달하는 세포들은 자기들끼리 똘똘 거대한 우주를 이루었다.

"정말 간절히 원한다면 온몸의 세포들도 다시 원하게 만들어야 해."

몬태그는 젠체하며 말했다.

"꿈을 이루든 실패하든 자기와 함께한 온몸의 세포들이 함께해주었음을 항상 선명하게 느끼고 항상 감사하게 생각해야 한다네. 하지만 인간들 대부분은 눈, 팔, 다리… 모든 행동을 모두 두뇌가 명령해서 해결하는 거라 생각하지. 오만함이 너무 빠르게 생겨. 두뇌는 원하는 걸 가볍게 스윽 떠올리고 생뚱맞게 온몸의 세포에게 그대로 하라고 명령 내리는 걸 좋아하지. 자기가 그럴 권한이 어딨다고. 하하."

실제로 과학자들은 인간에게 자유의지가 있는가에 대해 그렇지 않다는 답을 내놓기도 했다. 인간이 무언가를 움직이려고 의식하기 전에 먼저 신체 기관들이 움직이는 현상을 발견했던 것이다. 1970년대에 신경 과학자들의 공이었다. 하지만 인간들 대부분은 자유의지 신봉자였기 때문에 과학의 발견은 쉽게 묻혔다. 게다가 미어캣들은 번개 맞은 나무가 계속 신경 쓰였다. 몬태그는 날개라도 있지만, 그들은 날 수 없었다. 꿈을 이루지 못한 인간의 분노는 번개로 변해 행성 사방으로 내리쳤다. 정말이지 섬뜩했다.

"바틀비, 할아버지 언제 돌아가셨지?"

"걱정 마. 할아버지는 자기 명 다 누리고 가셨어."

미어캣들은 두뇌 쪽으로 뒤돌아봤다. 갑자기 멀리서 번개가 화살같이 내리꽂히는 느낌이 들었다.

한편 영리한 까마귀 몬태그는 수십 년 동안 인간과 같은 수명을 누려왔다. 그 시간의 궤적 속에서 인간을 지켜보며 그들을 다룰 수법을 터득했다. 그는 높은 상공에서 100조개의 세포들이 어떻게 돌아가는지 보러 다녔다. 덕분에 인간만이 100킬로미터로 달리는 자동차를 운전하거나 만들 수 있다는 점도 알았다. 그는 미어캣들에겐 굳이 이 이야기를 하지 않았다. 평균수명이 짧아 자주 바뀌는 미어캣들에게 굳이 눈동자 행성의 비밀을 설명해줄 필요가 없었다.

매일 마틸다와 바틀비는 낮과 밤을 교대로 빛을 비추었다. 평소 까마귀는 항상 미어캣들에게 빛의 각도를 알려줬지만 왕왕 잘못된 각도를 알려주기도 했다. 뭔가 꿍꿍이가 있어 보였지만, 샤인머스캣은 윤기를 더해갔으니 개의치않았다. 그러던 어느 날이었다. 눈동자 행성의 샤인머스캣이 혀가 얼얼할 정도로 단맛이 났다. 모두가 모였다.

"이게 세상의 빛이지."

샤인머스캣을 한입 베어 물며 바틀비가 말했다.

"그렇긴 한데, 그렇지 않은 것 같기도 해."

마틸다가 대답하자, 바틀비가 대수롭지 않은 표정으로 물었다.

"무슨 소리야?"

"너는 못 봤어? 우리가 뇌의 전원 버튼을 끈 뒤 자려고 누웠을 때, 가끔씩 뇌에서 이상한 소리와 함께 빛이 새어 나왔잖아. 그때 우리가 비추지 않았던 것들도 보였어. 아주 다른 빛이었어."

바틀비는 마틸다가 같은 말을 되풀이하는 게 화가 났다.

"넌 꼭 샤인머스캣을 먹을 때마다 그런 소리를 하더라."

보통은 바틀비가 짜증을 내면 마틸다가 곧장 사과했지만, 오늘은 마틸다가 말을 이어나갔다.

"이게 정말 세상의 빛일까? 우리가 느려터진 두뇌의 말을 무시하기로 한 지 오래됐잖아? 그런데 거기서 나온 빛은 우리가 샤인머스캣으로 눌러 담던 바깥세상의 빛보다 더 밝은 빛이었어. 두뇌랑 한번 얘기해보고 싶은데, 몬태그가 뭐라 하겠지?"

바틀비는 슬슬 화가 났다. 마틸다는 빛나는 샤인머스캣 한 알을 꺼내 유심히 들여다보며 혼자 되뇌었다.

"이건 바깥의 빛이지."

바틀비는 더는 들어줄 수 없었다.

"이 세계는 아주 단순해. 네 감정만 아주 복잡해."

마틸다와 바틀비가 서로를 쳐다보며 격한 대화를 나눴다. 그들은 문득 깨달았다. 자신들도 많이 늙었다는 것을. 마틸다가 말했다.

"우리가 고작 15년을 살면, 몬태그는 인간만큼 살지. 우리는 이 행성에서 아이가 어른이 되는 모습까지 봤어. 시간이 흘렀어. 우리는 이 행성에서 곧 사라지게 될 거야. 그동안 우리가 비추고 있던 것은 무엇이었을까?"

두뇌에서 작은 빛이 새어나왔다. 뇌 뒷길에서 빛난 것은 성공한 모습으로 넓은 집에서 가족과 함께 소파에 앉아 흐뭇한 표정을 짓고 있는 이 행성의 주인이었다. 가짜 행복이었다. 그는 지금 불안했다. 그는 꿈을 별로 이루지 못했고, 그의 실제 표정은 다소 아련해 보였다.

"우리가 인간이 원하던 꿈에 좀 더 초점을 맞춰주는 게 나쁜 건 아니잖아?"

"도와줘봤자 속만 시끄러워져."

바틀비는 고개를 흔들며 눈동자에서 두뇌 방향으로 세 번째 손가락만 치켜세우며 말했다.

"아련하게 빛나는 건 너무 슬픈데?"

"맞춰주고 나면 네가 슬플걸?"

"왜?"

"너는 아직 인간의 오만함을 몰라서 그래."

바틀비는 더 대화하기 싫다는 듯 자리를 떴다. 바틀비는 별들을 한 번도 쳐다보지 않았지만, 마틸다는 그 별들을 매일 비추며 궁금증이 일었다. '꿈을 이룬다는 것은 어떤 느낌일까? 밤이 되어야 별자리로 아련해지는 것 말고, 저 꿈들을 낮처럼 강한 빛으로 쏘는 것은 어떤 느낌일까?' 며칠 후 몬태그는 눈동자 행성의 지평선에 마틸다가 생전 처음으로 신에게 바깥세상으로 나가게 해달라고 기도하는 모습을 보았다.

"너는 왜 신에게 기도드리는가?"

몬태그가 물었다.

"바깥 빛들만 모으던 세상이 아니라 저 두뇌에서부터 눈동자 행성까지 좍악 쏟아져 나오는 빛을 쏘아보고 만나고 싶어서요."

"너만큼 빛을 잘 만나온 생명이 어디 있는가? 그 빛들을 모으고 모아서 먹던 샤인머스캣들이 그 증거 아니더냐!"

몬태그의 마지막 말은 약간 다그치는 말투였다. 마틸다는 잠시 침묵했다. 어기차게 말했다.

"저는 지금까지 바깥세상을 경계하며, 그 세상에서 좋아 보이는 것들을 골라서 비췄죠. 그러다 문득 이 소년이 커가며 이루지 못한 꿈들이 별이 되고 별자리가 되어가는 것을 봤습니다. 우리가 비춘 빛보다 그 별들이 더 반짝일 때가 많았죠. 그 별은 바깥세상의 빛이 꺼지고 나서야 비쳤죠."

잠시 정적이 흘렀다.

"진짜로 경계해야 하는 것은 바깥세상이 아니라 바깥세상만 보는 자신이었습니다. 저는 대체 왜 이 긴 시간 이곳에서 파수꾼으로 살아왔던 걸까요?"

마틸다는 잠시 숨을 고르고서 말을 이었다.

"내 빛을 확인할 시간이 얼마 남지 않았단 말입니다."

몬태그는 마틸다의 기도가 하늘로 올라가는 것이 걱정되었다. 신은 모든 자들의 기도를 들어주시기에. 그러나 이 또한 신에게는 계획된 일이었다.

그만큼 어두워져본 사람은
그만큼 엄청난 빛을 만난다

1955년 아인슈타인이 죽었다. 그리고 1955년, 다른 아인슈타인이 태어났다.
　—미상

"렛 잇 비, 렛 잇 비~~."

R은 운전 중에 〈렛 잇 비〉를 듣고 있었다. 폴 매카트니의 목소리가 왠지 모르게 조금씩 느려지는 걸 느꼈다. 늘어나서 버린 테이프만 이미 세 통이었다. 그는 조금 귀찮았지만 내심 같은 음악을 수백 번 듣는 자신의 집중력이 대견했다. 아쉽게도 휴게소에 들러 테이프를 새것으로 살 시간적 여유는 없었다. "테이프 늘어진 거 맞네." R은 혼잣말을 뱉었다. 테이프는 노골적으로 천천히 '레리잇비이…' 하고 노래

를 불러댔다. 그는 여러 휴게소를 모두 지나쳤다. 아무쪼록 현장에 도착할 때까지 집중력을 유지하고 싶었다. 그리고 어서 빨리 도착하고 싶었다.

'그곳에서 뭔가 엄청난 일이 일어나고 있어!'

베테랑 영업 사원으로서 강한 직감이 일었다. 결국 다섯 시간이 걸려 영업지에 도착했을 때, R은 자신이 화장실도 아직 못 다녀왔다는 점을 깨달았다. 셔츠는 이미 축축했고 양말도 땀에 절었다. 미팅 전에 반드시 새 양말로 갈아 신어야 했다. R이 휴게소도 한번 들르지 않고 다섯 시간을 그대로 현장까지 냅다 달린 이유는 이곳에서 일어나는 놀라운 수치의 주문량 때문이었다. 여기서 무슨 일이 일어나는지 반드시 파악해야 했다.

"스물다섯 살 신입을 두고 왜 쉰두 살 부장인 자네가 가?"

"자네 영업할 줄 모르나? 그 사람이 쉰둘, 나랑 나이가 같으니까 내가 가야 더 팔리지."

그렇게 먼 거리는 젊은 애들 시키지 하는 제이슨의 눈빛에 R은 이게 다 요즘 저조한 회사 매출을 위한 거라며 말을 둘러댔다. 제이슨은 오십 대에도 여전히 실적에 목말라 있는 R을 안쓰럽게 바라보았다. 하지만 R은 다른 꿍꿍이가 있었다. 하나에 몇 천만 원 하는 조리 기계 몇십 대와 원재료 몇 백 킬로그램을 일개 작은 점포에서 여러 차례 재주문하는 것은 수괴한 일이었다. 밀크셰이크가 이렇게나 팔린다고? 직접 두 눈으로 확인해야겠다고 마음먹었다.

"아침 9시, 첫 주문자. 근처 노동자로 보임."

R이 손님들을 관찰해 메모장에 쓰기 시작했을 때, 그는 곧 기록이

필요 없다는 것을 깨달았다. "빵빵." 뒤차들이 안 살 거면 빨리 비키라고 R에게 경적을 울려댔다. 출근 전에 스타벅스에서 아메리카노를 사가듯 다들 아침 식사를 테이크 아웃 하러 몰려들었다. R은 좀 더 구석에 차를 대고 그들을 관찰했다. 스물다섯 살 신입이 현장에 왔다면 아무 생각 없이 제품을 팔려고 곧장 노크했을 것이다. 하지만 쉰두 살 과장은 가게 포스기들이 닫힐 때마다 돈이 쏟아지는 노크 소리를 들었다.

"99개, 100개…."

그는 순식간에 자기 회사 밀크셰이크 100개가 팔리는 현장을 목격했다. R의 머릿속 계산기는 바쁘게 움직였다. 그렇게 다섯 시간이 흘렀다. 업무가 아니었다. 이건 순전히 R이 필요해서 지켜보는 현장이었다. R의 눈에는 돈이 셰이크되는 시스템이 보였다. 경제적 자유는 R이 쉰두 살이 된 지금에도 여전히 꽂혀 있는 주제였다. '이 사장은 도대체 돈을 얼마나 쓸어 담는 거야?'

우리 기계로 1억 이상 버는 것을 지켜보는 일은 언제나 흥미로웠다. 그게 끝이 아니었다. 1억 이상 버는 시스템을 다시 여러 곳에 도입하면 몇 억, 몇 십 억, 몇 백 억이 벌리는 현장을 이미 몇 차례나 목격해왔다. 여기서도 그 시작이 꿈틀거렸다.

'오후 2시.'

미팅 시간이 되자, R은 확신을 얻은 듯 M의 가게로 들어갔다.

"어? 또 자네야? 매번 하는 주문이라 이번에는 신입 사원이 온다고 들었는데?"

동갑이라 이제는 제법 친해진 사장 M이 R을 맞았다.

"드라이브할 겸 왔지, 뭔가?"

그럴 리가. 눈썰미 좋은 M은 R의 축축한 셔츠와 코를 찌르는 양말을 아래위로 훑었다.

'앗. 양말을 갈아 신는다는 게.'

R은 순간 영업하려고 왔는데, 실례를 범한 느낌이었다. 그 표정도 M은 다 알고 있었다.

"여기 온 지 오래됐지? 아까 전부터 봤어. 저기 저쪽에 차를 대놓고 있더만. 우리 가게를 뭘 그리 열심히 봤는가? 경쟁 업체였으면 혼내줄 뻔했어!"

가게 운영하는 사람들은 손님들이 오는 게 지평선부터 보인다. R은 멋쩍게 웃었다. M은 웃으며 말했다.

"참, 자네를 볼 때마다 느끼는 건데, 나이는 쉰두 살인데 하는 건 스물다섯 살이야."

"이 일을 25년째 하고 있는데, 신기하지 않을 수 없지."

"자, 여기. 자네 회사 밀크셰이크나 한잔 들이켜게."

사실 M은 오늘 오전부터 기분이 썩 좋지 않았다. 아무리 친구라도 저렇게 숨어서 자기 매장을 훔쳐보는 게 달갑게 여겨질 리가 없었다. 하지만 M은 본심을 숨겼다. 돌이켜 보면 살아온 삶도 서로 비슷했다. M과 R은 동갑이고 둘 다 이십 대를 예술로 방황한 흔적이 있었다. 그러다 지금은 M은 프렌치프라이, R은 밀크셰이크를 양손에 들고 있었다.

'아, 그러고 보니 프렌치프라이! 젠장!'

M은 생감자를 오후 2시가 다 되도록 아직 손질도 못 했다는 게 떠

올랐다. 밀크셰이크 기계를 고치는 것만 신경 쓰다가 프렌치프라이를 까먹고 말았다. 감자 손질이 급했다. '이따 저녁 시간에 주문량을 어떻게 감당하지?' 고작 한 번의 품절도 손님들 입장에선 다른 매장으로 영원히 발길을 돌리기에 충분한 시간이었다. M은 다소 가쁜 숨을 내쉬며 말했다.

"계약서 주면 바로 입금하겠네."

R은 끄덕이며 계약서를 건넸다. M은 바로 사인하고 입금도 완료. 하지만 R은 서류 가방에 계약서를 넣으면서도 혀끝에서 맴도는 말들이 입술을 달싹이게 만들었다.

"왜? 뭐가 문젠가. 자네도 이런 매장 하나 차리고 싶은가? 자네라면 도와줄 수 있지."

M은 튀김기에 넣어야 할 생감자가 계속 떠올랐지만 여전히 여유 있게 웃으며 말을 건넸다. 하지만 R은 다른 꿍꿍이속이 있는 눈치였다. R은 잠시 뜸을 들이다가 도탑고 진지한 투로 제안했다.

"자네, 자네도 25년간 이렇게 한 거 이제 25배로 키울 때가 되지 않았나?"

"이 나이에?"

M도 생각해보지 않은 건 아니었다. 하지만 세상은 날개를 펴려고 하면 언제나 알 수 없는 무언가로 강하게 짓눌렀다. 1900년대에 태어난 둘은 이십 대에 경제 대공황을 맞았고, 삼십 대에 제1차세계대전, 사십 대에 제2차세계대전을 겪었다. 지난한 삶을 지나 오십 대가 되어서야 세상은 잔잔해졌다. 그제야 먹고살 만한 상황이 되었다.

M은 더는 희망을 믿지 않는 사람이었고, R은 현실을 믿지 않는 사

람이었다. M은 생감자 더미에서 눈을 떼지 못했다. '맙소사. 봉지를 뜯지도 않았잖아? 세척하고 껍질을 벗기고 건조하고…' 까마득했다.

반대로 R은 이런 거절을 판매 사원 시절부터 자주 겪어봤다. 바쁘다고 "다음에 얘기해요" 하면 다음은 없었다. 다음번에 찾아가면 기회는 다른 사람이 가져갔다. 이번에야말로 가능성의 두근거림이 R을 압도했다.

"자네, 내 말 듣고 있나?"

M이 R을 재촉했지만, R은 매장을 인수하는 사람처럼 한 바퀴 돌아보고 있었다.

'이 매장은 어딜 가든 복사할 수 있게 설계되어 있어.'

R은 매장을 오가는 고객들을 보며 익숙한 듯 중얼거렸다. 곧이어 M 매장에 대한 확신을 가질 수 있었던 경험이 떠올랐다. 아주 신기했던 커피숍…. 어딜 가도 다 똑같이 생긴 매장에, 똑같은 서비스라니. 저 인어 머리 커피숍의 정체는 대체 뭐지? R은 마치 무한 루프에 빠진 영화 속에 들어온 느낌이었다. 다른 지역에서 거래를 트고 온 매장과 모든 게 똑같지 않은가! R은 우연한 기회에 만나게 된 커피숍 회장에게 질문을 던졌다.

"회장님, 왜 미국 전역에 완전히 똑같은 커피숍을 운영하시나요?"

"왜 그럴 것 같나?"

"쉽게 관리하기 위해서인가요?"

"그건 중간관리자들이나 하는 생각이고."

R은 깜짝 놀라 물었다.

"그러면 더 큰 무언가가 있나요?"

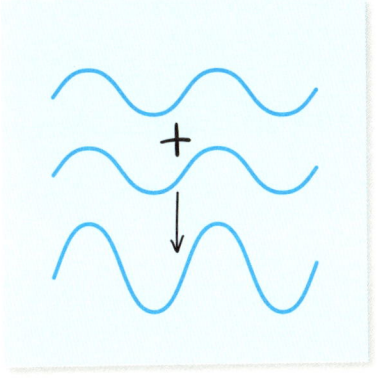 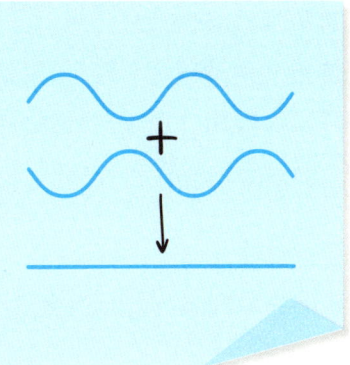

"우리는 파동을 모으는 사람들이라네."

회장은 R이 들고 있던 계약서 뒷면에다 펜으로 그림을 그렸다.

"우리 매장이 다 똑같이 생긴 걸 보니 어땠나?"

"어딜 가도 익숙한 매장에 들어온 느낌이었습니다."

회장은 왼쪽 그림을 가리키며 말했다.

"모든 매장이 같은 파동을 만들고 있지."

"그러면 오른쪽 그림은 어떤 걸까요?"

"이미 충분히 돌아보지 않았나! 파동은 누구나 만들고 있지만, 왼쪽 그림처럼 같은 파동이 모여야 파도가 된다네. 기억하게나."

R은 다시 현실로 돌아왔다. M의 가게 간판을 보았다. 간판의 아치가 그때 회장이 보여준 파동처럼 보였다. 거대한 파도였다. '나는 이 파동을 첫 번째로 보고 있어. 이 시스템을 만든 M은 고작 감자 튀길 걱정이나 하고 있는데 말이야. 이건 돈을 뻥튀기할 시스템이 될 거야.' 물건을 파는 것이 긴장감이었다면 확신을 파는 것은 간절함이었다. R은 주먹을 쥐었다. 이런 확신은 처음이었다. 과연 미래에 대한 확

신을 팔 수 있을까? 이 첫 파동을 파도로 만들고 싶어졌다. R은 가게를 한 바퀴 돌며 말했다.

"자네는 이십 대 종업원들을 쓰고 그들은 200만 원만 줘도 모든 궂은일을 다 해내지?"

"그렇네."

"그리고 삼십 대 매니저를 쓰고 있지 않나. 그들은 300만 원, 맞지?"

"맞네."

"자, 사십 대 총책임자는 400만 원이지?"

"그래."

"오십 대인 자네는 500만 원이어야겠지만, 이 놀라운 매출에 맞춰서 더 많이 벌고 있고."

"그래, 다 맞네."

"내가 이 매장이 동네에 다섯 군데만 더 진출해도 얼마나 붙을지를 계산해봤지. 그럼 자네는 매달 5,000만 원을 더 벌게 되는 걸세."

"나라고 왜 모르겠는가? 하지만 그건 하나의 가능성일 뿐이네."

M은 바닥난 인내심을 부여잡고 한 번 더 마음을 다잡았다. '그래, 이따가 프렌치프라이는 품절로 걸어놓자. 그럼 세트 메뉴를 못 파는데. 하… 오늘 이 친구, 좀 많이 이상해.'

"…"

'49초, 50초, 51초, 52초.' R은 사십 대가 되면서 손목시계에 초침에 초 대신에 나이를 갖다 붙여서 자주 되뇌곤 했다. 49세, 50세, 51세, 52세…. 60세가 되기까지 시간이 정말 얼마 안 남았다. 이제는 진짜로 밀어붙여야 할 때였다.

"자네, 한번 초침에 나이를 붙여보게."

M은 R을 따라서 자신의 손목시계의 초침을 봤다. 1에서 시작한 초침은 자신의 나이까지 가까워지고 있었다. R은 이대로 끝낼 수 없다는 '간절함'이 떠올랐고, M은 이만큼 했으니 됐다는 '편안함'이 떠올랐다. 아, 순간… 그동안 살아온 길을 생각하니 생감자 더미 따위가 눈에 들어오지 않을 만큼 편안해졌다. 감자튀김 따위로 너무 예민해져 있었던 것 같아 머쓱해서 웃고 말았다.

"마음이 편안해졌네. 이제는 좀 쉬어야 하지 않겠나?"

R의 이마에는 나이가 들었어도 거대한 파도를 찾는 Roller ('길고 강하게 밀려오는 큰 파도'를 뜻하는 단어)가 반짝거렸고, M은 나이가 들어서 이젠 성장을 멈춘 Mature('다 자랐다'를 뜻하는 단어)가 이마에 반짝거렸다. R의 눈에는 M의 이마에 Mature라는 단어가 쓰여 있는 것처럼 느껴졌다. R은 포기하지 않았다.

"우리에겐 8년 같은 8초가 남았어."

"그러게, 뭘 위해 아등바등하나?"

R은 시계 초침이 30초가 지나가는 걸 가리키며 말했다.

"나는 신이 누구나 저마다의 빛을 저마다의 시간 속에 가득 채워놓았다고 믿네. 만약 우리 인생이 삼십 대부터 풀렸다면 그 빛은 저 초침 위에서 남은 삼십 년까지 균일하게 켜지겠지."

R은 초침이 52초를 지나가는 것을 다시 가리켰다.

"그렇다면 60이 한 사이클인데 52가 되도록 켜지지 않은 빛이 있다면 그 빛은 얼마나 압축되어 있고 얼마나 놀랍도록 밝을까?"

M은 옅은 미소를 지었고, R은 말을 이었다.

"그만큼 어두워져본 사람은 그만큼 엄청난 빛을 만날 준비가 되어 있는 걸세."

"빛이 그렇게 꽉 차 있다 한들, 어떻게 그 강한 빛을 이 나이에 꺼내겠는가?"

"여기서부터 체력이라네."

신이 인간 저마다의 빛을 저마다의 시간에 가득 채워놓았다고 믿는 것. 계속 파동을 일으켜 거대한 파도를 일으키는 것. 그게 성공의 전부다. 순간 비스듬하게 놓여 있던 서류 가방이 바닥에 떨어졌다. 둘은 한참 동안 침묵했다. 어떤 울림에 압도된 것처럼.

눈동자는 왜 바깥만 보게 되었을까?

마틸다는 R의 꿈을 돕고 싶었다. 그럴 때마다 눈동자 행성에서는 싸움이 일어났다. 바틀비가 "왜 또 쓸데없는 일을 벌이느냐"고 소리를 질러댔다. 뭣 하러 손목시계가 52초를 지나갈 때 초점을 맞춰서 쉰두 살의 두뇌가 다시 간절해졌느냐고 말이다. "야, 너! 미쳤냐?" "그래!" 바틀비는 시계 초침에 초점을 맞추고 있는 마틸다에게 있는 힘껏 고함쳤고, 마틸다도 초점을 흐리지 않고 똑같이 받아쳤다. 그때 R의 말소리가 들렸다.

"그만큼 어두워져본 사람은 그만큼 엄청난 빛을 만날 준비가 되어 있는 걸세."

R의 말이 자연스레 목구멍에서 올라와서 눈동자 행성 안에서도 크

게 울렸다. 바틀비는 그 말에 속이 부글부글 끓었다. 마틸다는 늘 부정적인 바틀비를 이해하지 못했다.

'R이 자기 삶의 거대한 파도를 진심으로 원하잖아. 왜 간절함을 무시하는 거야. 인간이 초침을 볼 때 파동이 살아난다면 난 거기에 초점을 맞춰줄 거야.'

마틸다는 일그러진 바틀비의 표정을 보며 일그러진 건 자신이 아님을 확신했다.

'빛의 주인을 무시하는 건 내가 아니라 너야.'

마틸다는 더 이상 참지 못하고 바틀비를 보며 크게 대들었다.

"내면을 비춘 게 그렇게 죄가 되니?"

마틸다의 첫 도발에 바틀비는 더 크게 윽박질렀다.

"몬태그가 하랬어?"

"몬태그가 무슨 절대자라도 돼?"

사실 빛을 받아들이는 마틸다와 빛을 내보내는 바틀비가 이렇게 싸워서는 안 될 일이었다. 샤인머스캣이 달린 문제였다. '한 해 농사를 망칠 수 없지.' 바틀비는 마틸다에게 설명해주기로 마음을 먹었다.

"이 행성의 주인 말이야. R이 저러는 거 이번이 처음이 아니야. 우리 할아버지 때, 그러니까 어린 R이 피아노를 칠 때였어. 미어캣들이 악보에 초점을 맞추면 아이의 손가락은 피아노 위를 날아다녔지. 재능이 있다는 소리도 많이 들었어. 그때부터 R은 간절함으로 피아노의 빛들에 모조리 초점을 맞춰댔어. 그래, 미어캣들은 수년간 두뇌가 원하는 대로 성실히 피아노만 비추었고 내내 몰입의 상태를 만들어줬지. 그리고…."

"어떻게 됐는데?"

바틀비는 마틸다의 질문에 잔뜩 비아냥거리며 대답했다.

"성공했지. 하버드 회중교 성가대 지휘자가 연습 시간에 반주를 부탁할 정도였대. 딱 거기까지였어. 더 이상 성장은 없었지. 삼류 피아니스트가 된 거야. 그랬더니…."

"왜?"

"그게 상처가 됐대. 자기가 피아노를 쳤던 시간들이…. 너라면 어떨 거 같아? 몸의 100조개의 세포들과 우리 할아버지가 평생을 눈동자 속에서 바쳤던 시간들이 인간의 두뇌로는 그저 '상처'였대. 하하. 그게 두뇌의 태세 전환이야. 두뇌 뒤에서 묵묵히 빛을 전달하던 '빛의 우편배달부'인 몬스터들이 그때 처음으로 폭동을 일으켰어. 헤아릴 수 없는 몸속 세포들이 진심으로 협력했던 긴 시간은 그저 상처라는 말과 함께 끝났어. 우리 할아버지도 그때 생을 마감하셨지."

마틸다는 말을 잇지 못했다. 어떤 말도 바틀비의 상처를 위로할 순 없었기에…. 두뇌는 꿈을 이루지 못하면 그 시절을 뭉개버리는 나쁜 버릇이 있었다. 모든 세포들은 두뇌의 변덕스러운 오만함에 치를 떨었다. 억울하고 분했던 바틀비는 쉴 새 없이 말을 쏟아냈다.

"뿐만 아니야. 희한한 일이 있었어. 내가 직접 듣고도 믿을 수 없었지. R이 판매직 일을 그만두겠다고 했을 때, 그의 아내가 눈을 부릅뜬 채 달려오는 걸 봤어. 그때 R이 걱정하지 말라고 아내를 안심시켰지. 그리고…."

바틀비는 정말 고통스러운 듯이 말을 잠시 멈췄다가 다시 꺼냈다.

"'필요하면 피아노 치는 일이라도 다시 할 수도 있고'라고 말했어.

정확히 그랬어. 내 할아버지가 바닥에 널브러진 미생물만 먹어가며 평생을 바쳤던 그 자아의 신화가 그저 변명거리쯤으로 전락한 거야. 나는 두뇌가 못 이룬 꿈들을 별처럼 비출 때, 내 할아버지의 희생이 생각나. 난 저 별들이 두뇌에게로 떨어져 폭발해버렸으면 좋겠다고 생각했어. 어딜 아련한 척이야."

"미안해."

그 순간, 마틸다는 바틀비에게 마음 다해 미안한 감정이 들었다.

"미안하면 앞으로 잘해. 뇌는 항상 저래. 마음속으로 피아노를 꿈꾸다가 피아노에 상처받았다고 징징대는 모습이란! 저 철부지에게 평생을 희생한 세포들은 뭐가 돼? 나는 인간의 내면이 너무 역겨워서 신이 그들의 '눈동자'를 바깥만 보게 설계했다고 믿어. 인간의 속을 들여다보면 너무 역겹거든."

두뇌의 오만함은 그 시절 인간의 꿈에 협력했던 모든 세포들의 역사를 무시한 채, 그 모든 것들을 '그때는 그랬었지' 하고 한낱 몽상으로 뭉개버린다. 바틀비는 오만한 두뇌와 손절한 온몸의 세포를 대변해서 여전히 분노에 휩싸여 버둥거렸다. 그 후로 바틀비는 늘 두뇌가 보내온 꿈의 빛 조각들을 다시 반사시켜서 돌려보냈다.

우편배달부 몬스터들은 두뇌에 빛을 전달하면서 두뇌의 편지를 우체통에 넣어두곤 했다. 그 편지들은 늘 뜯어보지도 않은 채로 반송함에 들어갔다. 편지봉투에는 '긴급'이라고 쓰인 것도 제법 있었으나, 그 편지들은 결코 읽히는 일이 없었다.

두뇌는 세포들의 의지를 계속 모르고 살아갈 것이다. 세포들도 두뇌의 의지를 모르고 살아갈 것이다. 인생은 그저 흘러갔다. 그 이유를 두뇌는 절대로 모를 터다. 눈과 입과 귀와 손과 발 모든 게 인간의 의지와 다르게 일상에 안주하는 방향으로 흐르고 있다는 것을 절대로 모를 것이다.

마틸다는 이제야 바틀비의 시니컬한 태도를 조금은 이해할 수 있었다. 그래서 자신의 작은 거울에 문구를 새겼다.

'눈동자가 왜 바깥만 보게 설계되었는지를 잘 기억해라.'

지금 당장 50배로 돈 벌기

M은 한편으로는 R이 대단하다고 여겼다. M은 기억했다. R이 얼마나 오랫동안 피아노에 진심이었고 얼마나 오랫동안 그로 인해 괴로워했는지를…. '간절함도 일종의 성격인 걸까.' 현실은 꿈의 부스러기들로 너저분해도, 잘게 부서진 채로 살아가는 것도 나쁘진 않았다. M은 과자 부스러기를 입에 털어 넣으며 생각했다. R의 휘몰아치던 열변이 20분 정도 이어졌을까. 대략 수천 마디는 들은 것 같은데 M은 그저 이 말밖에 할 말을 찾지 못했다.

"나를 이렇게까지 생각해줄 줄은 몰랐네."

반면 R은 콘서트 두 시간 내내 쉬지 않고 노래한 가수라도 된 것처럼 가쁜 숨을 몰아쉬었다. '이런 게 진심을 파는 거였어.' 그는 심장이 두근거렸다. 모든 혈관은 불순물이 다 씻겨내려간 것처럼 맑고 경쾌했다. 그의 앞에 M이 아니라 A, B, C, D, E, F… 누가 앉아 있더라도 이 열정은 전염될 수밖에 없으리라.

"이봐, M! 지금 이 손님들을 왜 이곳에서만 받나. 이 손님, 이 가게를 우리 그대로 복사해보세! 그러면 돈이 복사가 된다네! 자네 가게는 정말 매력투성이야. 그러니 손님들이 몰리지. 미국에는 50개의 주가 있지, 우리의 매출도 50배가 오를 수 있단 소리지. 그동안 10만 달러를 벌었다면 500만 달러가 될 수 있네."

잠깐…. 아까 M이 말했다. '나를 이렇게까지 생각해줄 줄은 몰랐네. 이 말 뜻은 뭐지?' R은 마음속 태풍이 잠잠해질 때까지 평소보다 오래 걸렸다. 그는 흥분하면 혼자만의 세계로 쉽게 빠져들었다. 그리고 R이 M의 얼굴에 초점을 맞추자, 그제야 M이 자신의 설득에 전혀 동의하지 않는다는 기색을 눈치챘다. 그는 살면서 이런 눈빛을 자주 봤다. 꼭 R이 혼자 거대한 에너지로 벅차오르고 나면, 잠깐의 정적 1, 2, 3초… 그리고 그를 기다리는 건 거대한 박수 대신에 쥐 죽은 듯한 침묵…. '차라리 아무 말도 하지 말걸.' 역시 관계만 더 어색해질 터였다. M은 기분 나빠서 더 이상 R과 거래를 하지 않을지도 모를 일이었다. 속담으로 황금 알을 낳는 거위의 배를 갈랐다고 했던가. 불길한 예감은 어김없이 들어맞았다. M은 처음으로 조금 찡그리고 있었다.

"이보게, R. 내가 버는 10만 달러, 그렇게 함부로 말할 게 아니네. 우리 아버지가 갑자기 신발 공장에서 해고당하는 바람에, 우리 집은 바로 가난으로 무너져내렸네. 여섯 살부터 그런 굶주림을 겪으면 어떨 것 같나?"

"…."

"아까처럼 나를 한심하게 보는 눈빛으로 얘기해보시게. 왜 말이 없나?"

 M의 성난 질문에 여기서부터 R은 아주 사소한 반응도 불같이 큰 다툼으로 번질 수 있다는 것을 깨달았다. '입 다물어, R. 지금부터 어떤 말도 하지 마. 내가 뭐라고 남이 한평생 해온 걸 감 놔라 배 놔라 한 걸까.' 그러나 후회하기에는 이미 늦었다. M은 조금 전 R처럼 똑같이 흥분해서 세상을 향한 초점이 흐려진 채로 자기 말을 이어나갔다. 이 나이에 마침내 느끼는 편안함까지 다그친 것에, M은 무척 불쾌하고 화가 났다. 이 안정감이 얼마나 힘겹게 찾아왔는지를 답할 때, 어릴 때의 불행까지 싹 다 긁어서 목 위로 폭발하고 말았다. 그의 속은 끓는 화산과도 같았다. 활활 타오르는 화산 위에 얇은 맨홀 뚜껑 한 장을 덧대놓았을 뿐이었다. 평범한 사람들일수록 비범한 슬픔을 감추는 사람들이 많다. 그가 그랬다.

 "여섯 살 때부터 무너진 아버지를 보며 돈에 대해 아주 빠른 조기교육이 시작되었어. 세상은 다 돈으로 이루어져 있다는 정확한 깨달음, 젠장, 그런데 뭐 어쩌라고. 혹시 하층민들이 왜 상류층으로 못 가는지 아나? 아무것도 없어보면 아무거나 하는데도 자유롭거든. 이십 대 때는 그래서 예술을 한 걸세. 좋은 대학, 좋은 직장 이런 것들 어차피 그들의 '돈돈돈 세상'과는 상관이 없었으니까."

 M은 좀 더 낮게 읊조렸다.

 "그렇다고 내 아버지처럼 살고 싶진 않았어…."

 M은 조금 전의 R처럼 자기 말만 늘어놓으며 열변을 토하고 싶지 않았다. 감정을 다 토해낸 뒤에 엄습하는 외로움, 자기 세계를 다 보여주고 나면 다른 세계가 닫히는 그 단절감. 그걸 뭐 하러 다시 겪어야

하지? 그건 젊을 때 전부 겪었던 거다. M은 가만가만 R의 얼굴을 다시 바라봤다. 팔자 주름이 참 선명했다. M은 함께 늙어가는 동년배 친구에게 연민이 일었다. '이 친구는 왜 자꾸 자기 나이를 잊는 걸까? 아직도 자기가 스물다섯인 줄 알고 있어. 열정이 남아 있는 저 표정. 이 사람아. 그러기엔 우리 이제 쉰둘이네.'

"혹시 자네, 오늘 자 〈뉴욕타임스〉 신문을 봤나?"

M은 다시 차분해진 목소리로 질문을 던졌다. R은 숨고 싶은 심정으로 간신히 답했다.

"아니….'

"68세라더군. 미국인은 68세까진 산다고 하더라고. 그럼 우리에게 남은 시간은 얼마나 될까?"

R은 답을 망설였다. M은 조금 더 나긋한 목소리로 겁먹은 아이 달래듯이 말했다.

"그래, 우리 나이라면 이제 한 15년? 죽기 전에 5년 정도는 아플 테니까 10년? 자, 그리고 자네 말대로 미국 전역에 우리 가게가 깔린다면, 그걸 투자하는데 5년? 그럼 또 5년 정도만 남는다네. 우린 죽음을 향해가고 있어. 50배든 뭐든 이제 고작 5년 남았다는 소리네."

M의 말에 보통의 동갑 친구들은 모두 고개를 끄덕였을 것이다. 그리고 여전히 스물다섯 살 같은 쉰두 살의 R은 고개를 떨구었다. M은 의자를 빙글 돌리고는 멀리 언덕을 가리켰다.

"저기 넓은 베란다가 있는 큰집, 보이나? 저기가 우리 집이라네. 나는 저 집이 정말 마음에 든다네. 저녁이면 베란다에 앉아 석양을 바라보며 여기 내 식당도 바라보지. 모든 게 평화로워. 나는 인생을 충분히 즐기고 있다네. 내가 딱 그려왔던 삶."

M은 잠깐 멈추더니 다시 대답했다.

"…어쩌면 내 아버지가 딱 그려왔을 삶."

R은 인정해야 했다. M은 'Mature' 이름대로 움직일 생각이 없다는 것을. '참, Mature에는 두 가지의 의미가 있었지.' R은 어릴 때부터 애 늙은이처럼 굴었던 M의 별명인 Mature의 뜻을 다시 곱씹었다. 다 성장했다는 뜻과 다 성숙했다는 뜻.

냉정하게 생각해보자. '도전하는 게 맞을까, 안주하는 게 맞을까.' 어쩌면 역사는 반복되고 인생은 반복되니, 피아노같이 어차피 실패할 헛된 꿈이 또 달라붙었을지도 모른다. 그리고 오늘 자 〈뉴욕타임스〉 기사도 R에게는 썩 아프게 들렸다. 몰랐으면 차라리 나았을 사실. '내가 이렇게 늙었다니.' 눈동자는 밖을 향해 있기에 R은 자신이 그렇게까지 늙었다는 것을 부정하며 살아왔다. 그럼에도 M의 가게의 가능성은 포기하기 어려웠다. 여전히 매력적이었다. 비효율적인 음식 제조를 단순화시키고 어디서든 환영받을 깔끔한 인테리어와 청결, 이 식당의 시스템이라면 돈이 복사될 수밖에 없었다. 자꾸 미련이 남았다. 그리고 불쑥불쑥 올라오는 확신을 누를 길이 없었다. '왜 M은 성공이 시작되기 직전까지 와서 딱 멈춘 걸까?' '만약 당장 지금부터 50배로 돈을 벌 수 있다면?'

R은 다시 거부할 수 없는 어떤 강렬함이 마음속 깊은 곳에서 차올랐다. 가게 앞에 설치된 M 문양이 다시 파동으로 보이기 시작했다. '이대로 돌아갈 순 없어.' 치기 어린 간절함이 아니었다. 늙은 몸에서 이 피 끓는 간절함은 대체 어디서 오는 거지?

뇌 속의 빛폭주 현상

쉰두 살의 R을 이렇게까지 강하게 밀어붙인 건 온전히 미어캣 마틸다의 솜씨였다. R은 흥분하면 주변이 흐려지고 혼자만의 세계로 쉽게 빠져드는 경향이 있었는데, 그건 마틸다가 바깥 빛이 아니라 안에서 나오는 빛을 반사시켜버렸기 때문이었다. 그때마다 뇌는 바깥세상의 빛을 수동적으로 해석하다 말고 자기 내면의 빛에 집중하며 능동적으로 말을 쏟아냈다. 몬태그와 바틀비가 세상에서 가장 싫어하는 순간이기도 했다. 바틀비가 우려 섞인 목소리로 물었다.

"너 또 그 인간 눈 뒤집고 있니?"

'보통 이성을 잃고 흥분할 때 작동하지만, 꿈을 이룰 때에도 똑같은 방식으로 작동하므로 주의할 것.' 선배 미어캣들이 물려준 눈동자 행성 파수꾼 매뉴얼에는 인간의 눈이 뒤집혔을 때의 주의 사항이 적혀 있었다. 이성을 잃고 눈이 뒤집혀 흥분하는 것과 꿈을 이루기 위해 물불 안 가리고 덤벼드는 것은 에너지의 작동 방식은 물론 총량까지 같았다.

"그의 꿈을 위해서야."

마틸다가 이번에는 R의 꿈을 이루는 용도로 눈을 뒤집은 거라고 주장하자, 바틀비는 마틸다가 예쁘게 그려놓은 피아노 그림을 가리켰다.

"이번엔 피아노 때랑 결말이 다를지도 몰라."

"또 그렇게 끝나면 어쩔 건데? 두뇌가 진짜 강력해진 빛을 우리 눈동자로 보냈을 때 그걸 다루는 법은 그 어디에도 쓰여 있지 않아."

"그 이유는 아무도 경험해보지 못한 기적이기 때문 아닐까. 우리가 해보면 어때?"

마틸다가 매뉴얼을 가리키며 흥분한 표정으로 말했다.

"아랫줄 읽어봐."

매뉴얼에는 꿈의 초점이 시작점에서 종점까지 달려줄 힘이 된다는 기록이 쓰여 있었다.

"인생의 종점? 피아노를 지금까지 쳤을 거라고 상상하면 끔찍하다, 야"

바틀비가 징그럽다는 듯이 말했다.

"매일 손가락으로 에너지를 다 몰아줘야 했겠지. 빛의 속도로 악보를 봐야 하고 손은 1초 만에 악보를 넘기고 바로 건반에 딱 달라붙어야 했을 거야. 귀는 예민함을 100단계로 끌어올려 자기가 치는 게 올바른가를 들어야 하고, 발은 멜로디를 조각 단위로 아주 잘게 나누어서 페달을 아주 섬세하게 밟아야 하고…. 그 짓을 육십 대까지 할 수 있는 힘을 가지게 된다고? 아유, 됐다고 해라. 우리는 그렇게 희생당하기 위해 존재하는 파수꾼이 아니야."

하지만 마틸다는 정말 경이로웠다.

"초점 덕분에 종점까지 멈추지 않는 힘을 갖게 된다니! 난 오히려 기대되는걸!"

파수꾼들끼리도 의견이 이렇게 엇갈리는 것은 그만큼 결과값이 엄청났기 때문이었다. 초점을 잠깐만 유지해도 인간은 순식간에 오만해진다. 그걸 파수꾼들이 꿈의 종점까지 이끌어준다면 그 오만함은 얼마나 하늘을 찌를까? 이를테면 특권 의식은 인간들끼리도 거부감이 들지만, 그 몸을 구성하는 세포들조차도 거부감을 느낀다. 세포들도

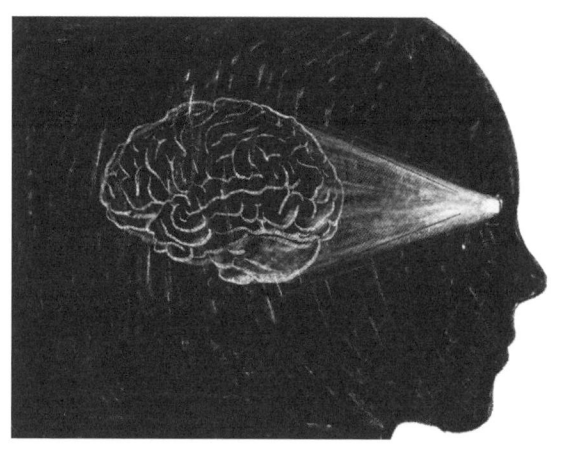

파동이 거세어지면 눈은 바깥만 보는 게 아니라 내면도 보기 시작한다. 꿈이 진동하는 것에 감동할 준비가 되었는가?

부끄러워했다. 두뇌만 후안무치였다.

"이미 눈이 뒤집힌 상태야, 바틀비."

마틸다는 꿈의 초점이 시작되었다는 것을 바틀비에게 알렸다. 눈의 조리개를 최대한 낮추자 바깥이 뿌옇게 되고 내면이 선명하게 보였다. 눈이 뒤집히는 상황…. 눈동자 행성에서는 주변을 제대로 못 보고 두뇌가 자기 안에 갇혀서 자기 빛을 무한대로 쏘는 현상을 가리켜 '빛폭주 현상'이라고 불렀다. 인간이 바깥세상에서 꿈을 이뤘다는 말은 인간의 내면세계가 빛폭주를 일으켰다는 말과 같았다. R이 조금 전 M을 보며 20분 내내 떠들던 순간도 바깥 빛이 차단되고 R의 두뇌에서 나오던 빛들이 무한대로 반사되었기 때문이다. 100조개나 되는 몸의 세포들이 바깥 빛이 차단되면 두뇌가 생각한 빛대로만 움직이게 된다.

"손쓸 수 없을 만큼 커져 있네!!"

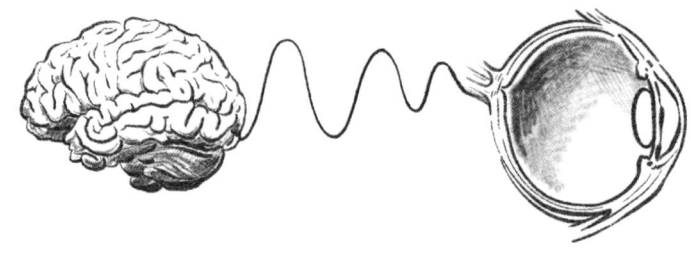

두뇌에서 생각하는 모든 것들은 눈동자에 파동으로 전달된다. 생각하는 것과 보는 것이 파동의 형태로 같다는 뜻이다. 즉, 당신의 꿈이 파동이라는 뜻이다.

"매일매일 수년간 발로 뛰고 눈으로 보고 귀로 듣고 했던 게 저렇게 같은 파동이 된 거지. 과학자 테슬라 아저씨가 그랬잖아. 우주의 비밀은 에너지, 주파수, 파동이라고. R이 사업가라는 주파수에 매일매일 같은 에너지로 같은 파동을 반복해 일으키면서 저렇게 거대한 파도가 된 거지. 쉰두 살에도 말이야."

마틸다는 웃으며 말했다.

"어? R의 파동이 다시 강해진다."

두뇌에서 다시 빛의 파동이 강해졌다.

"저기 간판을 보네?"

R이 결심한 모습으로 M의 간판을 바라볼 때, 두 파수꾼들은 다음 광경에 모두 화들짝 놀랐다. 두뇌의 파동과 꿈의 파동이 이어진 것이다.

꿈은 파동으로 연결된다. 이루기 힘든 꿈일수록 파동이 크다. 매일매일 같은 파동을 반복하며 파도를 만들던 인간은 결국 그 꿈과 같은 파동 값을 가지게 된다. 그리고 서로 연결된다. 파동은 빛의 성질이고, 파도는 빛의 가장 강력한 상태인 레이저가 되는 것이다. 에너지, 주파

몸속의 간절한 파동은 당신이 꿈꾸는 대상의 파동과 우아하게 연결된다. 지금 당신은 연결되어 있는가?

수, 파동이라는 세 가지 재료로 이루어진 우주의 비밀은 결국 레이저였다.

"요새 R의 눈이 좀 침침해진 거 같지 않아?"

바틀비가 걱정하듯이 말했다.

"시야가 좀 좁아졌다고 해야 하나. 예전에는 한 번에 다 보였는데."

마틸다는 웃으며 말했다.

"노화라고 생각하는 거야?"

"아니고서야, 다른 것들이 이렇게 많이 흐릴 수가 있나."

"우리가 그만큼 밝아진 것을 눈치채지 못했구나?"

"밝아졌다고?"

놀란 바틀비가 다시 R의 눈동자 행성에 들어오는 빛을 점검했다.

"정말 빛이 많이 들어오네?"

마틸다는 두뇌가 있는 방향을 가리켰다.

"파동이 커졌으니까 당연하지. 빛은 파동의 성질을 가지고 있잖아."

그리고 M의 간판에 결합된 두 파동을 가리켰다.

"바깥에서 간절했던 꿈과 같은 파동으로 연결되었으니, 이제 더 밝게 보이는 건 당연하지."

바틀비가 물었다.

"그러면 왜 시야가 좀 좁아진 거 같지?"

그 말에 마틸다는 웃으며 카메라를 꺼내 갑자기 바틀비를 찍었다. 바틀비 말고는 모두 뿌옇게 날아간 게, 여기 눈동자 행성에서 일어나는 일과 똑같았다.

"눈의 작동 원리를 19세기에 과학자들이 정확하게 본뜬 게 카메라니까."

"어떻게 이런 현상이 일어나니?"

"너 파수꾼 수업 시간 때 졸았지?"

마틸다가 놀리듯이 말하자 바틀비가 화를 냈다.

"됐고, 빨리 설명해봐."

"눈의 동공이 커지면 빛이 많이 들어오고 눈의 동공이 작아지면 빛이 적게 들어온다는 건 알지? 카메라가 정확히 그 원리를 따라 한 거야. 카메라로 조리개를 크게 열면 빛이 많이 들어와. 그러면 인물만 남기고 나머지 배경은 다 흐리게 처리해버리는 아웃포커싱 현상이 발생하지."

마틸다가 다시 카메라의 조리개를 좁게 만들었다. 그리고 다시 바틀비를 찍었다.

"야, 나를 찍지 말고 설명이나 해."

"이게 제일 간단하니까."

"음… 이번엔 모든 사물이 사진에 다 보이네."

"대신 좀 어둡지?"

"그렇네."

마틸다가 웃으며 말했다.

"이게 평범한 사람들이 보는 세상이야. 두뇌가 파동을 만들지 않은 상태면, 세상과 파동으로 이어지지 않았으니 당연한 거지. 대부분 바깥세상의 빛이 들어오는 대로 사는 거야."

같은 노력을 반복하면 같은 초점이 반복되고, 같은 초점이 반복되면 같은 몰입이 반복된다. 겹겹이 쌓으면 그것만 보이는 몰입의 정점에 이르게 된다.

마틸다는 칠판에 파동 두 개를 그렸다.

"사업가 주파수에 매일매일 같은 에너지를 넣어서 증폭한 게 R의 빛, 그리고 옆은 파동을 모르고 기분대로 노력하는 사람들의 빛."

바틀비가 오른쪽 파동을 보며 말했다.

"아무것도 아닌 게 되어버리네."

"그래서 자신이 아무것도 아닌 사람이라 여기며 살아가지."

"이렇게 아웃포커싱이 되고 나면 뭐가 좋아?"

바틀비가 물었다.

"주변 사물을 흐리게 하고, 꿈만 보게 하는 힘이 생기지."

마틸다가 말했다.

"무엇보다 눈동자 안이 가득 밝아진 게 너무 아름답지 않아?"

바틀비가 고개를 끄덕였다.

"아름답긴 해."

"과학자 테슬라 아저씨가 1899년에 또 이 말을 남겼지."

마틸다가 곱씹는 듯한 표정으로 말했다.
"우주의 모든 것은 빛이다."
마틸다는 말을 덧붙였다.
"꿈만 보이는 지금이 우리가 본 것 중에 가장 밝은 빛이다."
파수꾼들의 대화를 하늘 위에서 엿듣던 몬태그는 그들의 말에 감탄했다.

"피아노 때는 이런 일이 없었어?"

마틸다가 궁금하다는 듯이 물었고, 바틀비는 피아노라는 단어를 듣고선 인상을 찌푸렸다.

"그때는 기분 내키는 대로 피아노를 연습했으니, 그리고 기분 내키는 대로 그만뒀으니. 피아노가 딱히 밝아 보이지도 않았어."

"하지만 지금은 매일매일 같은 시간에 나와서 사업가가 될 파동을 만들고 있지."

"그러게. 저기 M 간판과 파동으로 딱 들어맞게 이어지니 아주 찰떡이긴 해. 하하. 저게 파동이었다는 걸 누가 알았겠어? 하하."

바틀비가 큰 소리로 웃었다.

"M은 왜 저런 파동이 없어?"

"주파수가 다르거든."

"주파수?"

바틀비가 물었다.

"M은 인생 내내 힘들었잖아. 여섯 살 때부터 사기 삶이 그렇게 비극적이었다고 말하고. 그래서 M의 주파수는 생존이야. 그 주파수로 파동이 계속 커져왔어."

"그게 분노가 되는 거구나."

바틀비는 아까 얼굴 전체가 붉게 달아올랐던 M을 떠올리며 말했다.

"우주는 주파수의 옳고 그름을 안 따지니까, M이 그 파동으로 분노를 일으키면 우주는 세상에서 가장 강한 분노를 만들 수 있게 해주지."

"M은 정말 굴곡진 삶을 살았던 거 같은데, 신은 좀 안 도와주나?"

바틀비가 안타깝다는 듯이 말했다.

"에너지, 주파수, 파동. 이게 신의 의지지."

마틸다는 잠시 생각하며 말했다.

"…이젠 나의 의지이기도 하고."

바틀비가 말했다.

"파수꾼 수업 시간에 잔 거 맞으니까, 아웃포커싱 좀 다시 설명해줘."

마틸다는 웃으며 말했다.

"이것도 파동하고 같아. 두 배씩 강해지지. 파동이 한 개, 두 개, 네 개, 여덟 개, 열여섯 개…로 늘어나잖아? 파동은 곧 빛의 성질이거든? 그래서 19세기 과학자들도 카메라를 발명할 때, 빛이 적게 들어오던 상태에서 정확히 빛의 양을 두 배씩 늘려보니 빛이 100퍼센트까지 들어올 수 있게 되었어."

"조리개 값이 1이 되면…."

"빛이 100퍼센트 들어오는 상태가 되지."

"빛이 100퍼센트 들어오면 어떻게 돼?"

"빛이 100퍼센트 들어오면 초점을 하나만 정할 수 있어."

"그래서 꿈꾸는 자들이 눈부신 거야?"

"빛이 100퍼센트로 하나에만 집중하게 되는데, 정말 황홀하지."

"빛이 100퍼센트 들어오려면 몸속에도 100퍼센트의 파동이 만들어져 있어야겠네?"

"그게, 마지막 수업에서 배웠던 거야."

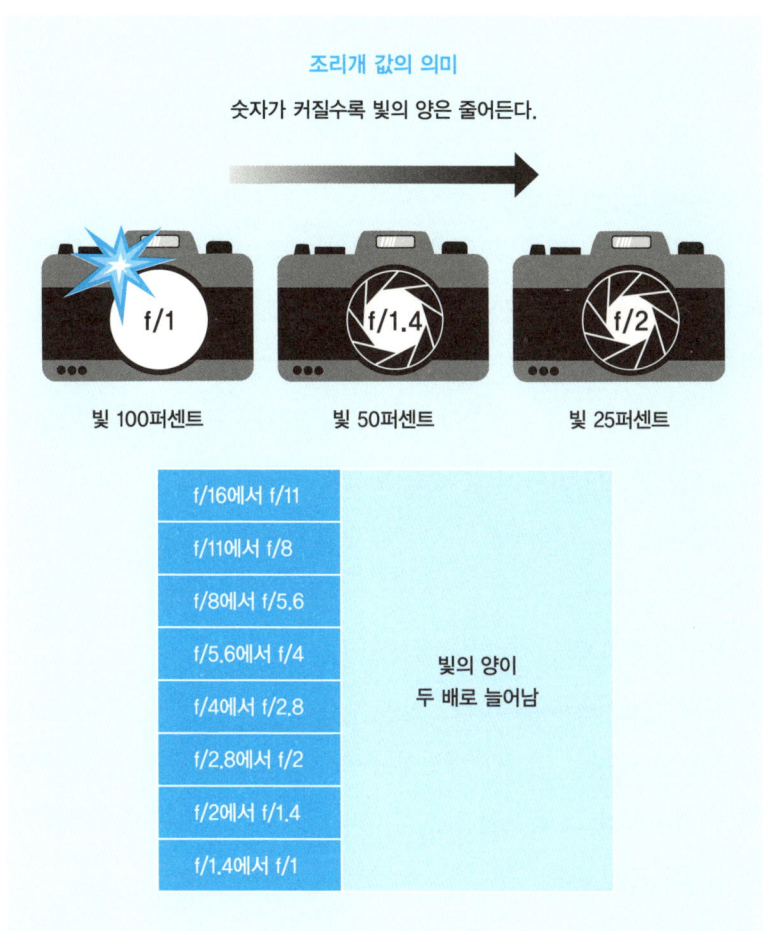

빛을 두 배씩 받아들이는 카메라는 당신의 눈동자를 그대로 본떠서 만든 것이다. 당신도 두 배씩 밝아질 준비가 되었는가? 조리개 수치를 올리는 법은 같은 파동을 올리는 것이고, 파동을 올리는 법은 같은 노력을 반복하는 것이다.

파수꾼들은 빛에 대한 대화를 나누면서 벅차올랐다. 무엇을 위해 파수꾼으로 살아왔는지를 되돌아봤고, R의 몸의 파동이 파도가 되어서 그렇게 간절해진 것과 파동으로 이어지는 것을 보는 것도 뿌듯했다. 매일매일 같은 노력이 파동이 된다는 것을 쉰두 살에도 잊지 않고 주파수를 사업가로 맞췄던 것도 파수꾼들의 자랑이 되었다. 빛이 100퍼센트 들어올 때 아웃포커싱이 일어나고, 꿈만 보게 하는 힘이 생기는 것도 신기한 일이었다. 모든 것은 빛으로 이루어져 있다 했으니, 파수꾼들은 덕분에 100퍼센트의 세상을 만난 것이었다.

하지만 그때였다.

"쿵… 쿠르르르릉! 쿵쿵!!!! 쿵!!!"

저 뒤에서는 천둥과 번개가 치며 무언가가 떼를 지어 뛰어오는 소리가 들렸다. 바로 빛 우편배달부 몬스터들이었다. 두뇌가 빛폭주를 일으킬 때 항상 그 폭주를 막으러 나타났던 몬스터들이 마틸다를 향해 뛰어오고 있었다.

"혹시 나는 어때?"

R은 분명 눈동자가 흔들리는 걸 느꼈다. 언젠가부터 간절해지고 나

면 꼭 눈동자가 흔들렸다. 강렬한 진동 덕분일까. 항상 그 순간의 사람들, 장소, 심지어 그 공간의 향수 냄새까지 기억에 남았다. 중요한 일이 있을 때마다 흔들리곤 했다. 특히 피아노를 치던 옛 시절에 눈동자가 가장 많이 흔들렸다. 매 순간이 감동이고 매 순간이 지옥이었다. 꿈을 이루려는 자들은 항상 한 손에 경이로움과 한 손에는 공포를 쥐고 있어야 했다.

"축하합니다." 피아노로 국제대회에서 수상했을 때 그랬고, "그만둘게요." 피아노를 때려치우고 스스로도 이제 어쩌나 싶을 때도 그랬다. "이제 어쩔 거니!!!!" 엄마가 어쩔 줄 몰라 하며 R을 바라보고 있었다. 참 모진 세월이었다. 그땐 세상이 끝날 것처럼 눈동자가 흔들렸다. 그땐 절망이 마음속 심해로 흘러들어가 눈물조차 흐르지 않았다. 그렇다면 지금 이 순간 눈동자의 어마어마한 떨림도 오늘의 꿈을 포기하라는 신호였을까. 아니다. 맞다. 아니다. 맞다. R은 이 암호 같은 감정을 해석하고 있었다.

'나는 지금 엄청나게 몰입하고 있어. 이런 몰입이 대체 얼마 만인가. 이건 내 진심이야….'

R은 다시 주변이 흐려지고 혼자만의 세계로 들어가고 있었다.

"에헴….'

M은 헛기침을 하며 다시 과자 봉지를 뜯었다. 그게 R을 편안하게 만들어준다는 사실을 알았다. M은 아까 너무 정색하며 R의 대화를 끊어낸 것이 아닌가 미안했다. 미안한 마음에라도 돌아가는 길에 R의 체면은 살려줘야 할 것 같았다. 그는 과자를 한입 먹으며 편안한 표정으로 말했다. '일단 R이 무안하지 않게, 그의 말을 조금 더 이어주자.'

"하지만 막상 자네 의견대로 내가 해본다 해도 말이지. 우리 대신 식당을 그만큼 몇 배로 열어줄 사람을 어디서 찾을 수 있겠나?"

미국의 땅은 넓고도 넓었다. 사람으로 굴러가는 가게라면 뼈저리게 공감하는 주제였다. 그만한 규모를 감당할 사람을 어디서 찾을 수 있겠는가. 아무리 좋은 아이디어가 떠올라도 아무도 그 무게를 견디고 싶어 하지 않았다. 하지만 그때 R은 바로 그 자리에서, 강한 확신이 자신을 감싸는 것을 느꼈다. 그 기운을 주체할 수 없을 만큼 달아올랐다. 눈동자의 진동이 여진처럼 계속 느껴졌다. R은 축축한 몸을 M에게 바짝 가까이 들이댔다. 예상치 못한 행동에 M의 눈동자가 커졌지만 R의 눈동자는 더 커져 있었다. 그리고 R은 예의를 차리고 있던 M을 옭아매는 눈빛으로 벽에 몰아세우며 물었다.

"혹시 나는 어때?"

몬스터들의 등장

"쿵!"

몬스터들이 달려오는 진동과 소리는 얼핏 들으면 감동받은 눈동자의 흔들림과 잘 구분되지 않았다. 하지만 진짜 몬스터가 등장할 때가 되면 행성 일대는 공포로 바뀌었다. 대지진 같은 진동들 탓에 모든 시스템은 자전주기가 멈추듯이 조용해졌다.

보통은 파수꾼인 미어캣들이 빛을 망막 끝자락에 비추면, 몬스터들은 그 빛을 두뇌까지 전달하는 단순한 역할을 했다. 하지만 어쩌다 그 빛이 반대로 두뇌에서 뿜어나오기 시작하면 몬스터들은 눈동자 행성까지 농성하듯 쫓아왔다. 당연한 일이었다. 두뇌가 빛폭주를 하고 안에서 빛이 돌기 시작하면 빛이 가두리를 둘러 온몸 전체를 계속 돌아다녔는데, 몬스터들은 그 빛을 무한대의 속도로 옮겨야 했다. 누가 이런 공짜 노동을 하겠는가. 몬스터들은 이 사태를 일으킨 미어캣쯤은 한 번의 발길질로 형체도 없이 짓눌러버릴 수 있었다.

R은 이 눈동자의 흔들림을 감동으로 착각했다. 실상은 몬스터들의 심판의 날에 가까웠다. 정말 그 꿈을 짊어질 준비가 되어 있는가. 정말 그 꿈을 움직이려는 이유가 무엇인가. 그 질문에 대한 답을 제대로 하지 못하면 파수꾼들은 순식간에 몬스터들의 발바닥에 밟혀서 형체도 없이 사라져버렸다. R이 현실세계의 돈 앞에서 빛이 아닌 빚으로 고생하듯, 눈동자도 잘못된 빛을 전달하면 그 대가가 빚으로 눈덩이처럼 불어났다. 몬스터들이 눈덩이처럼 몰려오는 것이다. 마틸다가 몬스터들을 보며 중얼거렸다.

"배가 뒤집혔을 때에야 비로소 능숙하게 수영하는 걸 볼 수 있지."

"뭐라는 거야?"

마틸다의 멋진 말도 공포에 질린 바틀비에게는 도움이 되지 않았다. 두뇌가 파동을 파도로 만들면 내면의 빛이 몰려온다. 그리고 언제나 빛을 이동시키는 몬스터들도 함께 몰려왔다. 마틸다는 공포에 질렸지만 파동을 연결한 건 자신이라는 사실, 자신을 구할 사람은 자신뿐이라는 사실을 되뇌었다. 그러자 용기가 생겼다. 그날은 유난히도 행성의 하늘이 밝았다. 간만에 내면과 바깥의 빛이 뒤섞여서 더 밝아졌기 때문이었다. 바틀비는 아찔해졌고 마틸다는 오히려 호탕해졌다.

'어쩌면 죽기 좋은 날일지도 모르겠네.'

몬스터들은 당장이라도 둘을 밟아 터뜨릴 것처럼 저 먼 곳에서 먹구름처럼 몰려오고 있었다. 몬스터 떼의 선두에는 우두머리가 보였다. 그들의 인내심은 길지 않을 터였다. 미어캣 두 마리는 파수꾼으로서 빠르게 해명해야 했다.

"정말 그 꿈을 움직이려는 이유가 무엇인가?"

이제부터 꿈의 빛을 짊어져야 하는 몬스터들이 깊게 깔린 목소리로 눈동자 행성에 물었다. 그 목소리의 진동 때문에 눈동자가 또다시 흔들렸다. R은 또 철없이 이걸 감동 따위로 착각하고 있겠지.

마틸다는 조금 전 상황을 빠르게 되새겼다. 아까 M의 눈동자가 커질 때 마틸다는 M의 눈동자 행성에 있던 자신과 똑 닮은 미어캣들을 보았다. 그들은 샤인머스캣의 포도당 때문에 토실토실한 햄스터처럼 살이 쪄 있었다. '저렇게 되고 싶지 않아. 바깥 빛은 결국 나를 그리고 우리를 저렇게 만들고 말 거야.' 마틸다는 바깥의 빛을 그만 받고 이제는 내면의 빛을 바깥에 제대로 쏴보자고 몬스터들에게 호소할 마음의 준비를 끝냈다.

'본질을 묻는 거대한 상황 앞에서는 진짜 본질만 간결하게 답해야 해.'

마틸다는 "내가 저지른 일이니까 내가 해결하게"라고 말하며 눈동자 전망대에서 내려갔다. 바틀비는 온몸이 굳어버려서 아무 말도 하지 못했다. 한 번도 몬스터들을 실제로 본 적이 없었다. 하지만 몬태그는 이런 압박감을 예전에 똑같이 겪어본 적 있었다. 몇 년 전 R이 빌딩처럼 거대하고 높은 수십 년은 족히 갚아야 할 빚을 진 적이 있었다. 대출이자가 몇 번 밀리자 은행 대출 심사팀이 일시불 청구 소송 서류를 가득 들고 R의 집 앞에 등장했던 때다. 당시 오들오들 떨던 R의 모습이란…. 그때가 떠오른 몬태그는 흥미롭다는 듯이 위에서 관찰하기로 했다. "재밌겠네." 몬태그는 혼잣말을 읊조렸다.

　마틸다가 샤인머스캣이 자라던 땅까지 내려오자, 몬스터들은 마틸다를 아래로 내려다봤다. 마틸다에게는 어떤 말도 마지막 말이 될 수 있었다. 마틸다는 말을 하지 않기로 했다. 대신 그가 하늘에서 봤던 모습을 몬스터들에게 보여주기로 마음먹었다. 바틀비는 별을 올려다보지 않아서 모르겠지만, 눈동자 행성의 별에는 피아니스트를 꿈꾸던 시절에 바틀비의 할아버지 잔상만 남아 있던 것이 아니었다. 몬스터들의 시간의 궤적도 함께하고 있었다. 우주의 시간은 모든 것을 기록하며 팽창하기 때문에, 몬스터들도 예외일 수가 없었다. R이 10년이나 악보 더미에 쌓여 있던 시간, 그 시간의 궤적 속에는 100조개의 세포들과 함께 몬스터들의 작은 역사도 새겨져 있었다. R의 어리고 젊은 뇌에서 함께했던 그들이 그때도 화를 냈던가. 아니, 다들 꿈을 꾸고 있었다. 마틸다는 그들이 꿈꾸던 시간을 별자리로 그려가며 누구보다 오래 비췄다. 마틸다는 그때를 보여주기로 결심했다.

　만약 몬스터들이 그 장면을 보고 되레 더 수치심을 느껴서 마틸다를 부순다면, 그 또한 마틸다에겐 바깥세상의 덧없던 시간을 몇 년 더 비추는 것보다 의미가 있는 마지막이었으리라. 마틸다는 마음속으로 기도했다. 십 대, 이십 대의 젊은 눈동자 속에서 파동을 파도로 만들어 보고 싶었다. 아웃포커싱이 되고, 꿈만 보이는 100퍼센트 빛의 세상을 다시 완전하게 구현해보고 싶었다. 마지막이 될 순간에 조용히 빌었다.

'다음에는 쉰두 살의 몸이 아니라 스물다섯 나이의 몸에서 태어나게 해주세요.'

모든 것이 죽음의 공포 앞에서 사그라들었다. 마틸다는 자신이 없어도 잘 돌아갈 모든 것들에 마음으로 작별인사를 건넸다. 아쉽지만 어쩔 수 없는 일…. 파동이 파도가 된다고 바로 레이저가 되는 건 아니었다. 레이저는 꿈과 인간이 연결된 상태에서 오랜 기간의 증폭이 필요했다.

3일 전의 나와 2일 전의 나와 1일 전의 나를 넘어서 레이저가 되려면 3년 전의 나와 2년 전의 나와 1년 전의 나의 간절함의 파동이 완전히 같아야 한다는 소리였다. 이제부터 시작이라는 뜻이다. 눈동자 행성은 그걸 버텨낼 수 있을까?

마침 행성의 샤인머스캣들은 모두 시들어버렸다. 지표면도 요즘 들어 부쩍 좌절할 일이 많았던 R의 눈물이 비처럼 내려 소금기 가득한 얕은 호수로 넓게 펼쳐져 있었다. 마틸다는 지구에서 이와 비슷한 공간을 텔레비전으로 본 적이 있다. 세상의 모든 사물들이 투명하게 비치는 우유니 사막이란 곳이었다. 눈동자 행성도 그렇게 얕은 소금물이 가득 차자 몬스터와 마틸다, 저 멀리 바틀비까지 표면에 투명하게 비쳤다. 마침내 마틸다는 우유니 사막처럼 넓게 펼쳐진 눈동자 행성의 물 바닥에 자신의 거울 각도를 조절해서 R의 별들을 비추었다. 수십 년간 새겨진 그 모습을, 하늘을 올려다보지 않고 땅에서 처음 내려보는 낯섦….

"그르르릉."

멀리서 뛰어온 몬스터들은 거친 숨을 고르고 있었다. 그들은 젊을

당신이 과거를 후회할 때 세포들도 과거를 후회한다. 당신이 과거의 힘을 느낄 때 세포들도 과거의 힘을 느낀다. 미래는 무슨 힘으로 나아가고 싶은가?

때의 어린 몬스터들의 모습이 갑자기 바닥에 영화관의 스크린처럼 펼쳐지는 것을 보았다. 몬스터들은 목이 짧아 마틸다처럼 하늘을 볼 수가 없었기에 자신들의 모습이 항상 밤하늘의 별자리로 오롯이 그려지고 있는 줄 모르고 살았다. 몬스터들에게 밤은 그저 아무것도 보이지 않는 밤일 뿐이었다. 바깥에 빛이 쏟아지는 것을 두뇌에게 던지거나 내면에 빛을 퍼 올리거나 오직 둘 중 하나였다. 마틸다는 그런 몬스터들의 우직함이 고맙기도 했다. 현실세계에서 R은 피아노를 쳤다가 영업을 했다가 어느새 늙어버린 아무것도 아닌 사람이었지만, 몸속에서는 진실로 모든 세포가 협력한 시간들이었다.

'이제는 내면을 비출 거야. 바깥의 덧없는 것들을 비추면서 가짜의 빛이 모였던 샤인머스캣은 이제 됐어. 바틀비, 내가 가고 나면 넌 샤인머스캣 많이 먹어라.' 마틸다는 행복하게 샤인머스캣을 먹는 바틀비를 떠올리며 옅은 미소를 지었다. 밤하늘에 별빛들이 거울에 반사되어 해수면에 가득 쏟아졌다. 그 소금물 스크린에서는 모든 세포들의 지나온 역사가 상영되었다.

10분쯤 지났을까? 눈동자 행성의 해수면이 차올랐다. 마틸다는 별빛을 비추는 것을 멈출 수밖에 없었다. 두려움으로 몬스터들을 쳐다본 마틸다는 해수면을 가득 채운 것이 몬스터들의 눈물이라는 사실을 알아챘다. 모든 걸 부수러온 현장에 모두가 꿈꾸었던 모습을 보여주는 것보다 강한 건 없었다. 단 한 발만 더 내딛으면 바로 형체가 사라질 마틸다를 위해 몬스터들은 조심히 뒤로 물러났다. 아니, 정확하게는 몬스터들은 이미 돌아가고 있었다. 감동했던 건지, 이성을 찾은 건지는 아무도 모른다. 하지만 해수면에 비친 그들의 순수한 모습은 열정이 가득했고, 그 장면을 보며 그들이 눈물을 쏟았던 건 확실했다. 바틀비가 안도의 한숨을 쉬며 내려왔다. 몬스터들이 사라진 투명한 바닥을 다시 들여다봤을 때 미어캣들은 소스라치게 놀랐다.

저 멀리 상공에서 항상 까악까악 하고 울던 몬태그. 그는 사실 까마귀가 아니었다. 독수리였다. 그동안 R이 꿈을 향해 나아가려 할 때마다 초점을 흐려 내면의 빛을 죽이고 바깥의 빛을 살려왔다. 샤인머스캣만 키우게 했던 얍삽함의 상징이었던 까마귀가 사실은 독수리였다니! 미어캣들을 정말로 소스라치게 놀랐다. '어떻게 우리를 수십 년 동안 완전하게 속일 수 있었지?' 독수리는 미어캣들의 경악한 표정에다 시들어서 뼈대만 남은 샤인머스캣 나무를 가리키며 말했다.

"왜 너희들은 이게 세상의 빛이라고 착각하지 않았느냐? 신은 나에게 너희들이 보고 싶은 대로 보여주라고 했어."

"하하하."

허탈해진 마틸다가 큰 소리로 웃어버렸다. 독수리는 계속 말했다.

"인간세계에 프로이트라는 철학자는 인간은 빛의 형상을 상상함으로써 깨우쳐지는 것이 아니라 어둠을 의식하게 함으로써 깨우쳐진다고 하였네. 바깥세상의 빛만 보느라 안을 비추지 않는 자를 경고하는 말이었지. 물론 바깥세상의 자극적인 빛을 모으며 샤인머스캣을 키우는 이 행성에는 어울리지 않는 조언이지만 말이야."

"그래서 그런 거였군요."

"그렇다네, 내가 뭘 하든 자네들은 바깥의 가짜 풍요로움만 보는 자들이었네. 여기서 내면의 풍요로움을 설명할 방법이란 없었지."

독수리는 잠시 숨을 고른 뒤에 말을 이어나갔다.

"그런데 이번에 내가 본 너희들은 달랐어. 아니, 정확하게는 마틸다였지. 바틀비는 이 행성의 주인처럼 늙고 안전한 길을 택했지만."

바틀비는 순간 자신을 비아냥거리는 느낌이 들어 눈살을 찌푸렸다.

"마틸다는 왜 자신이 거울인지 이유를 찾으려고 이 행성의 별들을 비췄지. 그때마다 나는 하늘 상공에서 마틸다가 나까지 비출까 봐 도망 다니느라 정신이 없었지만 말이네."

"그래서 아무리 하늘을 올려다봐도 당신이 보이지 않았던 거군요."

마틸다는 이제 모든 것을 알겠다는 듯이 대답했다.

"그리고 마틸다는 자신의 존재 이유를 찾다가 이 행성의 존재 이유를 찾은 거지. 몬스터들도 자네들을 살려둘 만큼… 아니, 이제는 도우려 할 거네."

다시 온몸의 세포가 협력하는 시간이 돌아왔다. 평균 오십 대 남성들 사이에서는 처음 있는 일이었다. 독수리가 자신의 정체를 들키고도 파수꾼들을 살려둔 것도 이번이 처음 있는 일이었다. 독수리도 자신의 존재 이유를 제대로 찾고 싶어졌기 때문이었다. 몬태그는 하늘로 보내는 서류에 몬스터들이 미어캣들을 모두 밟아서 없애버렸다고 거짓을 기록해 올려 보냈다.

'내면의 빛이 하나로 다 모이면 눈동자 안이 빠짐없이 밝아져서 진짜 하늘에 내 모습을 비출 수 있다고 들었어.'

꿈과 인간이 이제 같은 파동으로 연결되었을 뿐, 아직은 증폭의 초기 단계였다. 기다려야 했다. 그리고 R이 그래봐야 지구 위에 작은 점이듯이, 몬태그도 자신이 한평생 날아봐야 작고 동그란 눈동자 안이었다는 점을 깨달았다. 진짜 하늘에서 날아본 적은 없지만 진짜 빛이 두뇌에서 뿜어져 나오면, 어쩌면 자신이 날고 있는 하늘도 진짜처럼 느껴지지 않을까 궁금증이 일었다. 독수리는 이 은밀한 생각을 들키지 않으려고 주변에 아무도 없는지 다시 확인한 뒤에 날개를 힘차게 퍼드덕거려봤다. 진짜 하늘을 날기에도 아직 충분한 날개들이었다. 그러고 보니 벌써 인간의 눈동자 안에서 50년, 이 작은 행성 안에서 참 오래도 살았다. 몬태그는 조금 전에 마틸다에게 들려준 말을 다시 솔직하게 바꿨다.

"그리고 마틸다는 자신의 존재 이유를 찾다가 독수리인 나의 존재 이유도 찾도록 만든 거지. 나도 자네들을 살려둘 만큼, 아니, 이제는 나를 위해서라도 돕겠네."

실패로 끝난 피아노를 치던 시절 뒤로 다시 모든 세포가 손을 잡았다. 눈동자는 하나의 초점만을 향할 준비가 끝났다. 오십 대의 남성이 다시 꿈에 초점을 맞췄다. 파수꾼과 두뇌가 모두 하나의 초점만 보기로 합의한 것은 정말 경이로운 일이었다. 오십 대의 나이에 말이다. 마틸다는 몬스터들의 발바닥에서 살아남았다는 안도의 한숨을 쉬며 동시에 이 놀라운 하루를 잊지 않으려고 조용히 되뇌었다. '8초….'

50년 만에 비밀을 깨닫다

'8초….'

R은 불안한 듯 다시 시계 초침을 봤다. 쉰두 살의 보통 사람들은

'52초'를 지날 때 그 숫자를 나이처럼 들여다보면 다 끝났다는 편안함이 느껴진다고 하는데, 자신은 왜 이렇게 끝낼 수 없다는 간절함이 터지는 것일지 궁금했다. 편안함과 간절함의 줄다리기에서 R은 큰 승리를 거두었다. R이 서류 가방을 들고 M의 가게에서 나올 때, 결국 R의 가방에는 종이 3장이 더 들어 있었다. 계약서였다.

M은 R을 믿어보기로 했다. 하지만 M이 그날 〈뉴욕타임스〉가 다룬 노화와 관련된 기사에서 알려주지 않은 사실이 몇 개가 더 있었는데,

1. 평균 근로자들 나이가 37살
2. 15년 뒤에도 R이 살아 있을 확률 5퍼센트
3. 미국에서 100년 만에 경이로운 출생률로 베이비부머가 일어나는 중 세상이 어려지고 새로운 생명들이 태어나고 있었다.

아, 물론 반대로 R이 사업 계약 협상자로서 M에게 알리지 않았던 본인의 신변과 건강 문제에 대한 가장 중요한 사실도 몇 개가 더 있었는데,

1. 관절염 초기
2. 당뇨 발견
3. 얼마 전 수술로 담낭과 갑상선 기능 대부분 상실

M은 늙어가고 퇴장할 시간이 다가오고 있었다. 몸 기관도 여기저기 어긋나기 시작하는 사람에게 사업 계약을 맡겨도 될까? '당연히 맡기지 않겠지.' R은 M이 군소리 없이 도장 찍은 것에 안도의 한숨을 쉬었다. 하지만 매장에서 나와 잠시 화장실에 들렀을 때, 그는 거울을 보고 문득 자신의 허리가 조금 굽었다는 걸 느꼈다. 신은 분명 그 나이쯤 되면 세상에 숙이라고 허리를 굽게 만들어놨을 텐데 다시 허리

를 꼿꼿하게 세워서 무언가를 하려고 한다. 그게 될까?

계약서를 들고 차에 올라탄 R은 늘어난 비틀스 테이프를 쓰레기통에 버렸다. 〈렛 잇 비〉를 다시 들을 정신도 없었던 그는 라디오를 들으며 공항까지 돌아가기로 마음먹었다. 라디오에서도 똑같은 두려움이 울려 퍼졌다.

"속보입니다. 1955년 4월 18일, 오늘 아인슈타인이 사망했습니다."

라디오에서는 전 세계가 슬퍼하고 있다는 내용과, 그가 자연에 순응해서 생명을 늘리는 보존치료도 포기했다는 내용이 흘러나왔다.

"그는 반복된 동일한 파동을 활용해 레이저를 만든 것으로 유명하며…."

R은 라디오를 꺼버렸다. 세상에 완전히 홀로 남겨진 기분이었다. 더 기묘한 일도 있었다. R이 계약서를 쓰고 돌아올 때, 그날 비행기에는 마치 신이 경고하는 듯한 상황이 벌어졌다. 분명 이륙할 때만 하더라도 맑은 하늘, 산과 바다가 햇빛을 잔뜩 머금은 아름다운 풍경이 끝없이 펼쳐졌는데, 비행기가 착륙하려고 하강하는 순간부터 갑자기 하늘이 잿빛으로 바뀌고 천둥과 번개가 치는 날씨로 돌변했던 것이다. 10분 동안 비행기가 극도로 흔들릴 때, R은 개연성은 없지만 문득 이게 자신이 오늘 벌인 일과 뭔가 관련이 있어 보였다.

'이 모든 건 전조일까….'

자신을 잔뜩 반겨주다가 정작 모든 걸 의심하는 표정을 짓던 M, 전 재산을 걸고 매장 운영 계약서를 따온 R…. 아내는 뭐라고 할까. 이제야 오십 대에 약간의 안정감을 누리고 있는 시기였는데. 왜 쉰두 살의 R은 갑자기 돌변해서 스물다섯 살 같은 짓을 벌인 걸까? 그의 친구들은 조금 더 솔직했다.

"이보게, 머리가 어떻게 된 거 아닌가? 혹시 남성 갱년기인가? 갑자기 해본 적도 없던 15센트짜리 음식을 파는 식당을 운영하겠다고?"

"자네는 15년 뒤에 이 세상에 없을걸세. 15센트가 아니라 15년 뒤를 봐야 할 거 아닌가."

R은 침대에 누워서 오늘 자신이 내린 중요한 결정을 다시 생각해보았다. 먼저 자신에게 중요한 질문을 해야 했다.

'나의 존재 이유는 뭘까?'

R의 첫 번째 존재 이유는 어린 시절 부모의 인정이었다. 하지만 서로가 달랐다. 부모는 대학에 가길 원했고, R은 부자가 되길 원했다. R은 공부머리도 없었고, 책도 좋아하지 않았고, 그런 쪽으론 자기 동생들이 훨씬 더 잘했다. 실제로 동생은 의대에 진학한 뒤 교수 자리까지 오르기도 했다. 그렇지만 R은 부자가 되지 못했다. 결국 부모는 R을 인정하지 않았고, R의 첫 번째 존재 이유는 비눗방울처럼 흩날리며 터져버렸다.

R의 두 번째 존재 이유는 성인이 되었을 때 스스로 이룬 가정의 안정이었다. 하지만 R은 30년이나 남의 물건을 파는 판매직으로 일하면서, 첫 번째 존재 이유와 두 번째 존재 이유의 답이 같다는 사실을 뒤늦게 깨달았다. 결국 대학을 나와야 인정을 받고 안정도 찾을 수 있었다.

R의 세 번째 존재 이유는 중년이 되어서는 'R' 자신이었다. 밖에서 아무리 인정과 안정을 갈구해도 그 소원에 응답받지 못한 자들은 더 이상 외재적 동기를 원동력으로 삼지 않게 된다. 결국 자신이 에너지

가 된다. 그렇다면 그 에너지는 어느 정도인가?

'당장 내일부터 할 게 많겠군.' R은 생각했다. 30년간 수천 곳의 매장을 둘러보았지만, 그중에 단 하나를 꼽으라면 M의 매장이었다. 수천 곳을 보고 나서 이토록 확신이 든다는 것은 수천 곳의 에너지가 마침내 하나로 모이는 느낌이었다. 이 확신에는 그만큼의 나이가 필요했고 그럼에도 그 나이를 신경 쓰지 않고 도전할 수 있는 용기 또한 필요했다. 나이와 용기는 물과 기름 같았지만, 그 모든 한계를 무시하는 심장은 물과 기름보다 진한 피를 쏟아냈다. R은 침대에 누워서 오늘의 결정을 떠올렸다. 가슴에 손을 올려보고, 다시 그 손을 눈에 갖다 대 보았다. 중요한 결정을 내릴 때마다 항상 하던 버릇이었다.

'8초!!'

7, 6, 5, 4, 3, 2, 1… 카운트다운을 할수록 숫자 '1'을 앞뒀을 때 마지막의 마지막 모습을 생각하면 지금이야말로 더 늦기 전에 이 도전을 해야만 했다. 15센트로 보는 사람과 15억 달러로 보는 사람의 눈썰미는 다르다. 15센트는 메뉴판에 쓰인 금액이었고, 15억 달러는 미국에서 얻을 매출이었다. R은 생각할수록 다시 가슴이 벅차오르기 시작했다. 꿈이라는 게 원래 그렇다. 남들이 고작 15센트짜리로 볼 때에도 15억 달러로 보게 만드는 힘…. 관절염이 생긴 오십 대의 다리에도 다시금 달릴 힘을 주고, 당뇨와 담낭과 갑상선 기능이 혼란을 일으켜도 심장이 더 열심히 뛰게 된다.

"가게를 내신다고요?"

"네."

"직접 하실 겁니까?"

"그럼요."

부동산 중개인이 걱정된다는 듯 물었다.

"혹시 어디 사업 설명회 다녀오셔서 이러시는 거라면…."

중개인은 늙은이에게 신종 사기를 조심히 경고했다.

"아뇨, 제가 직접 사업을 만드는 중입니다."

중개인은 R의 계약서 위에 놓인 신분증의 나이를 보고 잠깐 생각에 잠기더니 복비를 제법 많이 깎아줬다. R은 처음부터 운이 좋다고 생각했지만, 중개인은 오랜 경험에서 우러나온 기우였다. 이런 돈은 웬만해서는 많이 받지 않는 게 좋았다. 좋은 에너지가 아니었다. 중개인은 그저 조용히 축복을 빌었다. 세상에는 빚더미가 될 무언가를 자꾸 빛이라 착각하며 달려드는 사람들이 너무 많다고 생각하면서….

한 달 뒤, 일리노이주에서는 한 특이한 남성의 행동이 동네 주민들의 입에 오르내렸다. 제냐 정장을 입고 에르메스 벨트를 찬 중년의 남자가 M이라고 새겨놓은 가게 간판 앞에서 아침 6시부터 매장 앞을 정성껏 비질하고 있었다. CEO의 복장을 한 청소부….

"저 사람은 대체 뭐래?"

명품 옷을 입은 중년 신사가 겨우 15센트짜리 메뉴를 파는 가게에서 고급 호텔 이상으로 매장의 디테일에 정성을 쏟고 있었다. 어찌나 광을 냈던지, 손님들도 이 매장에 들어설 때는 자신의 옷 매무새를 다시 가다듬을 정도였다. 젊은 직원들도 이 신사의 태도에 전염될 수밖에 없었다. 작은 휴지 하나라도 바닥에 떨어질라치면 바로 쓰레기통에 들어가야 했다.

"신경 좀 썼네?"

첫 손님인 까다로운 사십 대 여성 제인이 가게로 들어와 얼굴 인중을 살짝 들어 올리며 '이 정도면 이 가격치고 훌륭하네' 하는 반응을 보였다. 그러던 그녀가 곧 그 매장의 열혈 팬이 된 것은 화장실 문을 열 때였다. 제인은 비린내나 누린내가 코를 찌를 거라 예상하고 마음의 준비를 한 다음, 깊은 숨을 한 번 들이쉬고 화장실 문을 열었다. 뜻밖에도 향기로운 냄새가 났고 깔끔한 백화점 화장실 같았다. 그날 이후로 제인은 아이들을 데리고 매장에 자주 방문했다. 키즈 메뉴가 아이들 눈높이에 딱 맞춰 걸려 있던 것도 우연이 아니었다. 제인은 어떻게 이 공간이 이렇게 깨끗한지를 관찰했다. 1분 만에 질문의 답을 알 수 있었다. 2시 정각이 되자마자 종업원이 화장실 문을 노크했다. "똑똑." 아무도 없는 걸 확인한 종업원은 청소를 시작했다. 제인은 5분 뒤에 다시 화장실에 들어갔다. 그리고 곧장 다른 학부모들에게 전화를 돌렸다.

"아이들 모임, 여기서 해도 되겠어."

자연스레 엄마들이 한자리에 모였다. 수다를 떨다가 화장실에 한 번씩 들렀다가 나왔다. 화장실에 들어가기 전과 후가 달라졌다. 이 동네 엄마들은 곧 이 장소를 사랑하게 되었다. 엄마들의 지갑이 열리기 시작하자 매출 규모가 순식간에 달라졌다. 단골이 가족 단위로 붙었다. R이 M에게 말해주지 않은 영업 비밀이었다. '돈을 벌려면 먼저 엄마를 잡아야 하지.' 순식간에 테이블당 매출이 4배 가까이 뛰었다. R은 자신의 끌어당김이 성공하자 기분 좋은 듯 미소를 지었다.

R은 바로 원금을 회수하는 단계가 왔지만, 쥐 죽은 듯이 조용히 지냈다. 매출이 팝콘처럼 튀겨져도 전혀 들뜨지 않았다. 큰 꿈을 가진 자들은 작은 즐거움을 말하지 않는다. 그러자 내부 사정을 모르는 주변 사람들은 늙은 R이 왜 저 나이에 이런 시답잖은 사업을 하는지 뒷담화를 시작했다. 덕분에 제일 먼저 겪은 것도 주변 인간관계의 단질이었다.

"피아노를 치다가 종이컵을 팔다가 밀크셰이크를 팔다가…. 당뇨에 걸린 친구가 당뇨에 걸릴 햄버거를 팔면…."

"1년 안에 빚 더미에 오르겠지."

나중에 R은 한 친구에게서 자신이 처음 이 사업을 시작할 당시 친구들이 뭐라고 생각했는지를 들을 수 있었다. 어느 정도 예상했던 뒷담화지만 기분이 썩 좋지 않았다. "그런데 자네가 잘되었지 뭔가! 하하." 겸연쩍게 웃는 친구 앞에서 '방금 친구 하나를 또 잃었구나'라고 R은 생각했다. R의 나이대에 친구들은 겁이 많았다. 간절함을 막는 것은 '겁'이었다. 눈동자 행성이 초점을 맞추며 도와주려 해도 두뇌가 초점을 거부하는 유일한 증상. 바로 겁이었다. 전 재산을 털어 15센트짜리를 팔아서 15억 달러로 만들겠다던 포부는 이미 친구들 사이에 빛의 속도로 다 퍼졌다. 그 말을 듣자마자 다들 빛의 속도감을 느꼈다. 친구들은 R과 거리를 두기 시작했다.

그러나 인간이 보는 세계와 신이 보는 세계는 너무도 달랐다. 사람들은 모두 현재 자신의 모습만 보지만, 신에게는 시간이 필요 없었다. 신은 과거, 현재, 미래를 모두 겹쳐 보았다. 신은 인간을 에너지로 창조했기 때문에, 모두 에너지로 바라볼 수가 있었다. 평범한 사람들이 자신의 꿈을 찾는 여정은 대부분 어떤 날은 1, 어떤 날은 0으로 기분 따라 바뀌었기 때문에 에너지가 상쇄간섭으로 0이 되는 경우가 흔했다. 그러나 매일 하루하루 정확하게 같은 노력을 일관되게 반복하는 자들이 등장하면 이야기가 달라졌다. R도 그중에 한 명이었다.

R은 분명 이번 계약을 계기로 큰 대가를 치렀다. 스물다섯 살들이 가는 곳을 쉰두 살에 홀린 듯이 간 대가는 컸다. 전 재산을 걸고 운영권을 샀다. 삼십 년간 모은 것을 어느 날 하나의 중요한 결정에 밀어 넣었다. 빛이 아니라 빚이 따라왔다. 오십 대에 편안함 대신 적어도 오십 배는 넘는 불안감이 그를 지배하기 시작했다. 게다가 하나둘 R에게서 거리를 두던 친구들의 공백을 느꼈다. R은 스스로에게 되뇌었다.

'외로움은 새로움을 만나기 위해 반드시 필요한 단계야.'

오랜 친구들에게 매출을 자랑하지 않은 것은 현명한 일이었다. 반대로 오랜 친구들에게 자신의 인생 바닥을 자랑한 것도 현명한 일이었다. 아무도 자신을 찾지 않게 되니까 자신을 찾으러 떠날 수 있었다. R은 다시 손목시계를 바라봤다. 52초 뒤에 8초를 눈으로 따라가며 헤아렸다. '나만 이 경이로움을 헤아리고 있구나.' 아무도 나를 인정하지 않았지만 아무도 저마다 남은 시간을 피해 갈 수 없다. 그러니 안정된 사람들이랑만 교류하는 그들과 거리를 두자. 무엇보다 친구와 불안감을 나누는 것도 이제는 옳지 않았다. 〈렛 잇 비〉도 들으면 안 되었다. 그대로 둘 때가 아니라 앞으로 갈 때였기 때문이다.

'외로움은 반드시 새로움을 만나게 된다.'

R은 조용히 되뇌었다. 그러니 이 불안감을 해소시켜서는 안 된다. 불안감은 모든 꿈을 움직이는 연료였다. R은 새로운 매장을 하나 더

오픈하려고 부동산 중개인을 만나러갔다. 매출이 엄청나게 올랐다는 것을 모르는 중개인은 R을 말렸다. R은 중개인 앞에서 매출이 얼마인지를 말하려다가 이내 삼켰다. 바닥만 보는 사람들을 바닥에 두고 오는 것도 현명한 일이었다.

"일단 두 번째 확장도 계획에 있는 거니까요."

중개인은 매출을 물어보려다가 말았다. 수수료나 받으면 되지, 그런 것까지 물어볼 필요는 없었다. '이번에는 제값을 받아야겠어.' 중개인이 늙은 R을 보며 작심했다. R도 작심했다. 이번에는 정말 마지막 빛을 켜볼 시간이었다. 얼마 남지 않았다. 그렇지 않은가? 스스로에게 질문을 던지자 머리가 절로 끄덕여졌다. 마음도 고개를 끄덕였다.

R이 자는 내내 자꾸 고개를 끄덕인 탓에 아내는 잠을 설쳤다. 덕분에 일찍 일어나서 아침 식사를 준비했지만, 이 나이에 오십 대 남편의 말도 안 되는 꿈을 내조해야 한다는 사실에 화가 났다. "친구들이 단 한 명도 안 왔다면서요?" 아내는 고풍스럽게 주변의 시선을 일깨워줬지만, R의 눈에서 다시 독기가 느껴져 얼른 도시락을 쥐어 주며 일터로 보내버렸다. 그 후 한 달 동안 아내는 남편을 평생 가장 가까이 지켜본 사람답게 그를 이해시킬 모든 방법을 고민해봤다. 하지만 자기마저 저 사람을 인정하지 않으면 그의 세계는 텅 비어버릴 것 같다는 불안감을 느꼈다. 게다가 매번 통보하던 성격의 남편이 웬일로 이번에는 자신에게도 간절한 표정으로 꼭 해보고 싶다고 이야기하다니…. 아내는 그를 인간적으로 이해하려고 노력해봤다. 어쩌면 평생 남의 가게에 밀크셰이크를 팔러 다니다 보니, 회사를 떠나면서 수십 년간 해온 뭔가를 그만두는 일에 적당한 완충제가 필요했는지도 모른다.

"그렇다고 전 재산을 걸어?"

아내는 자칭 사업가 R이 퇴근하자 큰소리로 되물었다.

그러자 R은 확신에 가득 차서 말했다.

"이번에는 진짜 달라, 여보!"

양치기 소년이 세 번이나 늑대가 온다고 온 마을을 속였듯 삼십 년간 굵직한 것에 세 번이나 호언장담만 했던 그였다. 하지만 아내가 R의 눈을 바라본 순간, 그녀는 눈가 주름 속에서 문득 그의 눈동자가 이번에는 전에 없던 새로운 무언가를 말하는 것을 깨달았다. 그것은 스물다섯에 그녀가 첫눈에 반했던 정말 좋아하는 것을 말할 때마다 빛을 100퍼센트 머금은 그의 눈빛이었다. 피아노가 전부였던 시절에 예술의 아름다움을 말하던 눈, 동시에 자신이 저 사람에게 전부였던 시절에 사랑을 말하던 눈…. 또다시 저 사람이 활활 타오르며 밝아지는 생기 가득한 모습에 그녀는 설렜다.

    R은 쉰두 살이지만 몸에서 항상 좋은 냄새가 났다. 향수로 뒤덮은 냄새가 아니라 정말 그 나이에 보기 드물게 쉰내 없이 청결한 몸이었다. 좋은 냄새의 비결을 묻는 사람에게 그는 항상 자신의 어머니 이야기를 들려주고는 했다. 다 듣고 나면 하나같이 깜짝 놀랐다.

    "진짜예요?"

    "이걸 가짜로 말할 이유가 있소?"

    "보통은 어머니가 워낙 깔끔하셔서 아이들도 깔끔해지지 않나요?"

    "정말 더러워지는 걸 경험하고 나면, 정말 깨끗해지는 법도 배우게 되오."

    훗날 R이 사업가로 어느 정도 인지도가 생겼을 때, 그를 인터뷰하던 한 기자는 R의 말을 듣고 나서 곰곰이 생각하더니 좋은 헤드라인을 뽑았다는 것을 깨달았다.

    "어머니가 첫 번째 고객이셨던 거군요."

    R은 자신의 과거에 광택제를 바르는 기자의 입담에 그의 명함을 다시 들여다봤다. '이 사람에게는 내 이야기를 맡겨도 되겠군.' 기사가 꿰뚫어 본 대로 어머니는 어릴 때부터 R의 매장 손님처럼 지냈다. 아버지는 웨스턴유니언 전보 회사의 직원이었고 어머니는 피아노 레슨을 했다. 부모님은 둘 다 퇴근하고 집에 들어오면 번갯불에 콩 볶아 먹듯 저녁을 만들어서 해치운 다음, 대충 씻고 빠르게 침대 위로 스르

르 사라졌다.

"잘 자렴."

"그릇들 그대로 둬도 돼요?"

R은 엄마의 목소리를 흉내 내며 말했다.

"엄마가 나중에 치울게."

그리고 웃으며 말했다.

"…치우는 일은 절대 일어나지 않았죠."

매일 가족들이 먹고 남긴 식사 그릇은 식탁 위에 하루 정도는 방치되는 게 일상이었다.

"그만큼 부모님이 바쁘게 사셨군요!"

기자가 감탄하며 말하자, R은 웃으며 말했다.

"그만큼 저는 놀랐거든요!"

설거지는 내일 하거나 모레 하거나 물에 계속 담궈놓고 있으면 된다는 게 어머니의 원리였다. 그 탓에 집 안에 날벌레가 언제쯤 부화하는지와 개미가 언제쯤 주방 위로 돌아다니기 시작하는가는 곤충학자 파브르의 뒤를 이을 정도로 R이 오롯이 관찰한 것들이었다. 옷도 내일이나 모레까지는 입어도 괜찮다는 게 어머니만의 지론이었다. 덕분에 옷에서는 쉰내가 올라오기 일쑤였고, 학교에 가면 친구들도 그 냄새에 반응하기 시작했다. R은 집에 돌아온 어머니가 어쩌다 가뭄에 콩 나듯, 어떤 청소 도구를 활용해 쓰레기장을 가정집으로 바꾸는지를 유심히 지켜봤다. 그러던 어느 날 바퀴벌레 한 마리가 집 안에 등장한 것을 발견하고야 말았다. 그때부터 R은 미친듯이 집 안의 모든 청소와 설거지를 도맡아 해냈다.

"그때부터였군요."

기자가 고개를 끄덕이며 메모장에 적었다.

R은 그때의 일을 계속 이야기했다.

"아들, 무슨 일이니. 집 안을 왜 이렇게 치웠니?"

"그냥 깔끔한 게 좋아서요."

저녁 8시에 돌아온 엄마와 아빠는 청소부 열 명은 왔다 간 듯한 집을 보며 깜짝 놀랐다. 더 놀랐던 것은 R의 고무장갑에 쥐어진 청소 솔이었다. 적어도 다섯 시간은 아이 혼자 치운 집이었다. 주방은 광택제를 사용해서 여기저기 반짝거렸다. 여자아이도 아닌 남자아이가 청소를 하는 것은 그 시절 부모에게는 더욱 깜짝 놀랄 일이었다.

"그때가 열두 살이셨던 거죠?"

기자가 묻자 R은 웃으며 고개를 주억거렸다. 기자는 사무실로 돌아가서 인터뷰 내용을 이렇게 적었다.

"30년간 세일즈맨으로 살았던 그는 1902년 일리노이주 시카고에서 태어났다. 집안은 여느 집과 마찬가지로 평범했다. 그러나 그의 어린 시절을 뒤흔든 인물은 어머니였다. 피아노 레슨을 하던 어머니에게 영향을 받아 한때 피아니스트의 길을 걸을 만큼, 어머니는 그에게 큰 영향을 끼쳤다. 정작 그 피아노의 영향력은 그가 앞으로 바꿀 세상에 비하면 아주 사소한 문제였지만 말이다.

더 거대한 영향력은 쉰두 살이 되어서야 눈덩이처럼 커지기 시작했다. 그것은 어머니는 의도하지 않았던 것, 그러나 어머니에게서 시작된 것, 그리고 지구상에 모든 어머니들을 끌어당기기 시작한 것, 바로 매장의 청소와 위생이었다. 그의 매장에 들어선다면 15센트 햄버거를 먹는 것도 좋지만 화장실 문을 반드시 열어볼 필요가 있다. 지구상에 모든 어머니들이 '합격'을 외치며 아이들을 데려오는 이 매장에서 유난스러울 만큼 청결함이 느껴지는 것은 절대 우연이 아니었다.

그의 어머니는 청소와 설거지를 귀찮아했고 실제로도 제대로 하지 않았다고 한다. 어릴 때부터 집 안의 모든 청소와 음식 설거지는 그의 몫이었다. 열두 살 이후로 어머니는 그의 첫 번째 고객이 되었다. 분명 그는 호텔에 취직했어야 했다. 그러나 그랬다면 그는 호텔에서 고객을 응대하는 직원 어딘가에서 끝났을 것이다. 어머니를 따라 피아니스트의 길을 걷던 그에게 운명은 피아니스트의 꿈을 꺾고, 그를 세일즈맨의 어딘가로 흘러가도록 만들었다. 당연한 얘기겠지만 청소와 위생만 가지고 무언가를 이룰 수는 없었다.

그러나 운명은 정확하다. 그가 영업 사원으로서 30년 동안 무엇이든 팔 수 있는 힘을 가지게 되었을 때, 그는 M이라는 독특한 무언가를 발견하게 된 것이다."

R은 마지막 문장까지 흥미롭게 읽고는 다음 날 그 기자를 다시 불렀다.

"저를 정말 잘 설명하는 기사를 써주셔서 감사합니다."

"그게 제 일인걸요."

검은 뿔테에 날카로운 인상을 가진 제프는 그의 칭찬에 가벼운 미소를 지었다. R도 그를 따라 가벼운 미소를 지었지만, 곧이어 진지한 표정으로 말했다.

"우리가 첫날 나눈 대화는 대중이 재밌어하는 껍데기에 불과한 이야기들인 것 같아요. 그래서 좀 더 심연을 이야기해보고 싶습니다."

기자가 메모지를 꺼내 들었다.

"오우, 제프. 메모지는 꺼내지 않아도 돼요."

"네?"

"저는 단지 당신과 이야기를 해보고 싶은 겁니다."

약간 놀란 표정의 제프는 고개를 끄덕이며 메모지를 도로 집어 넣었다.

R은 제프에게 조금 더 가까이 다가가서 앉고는 조용히 물었다.

"제프, 혹시 같은 노력을 정확하게 반복해보신 적이 있으신가요?"

수학의 아름다움이 신의 아름다움이 될 때

같은 노력이 매일 반복되자 사업가의 눈동자 행성에 파동이 거세져서 별자리들이 점점 밝아졌다. 망원경으로 들여다보던 마틸다는 매일 같은 밝기들이 하나의 별자리로 모이는 것을 신기하다는 듯 바라봤다. 하지만 더 신기한 것은 기존의 별자리들이었다. '이런 적은 처음이야.' 매일 하늘 위 별자리를 관찰하던 마틸다는 까무러치게 놀랐다. 항상 고정되어 있던 별자리들에 구멍이 생기기 시작했다.

"바틀비, 하늘 위에 별자리 좀 봐봐."

"또 뭔데?"

마틸다가 2교대로 잘 자고 있던 바틀비를 깨우자 그는 화가 났다.

달콤한 꿈을 꾸고 있었기 때문이다. 샤인머스캣이 가득 차려진 뷔페에서 하루 종일 놀고 먹는 꿈. 그 꿈에 마틸다가 없어서 스트레스도 없었다. '꿈에서는 마틸다가 몬스터들에게 밟히던데….' 바틀비는 눈을 뜬 직후부터 기분이 별로였다.

"용건만 간단히."

"수십 년 만에 행성의 별자리가 조금씩 바뀌기 시작했어."

"헐, 진짜네?"

바틀비가 꿈인지 생시인지 눈을 비볐다.

"너, 내가 자는 동안 또 무슨 짓 했어?"

바틀비가 당황한 표정으로 물었다.

"아니? 나도 놀라서 지금 너 깨운 건데?"

마틸다는 바틀비도 자기처럼 아무것도 모른다는 사실에 실망했다.

"몬태그?"

몬태그도 귀찮다는 표정으로 내려왔다.

"저기 하늘을 봐요."

몬태그가 눈동자 행성에 하늘을 올려봤다.

"별자리가 조금씩 사라지는군."

"왜 이럴까요?"

"지금은 꿈만 보이는 아웃포커싱 상태잖아. 파동이 더 커지기 위해서 살아오면서 흩어졌던 에너지가 점점 하나로 모이는 거지."

몬태그는 오랜만에 보는 듯 구멍이 난 별자리를 반갑게 바라봤다. 피아니스트의 별자리에 손가락 부분이 몇 개 빠져 있었다. 하필 피아니스트 별자리에서 제일 중요한 손가락들이 사라지고 있었다. 마틸다는 불 꺼진 손가락 부분을 자세히 들여다봤다.

"구멍이 난 것들은 어디로 갈까요?"

"올라타."

몬태그가 자신의 등을 내주었다. 마틸다가 등에 오르자 몬태그는 눈동자 행성의 밤하늘을 날며 여기저기 구멍 난 별자리들을 다 보여줬다. 피아노 별자리에만 구멍이 나기 시작한 게 아니었다. 눈동자 행성 위에 R이 한때 꿈꾸었던 모든 모습을 담은 별자리들 여러 곳에서 구멍이 생겨났다. 몬태그는 그 흔적을 그대로 따라 날아갔다. 인간으로 따지면 한국에서 영국까지의 거리만큼 날았을까? 과거의 별들이 도착한 곳은 새로운 공간에서 다시 태어나던 사업가 별자리였다. 하지만 그 별자리를 보는 순간 거대한 파도 같았다.

"별자리라기보다는 새로 만들어지는 우주 같아요."

빛이 모이는 것을 처음 본 마틸다는 감탄했다.

"인간이 사업가를 꿈꾸면 몸속 우주에서는 바로 그 모습을 본떠 별자리를 만드는군요!"

마틸다는 사업가를 꿈꾸는 제냐 정장이 희미하게 보이자 말했다.

"그보다 파동을 봐야지, 친구?"

마틸다는 과거의 별자리들이 착륙한 곳을 유심히 들여다봤다. 저마다 정확한 군집을 이루며 착륙했다.

"하나."

"그리고 둘."

"그리고 넷? 여덟?…."

마틸다가 물었다.

"몸속의 에너지들도 하나, 둘, 넷으로 늘어나나요?"
마틸다의 질문에 몬태그가 대답했다.
"몸속의 에너지들도 다 파동이니까."

"간절하게 꿈꿨던 과거도 전부 다 에너지 형태로 남은 거였군요."
마틸다가 가까이서 별자리들을 비추며 말했다.
"눈동자 행성에서 피아니스트 별자리를 매일 밤 아련하게 봤다고 말한 게 너였던가?"
"네."
"바보야, 애초에 별이 에너지인데. 그걸 아련하다 생각한 건 네가 잘못 해석한 거지."
"아…."
"그 시절 진심으로 노력했던 에너지들은 그때 그 모습 그대로 맺힌 채로 평생 몸속에 뭉쳐 있을 뿐이란다."
"나이가 들면서 없어지지 않나요?"
"살이 꽁꽁 감싸고 있는데 어떻게 없어져?"
몬태그가 마틸다의 질문에 반박한 뒤, 음미하듯이 말했다.
"끊임없이 파도처럼 출렁이면서 진짜 파도가 올 때를 기다린단다."
'매일 별자리를 행성 전망대 높이에서 봐놓고 왜 그걸 못 알아봤을까?'
마틸다는 신기했다.
"그럼, 그때 그 시절에 머무르던 피아니스트의 에너지들도 다시 사업가가 되려는 R의 끌어당김으로 인해 현재의 에너지 방향으로 모두 이끌려온 거군요."

몬태그가 고개를 끄덕였다.

"에너지는 에너지를 돕네. 새로운 에너지가 반짝이면 과거의 모든 에너지가 그곳을 향해 날아가지."

무척 아름다운 말이었다.

마틸다는 인간이 해야만 하는 것이 무엇인지 궁금해졌다.

"인간이 해야 할 일은 뭘까요?"

마틸다가 묻자 몬태그가 웃었다.

"인간? 하하."

"왜 웃으세요?"

"여전히 인간이 이 에너지들 앞에서 뭘 할 수 있을 거라 생각하나?"

"적어도 두뇌는 그렇게 믿고 있으니까요."

마틸다는 두뇌가 매일 자신들에게 명령하던 걸 떠올렸다. 단 한 번도 공손하게 부탁한 적은 없었다. 항상 "이거 해. 저거 해" 하고 명령을 내렸다. 두뇌는 항상 신체 기관의 모든 걸 제어하고 싶어 했다. 그런 오만함은 모든 세포를 등 돌리게 만들었지만 말이다.

몬태그가 물었다.

"왜 인간의 눈동자가 바깥으로 향하게 되어 있지?"

"인간의 오만함을 없애려고요."

"그래, 인간은 특별하게 뭘 할 필요가 없어."

"아무것도 안 해도 되나요?"

마틸다는 이해되지 않아 물었다.

"쉽게 말해 밤에 정말 졸려서 잠을 푹 자고 일어났어. 그러면 에너지가 가득 채워져 있겠지?"

"당연하죠."

"어떻게 그게 당연할 수 있는가? 인간이 눈을 감은 동안 한 게 무엇인가?"

"아… 아무것도 없습니다."

몬태그는 다시 큰 목소리로 말했다.

"인간은 그저 하루 종일 에너지를 다 쓴 뒤에 긴 시간 포근한 이불을 둘러싼 채로 누워 있지. 그렇게 자기 두뇌 속 마지막 힘까지 아낌없이 쓰고 나면 온 우주가 조용히 다가와서 인간 에너지의 주유구를 열고 새롭게 에너지를 채워준다네. 매일 인간을 돕고 있는 우주는 인간에게 아무것도 바라는 게 없다네. 그저 에너지를 몸속에 가득 채워 넣고 운전을 잘하라고 당부하며 떠날 뿐일세."

"그리고 인간은 아침에 깨어나 충전된 에너지를 별생각 없이 아주 당연하다는 듯이 쓰죠."

몬태그가 고개를 끄덕였다.

"우주의 호의는 언제나 호구가 되기 마련이지."

"하하."

마틸다가 슬며시 웃었다.

"마찬가지로 인간이 자동차로 운전할 때에도 도로는 인간에게 출력을 원하지 않아."

몬태그는 중요한 말을 하기 위해 잠시 숨을 가다듬었다.

"방향만 원할 뿐이라네."

마틸다가 감탄했다.

"방향만 맞추면 모든 에너지가 날아오는 거군요!"

"마치 네가 세상의 초점을 맞추면 인간이 그 방향으로 달려가는 것과 같지."

"자기 의지라 착각하면서 말이죠."

마틸다는 자신의 존재를 인정받자 행복한 미소를 지으며 대답했다. 인간은 언제나 자신을 돕는 세포들을 함부로 대했다.

"그뿐인가? 비행기를 움직이는 연료도 수만 년 전 과거에 모든 동물이 갖고 있던 에너지를 모으고 모은 검은 액체가 아닌가!"

마틸다는 R이 자주 타던 비행기를 떠올렸다. 갑자기 세상 모든 게 에너지처럼 느껴졌다.

"세상의 모든 동물들은 검은색 액체가 되어 에너지의 일부가 되죠. 그러니 인간이 나이가 든다는 말은 단순히 늙어간다는 게 아니라 참 오랜 시간 많은 에너지를 모아왔다는 말과 같군요."

마틸다의 말에 몬태그는 고개를 끄덕였다. 그리고 하늘 위에 에너지가 날아온 궤적을 보면서 말했다.

"시간은 파동을 위해 존재할 뿐이니까."

마틸다는 신기하다는 듯 말했다.

"R은 그저 사업가 방향을 향해 계속 나아가기만 하면 되는 거군요."

"그래. 주파수인 거야. 그러면 여러 세대에 걸친 자신의 현재에 과거의 모든 에너지가 그 방향을 향해 모여들지."

몬태그는 좀 더 자세하게 설명했다.

"인간이 꿈을 꾸며 간절한 상태를 만들면, 그날 간절한 에너지 하나가 들어 있는 파동이 만들어지지."

몬태그가 날개로 숫자 1을 만들었다.

"최초에 간절한 파동 하나가 온몸을 돌아다니며 몸속에 모든 세포를 뒤져서 자신과 같은 파동을 가진 세포의 에너지 하나를 끌어당기지. 그러면 둘이 되는데 여기 에너지 단계부터 놀라운 마법이 펼쳐지네."

몬태그는 경이로운 표정을 지었다.

"이번엔 둘이 된 에너지가 몸속에 모든 세포를 뒤지며 같은 파동을 찾기 시작해. 파동을 찾는 몸속이 얼마나 넓은지는 과학자들이 잘 알고 있어. 무려 100조개에 달할 만큼 세포들이 가득 차 있으니까 말일세. 그곳을 간절한 파동 하나가 100조개를 뒤져가며 과거에 같은 파동이었던 에너지를 찾고 또 찾아서 서로를 끌어당기게 되지."

"맨 처음의 그 간절함은 인간 태초에 아담과 이브 같은 걸까요?"

마틸다가 물었다.

"그렇겠지? 그게 80억 명이 될 줄 누가 알았겠나?"

"인간의 간절함도 하나가 생겨나서 자신과 같은 하나를 반드시 찾아내서 둘이 되고, 그 둘이 흩어져서 똑같은 간절함의 파동을 찾으면!"

"그러면 네 개가 되겠군요."

"그래, 그래서 하나둘 다음엔 넷인 거야."

몬태그는 말을 이어갔다.

"넷이 다시 간절함을 찾으러 떠나면 여덟 개로 불어나고, 그 뒤로 꿈의 급속한 증폭이 이루어지지."

몬태그는 잠시 생각하더니 말했다.

"인간세계에서는 아인슈타인이 빛을 연구하다가 이 현상을 정확하게 발견해냈지. 과학자들은 이 현상을 수십 년째 하루도 쉬지 않고 빛을 증폭시켜보며 관찰하고 있어. 과학자들끼리는 유도방출 이론이라 부르더군. 같은 에너지들끼리 유도시켜서 서로를 무한대로 끌어당긴 다음에 거대하게 방출한다는 의미이지."

인간은 자신의 빛을 볼 수 없었지만 인간 몸속의 파수꾼들은 언제나 인간 몸속의 세포들이 머금고 있는 빛의 밝기를 파동으로 관찰할 수 있었다. 인간의 빛이 거대하게 방출되는 곳은 눈이었다. 눈은 크기도 제한적이었기 때문에 강한 빛줄기는 강하게 압착되어 직선으로 뻗어 나갔다. 아이들이 갖고 노는 레이저가 정확히 인간의 눈동자 에너지를 본뜬 도구였다. 인간의 몸통은 레이저의 몸통과 같았다. 에너지가 나가기 위해 존재하는 통. 눈은 그 에너지들의 방출 통로였다. 사람의 눈빛은 그 사람의 모든 시절의 에너지가 나가는 것이었다.

몬태그는 웃으며 말했다.

"하지만 인간들은 아무도 모르지. 아이들이 레이저를 쏘는 게 곧 자신의 빛을 쏘는 것과 같은 원리라는 것을… 신은 인간이 내면을 못 보게 항상 바깥만 향하게 만드셨지."

"인간은 모르지만 인간의 눈에서는 간절함이 쏟아져 나가고 있었군요?"

마틸다가 물었다.

"피아노 치던 시절 이후로는 이토록 간절함이 강해진 적 없었으니, 자네는 처음 겪어보는 거겠군."

"피아노 때는 어땠어요?"

"결말을 알고 있잖나!"

"제 말은 어떻게 이런 결말로 흘러갔느냐는 거죠!"

마틸다는 살짝 상기된 목소리로 답했다.

"하나, 둘, 넷, 여덟… 간절함의 에너지가 점점 무거워질 때쯤 정작 인간은 우주와는 단절됨을 겪는다네."

"하지만 우주는 인간이 눈을 감을 때마다 와서 에너지를 채워주잖아요!"

"왜 잠에 들고 나서야 몰래 주유구를 열어서 채워주겠나?"

마틸다는 오랫동안 생각했다.

"오만함을 보지 않으려는 우주의 방법이군요."

"두뇌가 완전히 어둠 속으로 들어가야 그제야 빛을 채워줄 수 있지."

"그 빛을 두뇌가 직접 볼 수 있다면 바로 오만해지고 말 거예요!"

마틸다는 자신에게 싹수없이 명령하던 두뇌의 말투가 생각이 났다. 몬태그는 칠판에 '모든 것은 빛으로 되어 있다'는 과학자 테슬라의 말을 가리켰다.

"그래, 인간은 반드시 잠들어야 빛을 채울 수 있기 때문에, 빛이 들어오는 것을 직접 보지 못하지만, 다음 날 빛을 입력받은 몸속의 최종 단계인 쿼크가 빛의 속도로 움직이는 덕분에 빛에서 나오는 활력을 얻게 되지."

"매일 밤 우주가 인간에게 다가오듯이 인간도 우주에 다가가는 방법은 없을까요?"

마틸다의 질문에 몬태그는 크게 웃었다. 그도 그것을 평생 간절히 바라왔기 때문이었다. 인간의 뜻이 하늘의 본심과 가까워질수록 그의 날개도 진짜 하늘을 날 수 있을 것이다. 몬태그는 어린 시절 부모님에게서 인간은 오만함으로 두뇌라는 작은 감옥에 갇히게 되었다고 들었다.

"단 오만함을 버리고 간절함으로 증폭하면 볼 수 있는 게 있다고 들었어."

몬태그는 부모님의 말씀을 떠올리며 말했다.

마틸다가 물었다.

"그게 뭔가요?"

"우리도 모른단다."

"저의 간절함도 증폭이 될까요?"

"두뇌가 간절한 걸 본 다음에 증폭시키렴."

인간의 젊은 시절에 몬태그는 피아노를 치던 소년의 증폭을 믿었다. 그러나 점점 증폭하던 소년은 청년이 되면서 증폭을 멋대로 꺼버렸다. 파동이 사라졌다. 배신을 당한 뒤로 수십 년 만에 몬태그는 다시 그 증폭이 커지는 상황을 만나게 되었다. 이번에는 진심이길 바랐다. R처럼 세포에 갇힌 그의 수명도 얼마 남지 않았기 때문이었다. 마지막을 앞둔 인간이 간절할 때는 같은 운명을 가진 온몸의 세포들도 간절해지기 마련이니까.

몬태그와 마틸다는 사업가 별자리에 오랫동안 머물렀다.
"인간이 우주에 다가가는 방법은 스스로 증폭하는 것뿐이라네."
"어떻게 증폭할 수 있을까요?"
"세상 모든 건 빛이니까 이 또한 하나, 둘, 넷의 법칙이 적용되지."
몬태그는 주문을 외우더니 마틸다를 데리고 잠깐 인간의 몸에서 빠져나왔다. 그리고 무언가를 켜자 엑스레이 모드처럼 바뀌었다.
"우앗! 인간의 몸을 빠져나온 건 처음이에요."
마틸다가 깜짝 놀라 말했다. 그러나 더 놀라운 건 인간이 우주에 닿는 증폭 파장이었다. 하나에서 시작한 파장은 두 배씩 곱해지며 거대한 위성 안테나처럼 넓게 퍼졌다.
"우주는 인간의 시간과 인간의 에너지를 둘 다 똑같이 운영하지."
"이 어마어마한 역삼각형은 뭘까요?"
"메모지 있으면, 너도 그려봐."
몬태그의 말에 마틸다가 메모지를 꺼내서 자신이 본 장면을 그리기 시작했다.
"인간이 우주로부터 아침마다 같은 에너지를 공급받을 때, 매일 길거리 위에서 멋대로 써버리는 자들이 있는가 하면, 매일 그 에너지를 꿈의 방향으로 똑같이 쌓아 올리는 자들이 있지."
"지금 R이 하고 있는 게 이것인가요?"

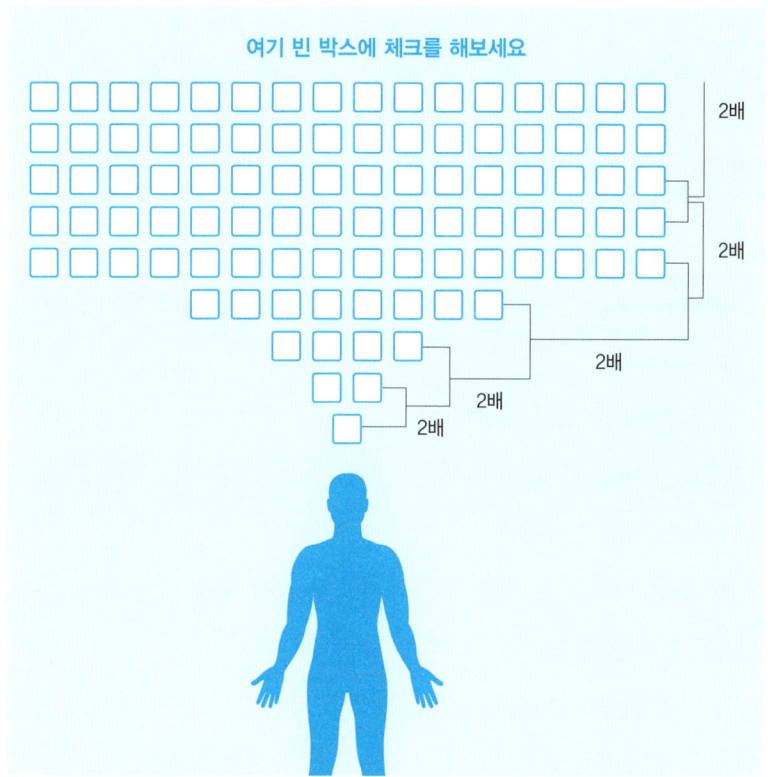

파동의 증폭을 가장 우아하게 보여준 그래프다. 저 그래프에 일 단위, 월 단위, 연 단위로 체크하면서 같은 노력을 반복해 무엇이든 도전해보라. 성공이 우아해질 시간이다.

몬태그가 고개를 끄덕였다.

"그렇다네. 하루라는 굴레 속에 사는 인간이 하루의 간절함을 하나 둘 쌓아가며 우주에 완전함으로 다가가는 유일한 방법이지."

마틸다는 손가락으로 R이 쌓아 올린 에너지의 탑을 헤아려봤다. 그리고 얼마 안 가 포기했다. 미어캣이 아무리 고개를 위로 젖혀도 저 위에 있는 숫자를 다 헤아리는 건 불가능했다. R은 매일 같은 에너지를 정확하게 복사 붙여 넣으며 우주를 향해 다가가고 있었다. 마틸다는 첫 시작이 된 최초의 에너지를 유심히 바라봤다. R의 머리 위로 제일 먼저 생겨난 꿈의 시작점….

"첫날에 하루가 그 뒤로 일어나는 모든 세계의 에너지를 받치는군요."

마틸다가 R의 머릿속에 올라간 첫 번째 에너지를 가리키며 말했다.

"아드 폰테스."

몬태그가 라틴어로 말했다.

"그게 뭔가요?"

"근원으로 돌아가라는 말이지."

"세포들이 하나, 둘, 넷으로 에너지들을 합칠 때 인간은 하루, 이틀, 사흘로 궤도를 쌓는 거군요."

"인간은 하루 24시간의 굴레에 살고 있으니까. 그걸 반복해서 쌓는 게 우주 앞에서 자신의 간절함을 입증하는 유일한 방법이지."

"이 탑들은 무너지기 쉬울까요?"

"아드 폰테스."

몬태그가 다시 첫 번째 에너지를 가리켰다.

"꿈을 꾼 자의 첫날의 결심에 달렸지."

"하지만 모두 같은 불빛으로 탑이 올려져 있잖아요?"

"이 첫 번째 에너지를 다 복사 붙여 넣기 한 거니까."

마틸다는 몬태그의 말에 감탄했다.

"위층이 더 밝아지면 어떻게 되나요?"

"빛은 같은 에너지를 가진 것들끼리만 끌어당긴다네. 아인슈타인이 말한 대로 유도방출 효과지."

"그럼 오락가락 노력하는 자들은…."

"저층 부분만 쌓고 무너뜨리고 다시 저층을 쌓았다가 무너뜨리길 반복하지. 그러다 사라지는 거야."

인간이 첫날에 결심할 때 생겨난 간절한 에너지를 유도방출 원리로 똑같이 쌓는 게 에너지의 탑에서는 가장 중요했다. 매일 똑같은 노력으로 복사 붙여 넣기를 해서 '1, 2, 4, 8, 16…'의 궤도를 밟아 나가면 우주까지 간절함을 증폭시킬 수 있었다.

'하나, 둘, 넷, 여덟….'

마틸다는 자신이 볼 수 있는 높이까지 최대한 올려봤다. 30층까지 봤을까. 그게 마틸다가 헤아릴 수 있는 최대 높이였다.

'홍콩의 야경보다 아름다워.'

몬태그는 엑스레이 모드를 끄고 다시 R의 눈동자 행성으로 돌아왔다. 마틸다는 오랫동안 꿈의 에너지들이 날아오는 궤적을 바라보다가, 아까 메모지에 그렸던 R의 에너지 그림을 들여다보며 말했다.

"이거 어쩌면 사람의 에너지를 넘어서 에너지 덩어리인 사람 간에게도 적용되는 거 같아요. 한 사람과 한 사람이 사랑으로 아이를 낳고 나면, 그 아이는 더 큰 에너지를 일으켜서 부모가 살아온 세상보다 더 힘차게 세상을 살아가게 되죠. 그래서 하나둘 다음에 에너지는 그 아이의 힘찬 기운을 이어받아 넷으로 올라가는 거죠. 보통 부모 세대에서 아쉽게 끝나는 꿈이 자녀의 세대에서 더 치고 올라가 강해지는 법이니까요. 또 그 아이가 아이를 낳으면 여덟로 올라가지 않을까요?"

몬태그가 놀란 표정을 지었다.

"R이 다윈의 진화론에 관한 기사를 볼 때 저도 유심히 같이 읽어봤거든요! 모든 생물은 계속 진화하잖아요."

마틸다는 자신의 안경을 슬쩍 올리며 말했다.

"너는 참…."

"왜요? 저 또 돌연변이예요?"

"아니, 똑똑하다고."

몬태그는 서재에서 자신의 족보를 꺼내왔다.

"어… 여기에는 저희 할아버지들도 다 기록되어 있네요?"

"파수꾼들도 에너지 덩어리니까. 우주는 모든 것을 기록하지."

마틸다는 바틀비의 할아버지가 그려진 모습에 뭉클해졌다. 할아버지의 초상화 밑에는 이름 대신에 '한평생 피아노에 초점을 맞추다'라는 글귀가 기록되어 있었다.

"오랫동안 많은 선조의 깨달음이 전해지고 전해졌어. 그리고 지금의 우리가 그 깨달음들의 파동을 파도로 만들고 있는 셈이지."

몬태그는 날개를 푸드덕거리며 생각했다. '진짜 하늘을 날고 싶다'는 생각. 마틸다는 몬태그의 날개를 보며 말했다.

"그리고 R도 그렇게 숱한 에너지가 전해지고 전해져서 탄생한 거겠죠."

R의 어린 모습을 떠올리며 마틸다는 말했다. 피아노를 치던 앳된 손길. 그게 지금도 이 행성에 에너지로 날아다니고 있다니….

"이젠 피아노를 치던 에너지가 사업가 별자리로 날아오고 있네."

몬태그는 눈동자 행성에 하늘을 올려보며 말했다.

"수백만 년 전에 과거의 모든 동물들이 담고 있던 에너지를 이용해

하늘을 나는 비행기처럼, 인간도 지금의 현재가 아니라 수많은 선조를 거친 에너지들이 모여드는 거였네요."

"그러니 사업가 해볼 만하겠지?"

"그럼요. 쉰두 살이라는 나이는 정말 숫자에 불과해요."

마틸다는 혹시 R이 지금 자신이 본 이 에너지의 움직임을 볼 수 있다면 어떨지 생각해보았다. 아마도 금세 오만해질지도 모를 일이었다. '인간의 오만함'을 떠올리자 에덴동산에 살았다던 인간의 신화가 떠올랐다. 선악과를 먹고 나서 오만해진 인간들….

"혹시 선악과를 아시나요?"

"우리 행성에도 있는 걸 내가 어찌 모르겠나!"

"설마… 샤인머스캣?"

"너희들은 참 오랫동안 탐욕스럽게 먹어 치웠지."

마틸다는 한때 샤인머스캣을 베어 물며 세상을 다 가졌다고 생각했던 자기 모습이 떠올랐다. 부끄러웠다. 샤인머스캣을 먹고 세상을 다 아는 것처럼 굴었던 오만했던 과거다. 몬태그가 미어캣들이 샤인머스캣을 먹던 모습을 따라 했다.

"캬, 이게 세상의 빛이지."

몬태그가 바틀비를 성대모사 하자 마틸다가 웃었다. 그것도 잠시 여전히 샤인머스캣의 정체가 충격적이었다. 눈동자 행성에 달콤하게 열려 있던 샤인머스캣만 자꾸 떠올랐다. 그럴 수밖에. 마틸다는 신이 오직 인간세계에만 오만함을 심어 두신줄 알았다. 벤츠, 비싼 아파트, 명품, 권위, 학벌… 이런 것들에 말이다. 마틸다는 신이 인간만 시험하신 게 아니라, 파수꾼들과 조종사, 우편배달부, 그리고 모든 세포들을 시험에 들게 하셨다는 사실에 경외감을 느꼈다. 몬태그가 마틸다의 표정을 읽고 슬며시 웃으며 말했다.

"신은 오만함을 누구보다 싫어하시지."

　마틸다는 분필을 꺼내서 사업가 행성으로 날아오는 에너지를 칠판에 그렸다. 그러자 모든 입자들이 한 치의 오차도 없이 정확하게 사업가 별자리에 딱 2의 배수로 달라붙고 있었다.

　　1, 2, 4, 8, 16, 32, 64…
　　1, 2, 4, 8, 16, 32, 64…
　　1, 2, 4, 8, 16, 32, 64…
　　1, 2, 4, 8, 16, 32, 64…

　"잠깐만요. 숫자가 미세하게 한 칸씩 밀리고 있어요."
　몬태그가 웃으며 말했다.
　"눈치챘구나? 과거의 신화들이 도착하는 순서거든. 저마다 다른 시간 속에 존재했기 때문에 날아오는 데에 시차가 있지."
　몬태그가 새롭게 달라붙던 128개의 빛 에너지들을 보며 말했다. 제일 최근에 만들어진 밀크셰이크를 팔던 시절의 에너지가 가장 빨리 도착했다. 피아노를 치던 시절의 에너지는 저 멀리서 여전히 날아오고 있었다. 이 에너지들이 합쳐지면 정말 강력해질 터였다.
　"모든 시절의 에너지가 날아오는 거군요."
　"모두 하나의 꿈을 향해 날아오는 게 정말 장관이지."

현재를 끌어당기기 시작하면 과거의 모든 에너지도 끌어당겨진다.

"어? 저기, R의 첫사랑 에너지도 넘어오는데요?"

"헤어질 때 참 웃겼어. R이 코맹맹이로 그대를 그리워한 게 아니라 그때를 그리워한 거라 했었지, 하하."

"그때의 아픔도 그대로 에너지가 되었군요."

"심장의 열기를 받은 것들은 다 에너지가 되지."

마틸다가 태어나기 전의 일이었다. 마틸다는 사랑을 품었던 에너지들까지 날아오는 것이 마냥 신기했다. 인간이 살아오면서 심장에 열기가 들어갔던 모든 순간의 에너지들은 모두 사업가 별자리 방향으로 넘어오고 있었다.

"이 빛들이 모이면…."

"발사할 일만 남았지!"

몬태그는 순간 너무 들뜬 목소리로 말한 것을 후회했다. 마틸다도 눈치챘다.

"인간세계에서는 아인슈타인이 이미 빛이 강해지는 것을 발견했다고 했는데 왜 인간들은 아무도 레이저에 관심이 없을까요?"

"멀리 갈 거 없네. R의 아내만 봐도 하루 종일 텔레비전을 보며 행복해하잖나. 아마 R의 아내의 눈동자 행성에선 빛의 파수꾼들이 화면 속 등장인물들을 R보다 가까운 존재처럼 느낄지도 몰라, 하하. 옛날 어느 소설 속에서 벽면 텔레비전과 사랑에 빠졌던 아내 '밀드레드'처럼 말이야."

"눈동자는 정말이지 바깥세상을 보는 데에 최적화되어 있군요."

마틸다는 두 번 다시는 샤인머스캣에 손도 되지 말아야겠다고 다짐했다. 달콤한 설탕 맛은 마실수록 더욱 갈증을 느끼게 되는 바닷물과 같았다. 결국 더 큰 대가를 치르게 될 터였다.

"그런데 미어캣들은 수학을 잘 못하나?"

"무슨 말씀이세요?"

"아니. 정작 제일 중요한 걸 못 보고 자꾸 곁가지를 이야기하는 것 같아서."

마틸다가 당황한 표정으로 물었다.

"곁가지요?"

"칠판에 써둔 걸 다시 잘 보렴."

"이 에너지들이 서로를 끌어당기고 있다는 걸 모르겠니?"

마틸다는 한참 저 숫자들을 들여다봤다. 아무것도 보이지 않았다.

"잘 모르겠어요."

몬태그가 말했다.

"1, 2, 4, 8, 16, 32, 64…의 격차가 어떻게 돼?"

"그거야 쉽죠. 2에서 1을 빼면 '1', 4에서 2를 빼면 '2', 8에서 4를 빼면 '4', 16에서 8을 빼면 '8'… 맙소사!"

마틸다가 숫자를 헤아리다가 화들짝 놀랐다.

"위층 에너지들과 정확히 같은 에너지 격차잖아요?"

1, 2, 4, 8, 16, 32, 64…
1, 2, 4, 8, 16, 32, 64…
1, 2, 4, 8, 16, 32, 64…
1, 2, 4, 8, 16, 32, 64…

"인간이 다시 꿈을 꿀 때, 매일매일 같은 노력이 반복되면, 빛이 두 배씩 강해지는 거야."

몬태그가 숫자들을 다시 보며 말했다.

"모든 시절의 에너지를 끌어당기는 거야. 이곳으로 오라는 등대의 불빛 같은 거지."

마틸다는 하늘을 올려다보며 감탄했다.

"마침내 모든 시절의 에너지가 하나로 모였군요!"

1개를 1만 개로 만드는 법

모든 직원에게 정말 깨끗한 화장실을 각인시키는 것은 정말 어려운 일이었다. 몰려드는 손님을 상대하면서 동시에 화장실 청소를 수시로 한다는 것은 쉽지 않았다. 계산대에서 진상 손님 한 명만 마주쳐도 쉽게 까먹곤 했다. 하지만 문제될 건 없었다. 중년의 신사가 칼같이 들어와서 말끔하게 청소하기 시작했다. R은 직원들을 꾸짖기보다 손수 모범이 되었다.

"야, 저기 모범택시 간다. 지금 몇 시야?"

직원들은 화장실에 청소 도구를 갖고 들어가는 R을 모범택시라고 불렀다. 청소가 조금만 늦어져도 R이 곧장 들어가서 청소했기 때문이었다. 직원들은 모범택시 기사가 자기들을 정중하게 태우러 오기 전에, 때가 되면 스프링처럼 뛰어가서 먼저 청소를 시작했다. R은 마음속으로 경계했다. '첫 번째 매장의 화장실이 더럽다면 100번째 매장의 화장실도 더러울 거야.' 6시가 되자 이번에는 써니가 늦지 않게 화장실 청소를 시작했다. R은 안도했다. 내심 두 번 경고를 줬던 직원이었다. 이제 써니도 화장실 청소를 소홀히 여기지 않았다. 매장에서 가장 어린 직원이었던 써니는 락스 냄새를 풀풀 풍기면서 툴툴거렸다.

"우리 집 화장실도 이렇게 깨끗하게 청소 안 해."

R은 고개를 끄덕였다.

'우리 집도 그렇게 안 한다네, 허허.'

매장을 하나만 운영한다면 어떤 날은 화장실이 좀 더럽고 어떤 날은 좀 깨끗할 수도 있을 터였다. 하지만 수백 개 매장으로 뻗어나갈 준비를 할 경우, 한 곳의 악취가 수백 곳에 같은 악취를 풍기는 것을 반드시 경계해야 했다. 첫 매장에 날아다니는 파리가 백 번째 매장에도 날아다니는 파리가 될 수 있었다. 그 매장은 정말 손님 한 명 없이 파리만 날릴 수도 있었다. R은 문득 10년 전 일이 생각났다.

"이 매장이 시작이에요, 곧 어디서든 만나시겠지만요!"

"네?"

어느 날 한 청년의 가게에 밀크셰이크 기계를 팔러 갔을 때였다. R은 좀 생뚱맞다고 여겨 웃음이 터져버렸다.

"왜 웃으세요?"

"아니에요. 사장님 매장이 여기저기 퍼지는 걸 상상했어요."

청년은 R이 거짓말을 하고 있다는 것을 바로 눈치챘다. 멋쩍게 뒷머리를 긁적이던 R이 웃어 보였다. 계약서를 쓸 때 청년의 나이를 슬쩍 봤다. 스물다섯 살. 그땐 스물다섯 살의 치기 어린 패기쯤으로 생각했었는데…. '지금은 그 매장이 250개쯤 되던가.' R은 이제는 유명한 회장이 된 그를 청년 시절부터 알았다고 하면 사람들은 그저 영업부장의 허세 정도로 웃어넘겼다. 뭐, R 자신도 그때 그 시절의 패기를 똑같이 비웃지 않았던가?

내가 경험한 기적은 내 몸속에 에너지로만 남기 때문에 남에게 같은 기적을 알려주기가 어렵다. 몸속 에너지가 아무리 가득 차 있어도 온전히 살로 뒤덮여 있기 때문이었다. 그러니 무지한 자들은 시작하는 자들의 파동의 첫 단계를 쉽게 비웃었다. R은 생각했다. '그때 그 청년을 웃어넘기면 안 되었어.' 무엇보다 청년의 "이 매장이 시작이에요"란 말이 머릿속에 메아리쳤다. 그 첫 매장이 2개, 4개, 8개… 점점 늘어나다가 200개가 될 때쯤, R은 셰이크 기계 영업차 그를 다시 만날 수 있었다. R은 청년이 주었던 오래된 첫 번째 명함을 아직도 간직하고 있었다. 마치 이 기적을 같이 지켜본 자의 증표라 해야 할까. R은 담배 한 대를 꺼내 물며 회장의 첫 명함을 지갑에 도로 넣었다. '이제는 사장님이 아니지.'

청년은 더 이상 사장이 아니었다. '회장님'이 되었다. 그를 만나려면 한 달 전부터 예약하고 신분증을 로비에 맡긴 뒤 올라가야 했다. 그가 만난 부장이었던 나를 기억할까? 사옥 로비에 들어서자 R은 번지르르 매끄럽고 윤이 나는 대리석을 보며 청년이 자신을 기억하지 못하리라는 확신을 얻었다. '이렇게 화려한 사옥이라니…' 엘리베이터에서 꼭대기 층 버튼을 누르던 R은 당황했다. 솔직히 그 청년이 이렇게까지 성공할 줄 몰랐다. R은 다시 청년이 몇 년 전 자신에게 주었던 낡은 명함을 꺼내 들여다봤다. 그랬다. 그 청년은 꿈을 이루었다. 엘리베이터 문이 열리자마자 회장이 R을 반갑게 맞이했다. 비서가 가만히 앉아 있던 걸 보면 일부러 회장이 자신을 마중하는 거였다. R은 갑자기 첫 번째 명함을 쥐고 있던 손에 힘이 들어가는 것을 느꼈다.

"아, 그때 명함이군요?"

회장이 자신의 초창기 명함을 알아봤다. 감격한 표정이었다. 사실은 버리려고 뒀다가 깜빡해서 여전히 명함 뭉치들 속에 꽂혀 있던 명함이었다. '뭐, 아무럼 어때?' 영업 사원은 원래 연기를 잘해야 한다. R의 입꼬리는 본능적으로 화사하게 올라갔다.

"축하드립니다."

R은 이제 진짜 회장이 된 청년을 보고 특유의 미소와 함께 인사를

건넸다.

"뭐가요?"

"정말 많은 매장이 생겼더군요."

"아직 멀었습니다. 1천 개를 넘고, 1만 개로 향해야 하니까요."

이번에는 R이 예전처럼 비웃지 않았다. 존경심을 담아 고개를 끄덕였다.

"놀랍게도 모든 매장이 제가 갔던 첫 번째 매장과 똑같았어요."

"그럼요, 그런 연유로 제가 그때 R 씨를 그렇게 괴롭혔잖습니까?"

'나를 기억하네? 하긴, 나를 엄청나게 괴롭히긴 했지.'

그 큰 밀크셰이크 기계가 고객들의 시선에 보이면 안 된다고 해서, 기계를 수납함에 새로 짜맞추느라 고생했던 기억이 선명했다. 당시 실적 압박만 없었어도 당장 거래 끊고 싶었던 진상급 고객이자 사장이었다. 기계 설치와 방향에 대해 유별났던 고집이 250개 매장에서 완전히 똑같이 설치될 줄 상상도 못했다.

"저 사실 궁금합니다."

"네, 말씀하세요."

"솔직히 2개, 4개 늘리실 땐 이렇게 성장할 거라 예상하지 못했어요. 대체 어떻게 매장을 250개까지 만드셨나요? 어떻게 그 처음부터 1만 개의 매장을 꿈꿀 수 있으셨나요?"

"여전히 솔직하시네요! 하하."

"혹시 제가 실례된 질문을 드렸다면 죄송합니다."

"아니에요. 누군가는 내 열정의 시작점을 물어봐주길 원했어요. 부장님은 제 열정의 시작점을 직접 보신 분이기도 하셨고요. 물론 그때 크게 웃으셨던 게 기억이 납니다."

R은 얼굴이 새빨개졌다. '다 기억하고 있구나.' 회장이 될 사람을 못 알아보고 되레 비웃었던 자신이었다. 그러나 R은 그때도 부장, 지금도 부장이었다. 청년이 회장이 될 동안 자신은 아무것도 변한 게 없었다. 하지만 회장은 여전히 부장인 R을 비웃지는 않았다.

"기자들이 물어볼 때는 경영 측면에서 성공했다고 이야기해왔지만… 그게 다는 아니었죠."

회장이 주머니에서 장난감 레이저를 꺼냈다. 아이처럼 레이저빔을 쏘고는 즐거워했다. R은 회장이 스물다섯 살일 때 얼굴이 여전히 남아 있는 것에 덩달아 미소를 지었다. 회장은 레이저 장난감을 R에게 건네며 물었다.

"이 빛이 그냥 조명하고 뭐가 다를까요?"

"빨간 점을 쏠 수 있고, 빛이 엄청 강한 상태죠."

회장은 고개를 끄덕였다.

"이거 사실 아인슈타인의 이론으로 만들어진 건데…."

"엥? 이 장난감 레이저가 아인슈타인의 이론에서 나온 거라고요?"

"그냥 장난감처럼 보여도 아주 무시무시한 거예요. 출력을 높이면 달까지 쏠 수도 있죠."

"달까지요?"

"더 멀리도요."

"그런데 이걸 왜 들고 다니시는 거예요?"

"이 장난감 안에 우주의 원리가 들어 있으니까요."

R은 다시 웃어버렸다. 너무 거창해서 와닿지 않았다.

"우주의 원리? 무슨 말이에요?"

"처음에 이 통 안에 빛 입자 1개가 자기와 같은 에너지를 가진 입자 1개를 끌어당겨요. 1개가 2개가 되고, 2개는 다시 4개가 되고… 순식간에 레이저 통 안에서 두 배씩 끌어당기는 현상이 일어나죠."

"그런데요?"

"숫자를 1에서 10까지 세어보시겠어요?"

R은 고개를 갸우뚱거리며 숫자를 세었다.

"1, 2, 3, 4, 5, 6, 7, 8, 9, 10."

"숫자를 헤아릴 동안 이 통 안에서 늘어나는 숫자를 말씀드릴게요. 1, 2, 4, 8, 16, 32, 64, 128, 256, 512…. 아직은 큰 숫자라 느껴지지 않죠? 자, 60초까지 마음속으로 헤아려보세요."

R은 시계 초침을 보며 60초까지 헤아렸다.

"부장님이 숫자를 60까지 헤아렸을 때 이 레이저 통 안에 숫자들은 억 단위, 조 단위를 지나서 100경까지 숫자가 올라가죠."

"이 장난감 안에서요?"

"엄청나죠?"

회장은 스테인리스 통을 가리켰다.

"이렇게 빛이 강해질 동안 정작 빛이 못 빠져나가게 통으로 둘러싸여 있잖아요?"

회장은 레이저 통 끝을 가리켰다. 빛이 쏘아지는 구멍은 빛의 탈출구였다.

"아인슈타인이 만든 탈출구죠. 하하. 이렇게 강해진 빛들이 통 안에서 탈출구를 찾아 통 바깥으로 나가는 빛이 레이저인 거예요. 이게 지구에서 가장 강한 빛을 만드는 방법이에요."

"가장 강한 빛…!"

"네. 같은 빛들을 두 배씩 끌어당기게 가두리를 친 다음에, 그 강해진 빛을 해방시켜주면 되는 거죠."

R은 고개를 끄덕였다.

"그래서 레이저 통에서 강한 빛이 나오는 거군요."

"우리 인간의 몸도 레이저 통과 같아요. 우주에는 단서가 많답니다."

"단서요?"

"몸속 에너지들도 똑같이 못 빠져나가고, 그 안에서 강해지도록…."

회장은 글자 하나하나를 음미하며 말했다.

"신도 인간의 몸을 살로 덮어놨거든요."

아… 순간 R은 감탄했다.

"레이저 통 안에서의 1초를, 인간의 1살이라고 생각해보세요. 그리고 60초를 다시 들여다보세요."

"그렇지만 저는 이제 너무 늙었어요."

"빛에 나이 든 빛과 젊은 빛이 있던가요?"

회장의 말에 R은 다시 한번 감탄했다.

"레이저 통은 오히려 시간이 지날수록 빛이 강해지죠."

R은 다시 자신의 시계 초침을 들여다보았다. 점점 빛이 차오르는 느낌이 들었다. 52초, 52살… 인간에게는 얼마나 많은 빛이 살 안에 쌓여 있을까. 1년에 1개의 에너지만 2배씩 늘어나도, 52세가 되면 억 단위를 넘어서 2,000조에 달하는 에너지가 몸속에 가득 차게 된다. 이 에너지가 한 번도 몸 밖으로 빠져나오지 못했다면? 되레 살아가는

내내 계속 삶이 어둡다고 생각한 사람이 있다면?

"회장님, 그렇게 강해지는 빛들은 인간에게는 어떤 것들이 될까요?"

"뭐든 될 수 있죠. 돈이든, 공부든, 사업이든 인간이 꿈꿀 수 있는 건 뭐든지 레이저 통의 원리대로 강해지죠."

R은 고개를 갸웃하다가 물었다.

"무슨 뜻이죠?"

"장난감 레이저요. 이 안에서 일어나는 변화는 원자들의 변화거든요. 그럼 우리는 무엇으로 이루어져 있을까요?"

회장의 질문에 R은 얼마 전 라디오에서 들었던 말이 생각났다.

"세상은 다 원자로 이루어져 있죠."

회장은 고개를 끄덕였고, 다시 물었다.

"그럼 이 현상이 레이저 통 안에서만 일어나는 걸까요?"

R은 놀란 표정을 지었다.

"당연히 아니겠죠. 인간이 하는 일과 레이저 통 안에서 일어나는 변화가 궁극적으로는 같은 원리겠군요! 다들 원자 덩어리이니!"

"정확해요. 인간은 하루, 이틀, 사흘. 이렇게 1, 2, 3의 세계로 살아간다 생각하지만, 정작 원자 세계에서의 인간의 모든 노력들은 1, 2, 4의 세계로 증폭하죠. 인간뿐만이 아니에요. 돈도 원자 덩어리일 뿐이에요. 그러니 1, 2, 4의 세계로 증폭하죠. 책도 원자 덩어리일 뿐이니 그걸 두뇌 속에 넣으며 공부하는 행위도, 그리고 사업을 하는 것도, 다 똑같이 1, 2, 4, 8, 16…의 시간대로 증폭해요. 꿈을 꾸는 것들의 파동이 점점 강해져서 파도가 되는 거예요."

"오…."

R이 감탄하자 회장은 웃었다.

"아까 매장 250개를 축하한다고 하셨죠? 그런데 매장도 우주에서 보면 동그란 지구 위에 똑같이 생긴 입자들이 늘어나는 과정이죠. 우리가 레이저 통 안에 입자들을 보듯이요."

정말 그랬다. 장난감 레이저 통 안에 입자가 1개, 2개, 4개로 늘어나는 것과 지구라는 통 안에 똑같이 생긴 매장들이 1개, 2개, 4개로 늘어나는 것은 무척 닮은 현상이었다.

"세상의 모든 것은 원자니까요. 레이저는 성공의 비밀이 되죠."

회장은 다시 웃으며 자신의 매장 개수가 적힌 칠판에 레이저를 쏘았다.

'256개.'

R은 레이저가 그리는 동그라미를 홀린 듯 바라봤다.

"이 레이저 통 안에서 일어나는 일이 여기서도 똑같이 일어났을 뿐이에요."

"그러면 제가 회장님을 처음 봤던 그 매장이…."

R은 어느새 자기보다 어린 사람을 마치 스승처럼 대하고 있었다.

"최초의 완전한 1개의 매장이 되어야 했죠. 그때 너무 까다롭게 굴어서 죄송합니다. 저는 완전하게 만들어서 완벽하게 복사하고 싶었어요."

R은 레이저 통 속의 숫자들을 떠올렸다.

'250개의 매장이면… 1, 2, 4, 8, 16, 32, 64, 128, 256… 대략 9단계까지 만든 거구나.'

"250개 매장이면 여섯 개만 더 채우면 레이저로 따질 경우 9단계

궤도까지 올라왔군요."

"맞아요. 처음에 평범하게 1, 2, 3으로 가는 게 아니지요. 1, 2, 4로 두 배씩 늘리려는 마인드셋으로 바꾸셔야 합니다."

"그러면 목표로 하신 1만 개 매장은…."

"계속 두 배씩 곱해보세요."

R은 계산해봤다.

"256, 512, 1024, 2048, 4096, 8192, 16384! 15단계군요! 아까 1만 개를 달성한다는 게 막연해 보였는데, 9단계에서부터는 엄청나게 빠르게 숫자가 붙는군요."

"맞습니다. 1단계, 2단계, 3단계는 겨우 1개, 2개, 4개로 속도가 더디지만, 올라갈수록 그 숫자들이 서로를 끌어당겨서 증폭의 속도가 엄청나게 빨라지기 시작하죠."

회장은 말을 이었다.

"보통 성공의 기운을 탄다고들 하잖아요? 막상 궤도에 올라타보시면 다음 단계로 올라가기가 무척 쉬워요. 아래가 탄탄하기 때문이죠. 저는 15단계까지 올라가고 싶어요. 그러면 워런 버핏만큼의 부자가 될 수 있거든요. 아참, 그때 진짜 감사했습니다."

"어떤?…"

"밀크셰이크 각도요. 1단계가 가장 중요한 시기거든요. 첫 1개를 1만 개까지 똑같이 복사하는 거니까요. 그 각도로 1만 개까지 잘 설치해볼게요."

R은 대답 대신에 그 장난감 레이저를 달라고 청했다. 회장은 웃으며 건넸다.

"우리 클럽에 들어오신 걸 환영합니다."

"네? 클럽요?"

"시간이 지나면 곧 알게 될 거고, 같은 파동이라면 다시 만나게 될 거예요."

"시간이 지나면요?"

"파동! 파동을 꼭 기억하세요. 시간은 파동을 위해 존재할 뿐이에요. 파동은 파도를 위해 존재할 뿐이고요."

'시간은 파동을 위해 존재한다…!'

회장은 의미심장한 말을 남기고 자리를 떠났다. 그날 이후로 R은 장난감 레이저를 담뱃갑 주머니에 항상 넣어 다녔다. 그러던 그가 1단계인 M의 첫 매장을 운영하고 있었다. '나도 두 배씩 늘릴 거야.' 이미 회장이 된 청년의 자아의 신화에 참여했으니, R 자신도 회장이 못 될 이유가 없었다. R은 종업원들이 다 퇴근하고 나서 회장이 줬던 장난감 레이저빔을 꺼내서 자주 매장 간판에 비췄다.

"윙…."

순식간에 날벌레들이 레이저빔을 향해 몰려들었다.

'이 매장을 완벽하게 완성해서 이 레이저빔처럼 증폭시키는 거야. 1만 개 매장까지.'

그리고 R은 M의 매장을 보며 그때 회장에게 했던 말을 다시 떠올렸다.

'솔직히 2개, 4개 늘리실 땐 이렇게 성장할 거라 예상하지 못했어요.'

R은 이제야 알아챘다. 세상은 2개, 4개… 늘리는 것이 불안한 자와 2개, 4개… 궤도를 딛고 올라가는 자로 나뉘는구나. 우리가 레이저 통

안에 입자들이 두 배씩 강해지는 것을 보듯, 우주가 지구 안에 성공한 사람들이 두 배씩 강해지는 것을 대하는 것도 정확히 똑같았다. 우주에서도 우리는 입자처럼 작게 보일 뿐이고, 이 꿈은 끊임없이 증폭하는 중이니까.

R은 회장에게 물었던 질문을 다시 되새겼다.

"혹시 에너지가 1개, 2개 다음에 3개로 늘어나면 안 되는 건가요?"

"그러면 그 빛은 강해지는 게 아니라 그냥 퍼져버려요."

"초반에 힘을 확 주면요?"

"빛이 이온화되면서 궤도를 이탈해버리죠."

"항상 같은 힘으로 쌓아야 하는군요."

"맞습니다. 기분이 태도가 되지 않아야 하죠."

같은 힘으로 쌓아 올린 1만 시간의 노력은 1만 배로 돈을 끌어당긴다는 원리다. 그리고 R은 실제로 청년이 회장이 되는 궤도를 다 지켜보았다. 자신도 그 궤도 위로 '하나, 둘, 넷!' 하고 올라가면 되는 거였다. 매일매일 같은 노력을 반복해서 3일 전의 나와 2일 전의 나와 1일 전의 내가 하나가 되면, 그 에너지는 레이저가 증폭되는 세상을 반드시 만나게 된다. 빛의 끌어당김은 모두가 빛이기 때문에 똑같이 열려 있었다. 우주는 항상 그게 어느 시점일지 인간에게 묻고 있었다.

"윙!"

레이저를 오래 켜두니, 날벌레들이 더 많이 달라붙기 시작했다. R은 오히려 기분 좋은 미소를 지었다. 매장 앞에 바글바글거리는 날벌레들이 곧 여기저기 새로 오픈할 가게에 몰려드는 손님들이라 상상해봤다. 쉰두 살의 얼굴에서 스물다섯의 생기가 어렸다. 중년이 청년이 되는 것은 놀랍게도 단순했다. 아이처럼 다시 꿈을 꾸기 시작하면 된다. R의 에너지는 대부분 그가 상상하는 힘에서 터져나온 거였다. R은 이 가게를 시그니처로 만들어서, 미국 전역에 교회 십자가처럼 퍼져 나가는 상상을 했다. 물론 이 대담한 상상은 R의 눈동자 속에서만 상영되던 비밀스러운 것들이었다. 하지만 몸속에서 도는 빛은 반드시 밖으로 퍼져나가게 되어 있다.

사람을 바꾸는 비밀은 단순하다. 바깥의 빛을 비추면 그 빛대로 몸속 수백억 개의 세포들이 따라 움직이고, 내면의 빛을 비추면 그 빛대로 몸속 수백억 개의 세포들은 다시 움직인다. 초점을 내면에 비추면 된다. 결국 자신이 에너지라는 것을 깨달으면 된다. 누구나 1개를 완벽하게 완성해서 1만 배로 증폭시킬 수 있다. 궤도를 이탈하지만 않는다면 궤도는 계속 다음 궤도를 끌어당길 테니 말이다.

1단계 1개의 입자가 2단계 2개의 입자를 끌어당기는 힘은 처음에는 약해서 이탈하기 쉽다. 하지만 14단계 8,192개의 원자가 15단계 16,384개의 원자를 끌어당기는 힘은 서로가 서로를 엄청난 힘으로 당기고 있기 때문에 쉬이 이탈하지 않는다. 그 끌어당김은 행성 간의 끌어당김에 비유될 정도였다.

성공한 사람들은 궤도에 올라탄 자들이었다. 평범한 사람들은 1단계에 마음이 들떠 2개를 만들고, 2단계에 더 들떠서 5개를 만들고, 3단계에 지쳐서 그만두는 자들이었다. 우주가 봤을 때는 어떤 에너지도 복사하지 못한 자들이었다. 반대로 1단계 태초에 1개를 완벽하게 만들고, 2개, 4개, 8개… 계속 반복하면 레이저 통 안에서처럼 모든 인간의 노력은 강하게 복사되기 시작한다. 우주가 봤을 때는 매일매일 같은 노력을 정확하게 반복하는 자들은 레이저를 발사하는 자들이었다.

R은 생각했다. '이미 1개는 완벽하게 만들었으니까.' R은 1년 뒤 달력에 동그라미를 쳤다. 누구도 1년 안에 뭘 해내라고 강요한 적 없었다. 쉰두 살에게 누가 뭘 해낼 것을 기대하겠는가? 하지만 R은 그런 의심이 들 때마다 주머니 속 레이저빔을 만지작거렸다. 레이저 통 속의 원자들은 무엇이든 매일 서로 복사되며 증폭한다. 같은 원자 덩어리인 R이 매일 반복하는 노력도 지구라는 동그란 통 위에서 원자들의 행위가 서로 무수하게 복사되며 증폭되는 것이다. 얼마나 강해질지 아직은 알 수 없지만…. 중요한 건 매일 같은 양의 노력을 쌓으면 끌어당김이 시작되고, 같은 것들을 끌어당길 때는 더하기가 아니라 곱하기가 된다는 것이 레이저의 법칙이라는 점이다.

이제 증폭할 것만 찾으면 된다. 그제야 R은 1년 내로 이루고 싶은 목표가 생겼다. 1개를 1만 개로 만들기! 완벽한 1개가 완전한 1만 개가 되는 광경을 보고 싶어졌다. 그는 파동을 만들기만 하면 된다. 파동은 파도가 된다. 궤도에 올라탄 파도는 갈수록 거세어진다. R은 50년 만에 온전히 자신의 에너지로 1년을 달릴 준비가 된 것이다.

결국 인간은 거대한 에너지 덩어리다

'달리긴 누가 달려.' 바틀비는 조금 전에 마지못해 동의했지만 다 늙은 행성이 갑자기 젊은 척하는 게 어이가 없었다. 시간이 지날수록 괘씸했다. 작심한 지 3일이 되던 날, 바틀비는 그냥 다 내려놓고 싶어졌다.

'뭔가 잘못됐어. 이 행성만 왜 이럴까. 피아노를 치던 옛 시절에 이어 이번에는 생뚱맞게 햄버거를 팔아야 하다니. 내 생도 할아버지처럼 낭비하는 거네? 나는 피아노도 햄버거도 다 싫어! 왜 내 의견은 안 물어보는 거야?'

"휴, 다시 반복이구나."

바틀비는 눈동자 행성에서 R의 하늘에 새겨진 별들을 반사시켜보며 말했다. 십 대에는 부모님의 뜻에 따라 대학을 결정할 때, 이십 대에는 피아니스트의 꿈을 결심했을 때 새겨졌던 별들이 반짝이고 있었다. 삼십 대부터는 캄캄하기만 했다. 반대로 샤인머스캣이 그토록 눈부시게 빛날 수 있었다. 그런데 이제 와 갑자기….

바틀비는 사실 이 모든 상황이 불만이었다. R만 늙은 게 아니었다. 눈동자 행성이 백내장, 노안을 품게 된 것처럼 자기도 그만큼 늙고 말았다. 십 대, 이십 대… 그때 내면으로 쏟아져 들어오던 빛과 역동적인 신체의 파동도 오로지 그때만 누릴 수 있던 것들이었다. 이제는 안정적으로 세상의 빛을 저장하며 샤인머스캣만 잔뜩 먹을 줄 알았다. 그런데 포도밭은 형체도 없이 사라져버렸다. 당분간은 행성 바닥을 기어다니는 미생물만 먹어야 했다. 마틸다와 몬스터들은 내 속도 모르고 저렇게 R의 행성에 새로운 별을 새겨 넣는 게 신났나 보다. 바틀비는 M이 했던 말들을 하나하나 곱씹어보았다. 인간의 평균 수명이라던 예순여덟이 되면 종국에는 이 행성도 사라질 것이다. 저 하늘에 별 한 자국을 더 남겨봐야 별 의미도 없다는 소리였다.

"미안한데, 나는 안 할래."

"미어캣이 감시를 안 하면 어쩌자는 거야?"

"마틸다 네가 멋대로 안을 비췄으니 스스로 책임을 져야 마땅하지."

마틸다와 바틀비가 다시 말다툼을 벌였다.

"너의 존재 이유? 이 행성의 존재 이유? R의 존재 이유? 그런 게 뭐가 중요하지?"

"너는 오직 샤인머스캣이 먹고 싶은 거구나."

"젠장. 내가 왜 이제 와서 다시 힘을 내야 하는지 모르겠다고. 솔직히 너는 뭐랄까 마치…."

"돌연변이?"

순간 바틀비가 자기가 할 말을 빼앗긴 듯 잠시 할 말을 잃었다.

"그래, 너는 돌연변이야. 이제 와서 왜 그래? M이 석양을 바라보며 자기 식당을 바라본다고 했잖아. 모든 게 평화롭고 더는 속 썩을 일을 만들고 싶지 않다고. 그게 내가 하고 싶은 말이야. 다시 빛폭주를 일으키겠다고? 오십 대 R의 늙은 심장이 감당이나 할 수 있을까?"

"이미 뛰기 시작했어."

"잠깐이겠지."

"바틀비. 빛폭주는 시작됐어."

"그래, 두뇌 안에서 빛들이 무한대로 반사되며 폭주하고 있지. 그걸 불과 몇 분 전에 다시 알려줘서 고마워. 그런데 그걸 왜 이 늙은 행성에 해야 되는지 나는 모르겠단다, 마틸다."

바틀비가 비아냥거리듯이 '마틸다'라고 다시 말할 때, 마틸다는 입을 다물었다. 둘은 엇갈린 말을 계속 반복하고 있었다. 바틀비는 반대를 위한 반대, 마틸다는 희망을 위한 희망…. 결코 같은 방향을 볼 수 없었다. 각자의 방향?… 마틸다는 불현듯 깨달았다. 결국 자신만 증폭하면 된다는 깨달음. 어차피 바틀비는 0을 향해가고 있었다. 어둠은 100명과 있어도 혼자 있는 것처럼 느끼게 만든다. 빛도 100퍼센트를 온전히 느끼려면 결국 혼자 서 있어야 한다.

"나만 제대로 증폭하면 되는 거였어."

"왜 외로운 표정으로 궁상떨고 있니?"

몬태그의 질문에 마틸다는 몸을 돌려 두뇌가 있는 쪽을 바라봤다.

"두뇌가 만드는 파동을 그냥 저 혼자 꿈꾸는 초점에 맞춰서 연결해주고 있으니까요."

"얘도 두뇌처럼 오만하게 생각하네. 두뇌가 뭐라고."

깜짝 놀란 마틸다는 두뇌에서 눈동자로 쏘는 빛을 다시 확인하며 물었다.

"이게 두뇌에서 나오는 빛, 아닌가요?"

"쯧쯧. 인간 두뇌는 신체에 2퍼센트만 차지해. 나머지를 이루는 98퍼센트를 왜 무시하니?"

"98퍼센트나요? 그 안에 세포들이 얼마나 많을까요?"

"계산기 꺼내서 계산해봐. 일단 몸에는 대략 100조개의 세포가 있어. 하나의 세포에는 대략 100조개의 원자가 있으니, 100조개에서 100조개를 다시 곱하면 돼. 그리고 그게 다가 아냐. 원자 하나당 다시 쿼크가 수십 개씩 살고 있거든? 그러니까 100조개에서 100조개를 곱해서 수십 개 쿼크까지 곱해주면, 이 몸속 모든 파동을 일으키는 주인공들의 숫자가 얼추 나오지."

마틸다는 고개를 절레절레 흔들며 계산기를 도로 주머니에 넣었다.

"안 해도 돼. 너는 쿼크 에너지가 끝판왕이라는 것만 기억하면 돼."

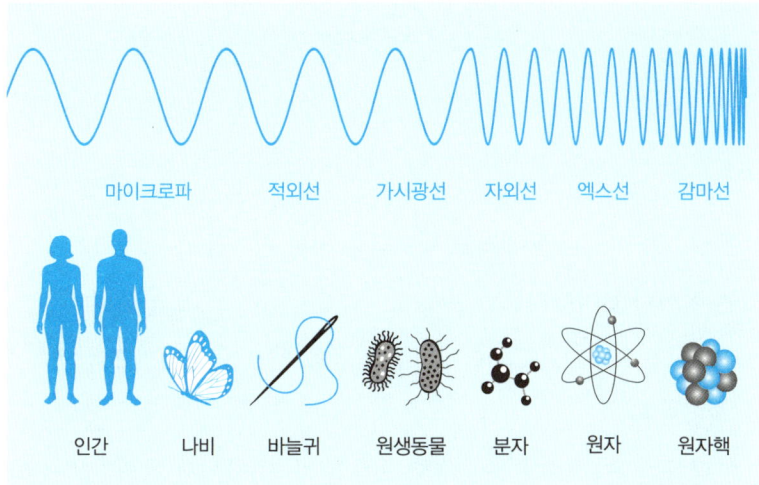

지구는 하루 한 바퀴를 돌 뿐이지만 그 위에 인간들은 쳇바퀴를 정신없이 돌린다. 인간도 하루를 보낼 뿐이지만, 그 안에 세포들은 정신없이 달린다. 당신이 꿈을 꾸면 정신없이 달리는 것들이 있다.

몬태그는 과학자들이 발견한 미립자 세계에 에너지의 힘을 보여줬다. 두뇌만의 일이 아니었다. 인간 몸속의 쿼크 단위까지 돋보기를 대자 그들이 거대한 에너지였다는 점이 밝혀졌다.

인간의 파동은 무겁고 천천히 움직이지만, 인간을 확대해서 쿼크까지 돋보기로 들여다보면 어마어마한 에너지를 갖고 있는 것이다. 돈에 압도되어 쓸 줄 모르는 조 단위 부자를 닮았다. 마틸다가 두뇌가 보내오는 내면의 빛에 오랫동안 초점을 맞춘 덕에 쿼크들의 에너지가 폭발하기 시작했다. 몬태그는 두뇌를 바라보며 말했다.

"쿼크 단위의 에너지를 보여줄게."

몬태그는 마틸다를 데리고 세포벽을 지나 원자를 스쳐 쿼크가 살고 있는 집까지 찾아갔다.

"자, 여기 귀마개. 곧, 어마어마한 굉음을 듣게 될 거니까 조심해."

"굉음요?"

마틸다가 묻는 것과 동시에 쿼크가 원자 집 안에서 고래고래 소리를 질러댔다.

"화장실 청소를 왜 안 했어?"

"매장 청결 누가 관리하고 있지?"

"지금은 15센트라도 15억 달러가 될 거라니까 그러네?"

마틸다가 화들짝 놀랐다.

"이거 R이 바깥세상에서 늘 하던 말이잖아요?"

"쿼크들은 이미 세포벽 그리고 원자 속에 깊게 갇혀서, 밖과 실제를 구분하지 못해."

"맙소사…."

"쿼크들은 자신이 곧 R 자체인 줄 알고 있지."

"거기다 자신의 집을 M 매장이라 생각하고 있네요?"

과학자들이 쿼크들의 속도를 측정한 결과 빛의 속도에 가까웠다. 쿼크들은 정말 작지만, 정말 강력한 에너지를 인간 몸에 가득 뿜어내고 있었다. 과학자들은 인간의 에너지가 헤아릴 수 없는 쿼크들의 에너지에서 나온다는 것을 발견했다. 몬태그는 마틸다의 귀를 바라보았다.

"귀마개 잘 끼고 있니?"

몬태그는 마틸다의 귀마개를 체크한 뒤 쿼크 한 개의 집을 나와서 100조개가 되는 원자 속 쿼크를 모두 보여주었다. 모두 R의 말을 끊임없이 반복하고 있었다.

"지금은 15센트라도 15억 달러가 될 거라니까 그러네??"

"지금은 15센트라도 15억 달러가 될 거라니까 그러네??"

"지금은 15센트라도 15억 달러가 될 거라니까 그러네??"

"악! 너무너무 시끄러워요."

몬태그는 마틸다의 입 모양을 보고 얼른 마틸다를 데리고 나왔다.

"이제 네가 뭘 비추는 건지 알겠지?"

마틸다는 황홀한 듯 고개를 끄덕였다.

"두뇌가 아니라 몸속의 본질, 쿼크들이었군요."

"잘 모셔라."

몬태그가 진지하게 말했다.

"100조개의 회장님들이 몸속에 살고 있단다."

마틸다는 100조개의 꿈이 이루어지는 것에 황홀함과 소름을 동시에 느꼈다.

"E=MC²이란 말 들어봤니?"

몬태그가 물었다.

"그거 아인슈타인이 발견한 거잖아요?"

"방금 너도 발견한 거잖니."

"네?"

마틸다는 당황했다.

"E=MC²이 무슨 뜻인 줄 아니?"

"몰라요. 그냥 유명한 공식이란 것만 알아요."

"E는 에너지, M은 질량, C는 빛의 속도."

"빛의 속도면 엄청 큰 값이지 않나요?"

"심지어 제곱이란다."

"빛에 속도가 붙으면 질량 따위는 아무리 작아도 중요하지 않겠어요."

"방금 너도 봤잖니."

마틸다는 그제야 이해가 되었다.

"제가 방금 본 쿼크를 말하는 거군요."

"인간은 신이 살로 덮어놓은 거대한 쿼크 국가 같은 거야. 인간의 의지는 곧 쿼크의 의지이며, 인간의 열정은 곧 쿼크의 열정이지."

마틸다에게는 지금은 15센트라도 15억 달러가 될 거라던 쿼크들의 합창 소리가 다시금 굉음처럼 들렸다. 귀마개를 안 꼈으면 큰일날 뻔했다.

"그 힘은 인간 전체를 바꿀 수도 있지만, 지구 전체를 부술 수도 있지."

몬태그의 말에 마틸다는 다시 놀랐다.

"지구 전체를요?"

"원자폭탄 모르니?"

마틸다는 그제야 R이 〈뉴욕타임스〉 1면 사진을 보고 충격받았던 일이 떠올랐다.

"여보, 일본에 원자폭탄이 떨어졌대."

R이 공포에 떨며 말했던 게 떠올랐다.

"그때 떨어진 원자폭탄이 어느 정도 무게였는지 아니?"

마틸다는 고개를 휘저었다.

"겨우 인간 백여 명의 무게였어. 그게 한 나라를 지도상에서 없앨 뻔했지."

마틸다는 그제야 쿼크들의 에너지가 황홀함과 동시에 공포로 다가왔다. 몬태그는 1945년에 일어난 원자폭탄 투하 사건을 떠올리며 말했다.

"그러면 저 쿼크들의 에너지도 인간 몸속에서 원자폭탄의 역할을 하기도 하나요?

"파괴할 때는 원자폭탄급으로 인생을 초토화시키고, 꿈꿀 때는 원자폭탄급으로 인간을 초인 모드로 바꾸지."

파수꾼은 잠시 온몸을 떨었다.

마틸다는 이제 눈동자 행성에서 쏘는 빛이 두뇌만의 고루한 빛이 아니라는 것을 깨달았다. R이 행동으로 하루의 파동을 만들 때, 쿼크는 같은 파동을 극단적으로 짧게 반복해서 에너지를 극단적으로 높였다.

"쿼크의 저 혈기 왕성함을 보니까, 인간의 나이 구분도 참 무의미하게 느껴지네요."

마틸다가 말했다.

"결국 십 대, 이십 대, 삼십 대… 이런 나이의 배열이 중요한 것이 아니네요. 진짜 인간을 움직이는 것은 나이가 아닌 쿼크니까요."

몬태그는 고개를 끄덕였다.

"그러니 인간의 노력이 3일 전의 자신과 2일 전의 자신과 1일 전의 자신과 완전하게 똑같을 때, 헤아릴 수 없이 많은 쿼크로부터 헤아릴 수 없을 강력한 힘이 생기는 거지."

마틸다는 경이롭다는 듯 고개를 끄덕였다.

"R은 쉰두 살의 늙음과 상관없이 빛의 파장을 만드는 거대한 에너지 덩어리라네."

몬태그는 말을 이어나갔다.

"빛은 늙지 않지. 늙은 빛이란 건 우주에 존재하지 않아."

마틸다는 몬태그의 말에 감탄했다.

$E = MC^2$

"지금은 15센트라도 15억 달러가 될 거라니까 그러네??"

R은 몸속에서 온몸의 세포가 소리를 지르는 꿈을 꿨다. 대륙의 모든 인구가 같은 소리를 동시에 내지르는 느낌이었다. 이상한 꿈이라 여기면서 훌훌 털고 정장을 차려입었다. 출근길에 라디오를 틀자, 한 과학자가 출연해 인간은 사실 1퍼센트의 무게밖에 되지 않고, 99퍼센트는 입자들이 뛰어다니는 에너지라는 점을 말하고 있었다. 이 에너지들을 매일매일 같은 방향으로 같은 파동으로 설계하면 강력해진다고 말했다.

다음 날, R은 다시 가게에 새벽 청소부와 같은 시간에 근사한 양복 차림으로 출근했을 때, 한 청년이 자신과 자신의 가게를 스파이처럼 훔쳐보고 있는 것을 눈치챘다. '아직 매출도 많지 않은데, 벌써 내 것을 베끼려고 하는 건가.' R은 찝찝했지만 그 청년을 못 본 척했다. '내가 다섯 시간 동안 M 매장을 몰래 관찰했을 때, M도 아마 이런 기분이었겠군….' 그제야 R은 M에게 조금 미안한 감정이 들었다. R은 평소처럼 매장을 정비했지만 평소보다 예민해지기 시작했다. 오후가 되었다. 그 청년이 R의 사무실로 들어왔다. 비서는 그가 미팅을 원해서 스케줄을 잡아두었다고 했다. '뭐 하는 놈이지?' R은 오전 내내 불쾌했던 시선을 기억하고 있었기 때문에, 청년을 경계하는 말투로 맞이했다.

"오전에 사장님이 정장 차림으로 화장실 청소를 돕던 모습을 봤습니다."

"알고 있다네."

"보고 있던 저를 보셨군요."

"그래, 용건이 뭔가?"

청년은 자신의 이력을 가득 적어놓은 서류를 꺼냈다. 학력도 화려했고, 경력도 화려했고, 그럼에도 무척 젊었다.

"사실 사장님을 지켜본 지는 꽤 되었습니다. 저는 사장님의 사업이 여기서부터 시작하는 거라고 확신을 갖게 되었습니다."

"어떻게 알았나."

"여기는 모든 게 복제될 수 있는 것들로 가득합니다. 햄버거 가게가 아니라 마치 자동차 공장 같죠. 그 과정을 치밀하게 준비하는 사장님을 보며 확신이 들었습니다."

"그래서 뭘 말하고 싶은 건가?"

"저도 이 사업을 키워갈 두뇌가 되고 싶습니다."

R은 순간 당황했다. 군인처럼 짧게 자른 머리와 지극히 단정한 태도로 자신에게 방금 저 말을 하는데 R은 어떻게 답을 해야 할지 한참을 망설였다. 자기가 그럴싸한 명문대를 나온 것도 아니고 그럴싸한 무언가의 이력이 있는 것도 아닌데, 어떻게 이런 훌륭한 인재가 들어온다는 건지 의아했다. '내가 돈이 많아 보이나?'

"미안한데, 우리는 아직 시작하는 단계라서 자네 같은 인재를 고용할 만큼 여유가 없다네."

"제가 노력해보겠습니다."

그 뒤로 청년은 자신이 R에게서 본 비전을 한참 설명하면서 지금 버는 돈이 아니라 앞으로 버는 돈의 일정 지분을 원한다는 제안까지 했다. 무려 한 시간이나 떠들었다. R은 결국 참지 못하고 웃음을 터뜨려 버렸다.

"하하하. 사실…."

R은 M의 놀라운 시스템을 수십 년 만에 처음 발견했던 과정과 M을 설득하려고 흥분했던 자신의 몇 달 전 모습을 청년에게 있는 그대로 다 이야기해주었다.

"그리고 내가 웃은 건…."

"그때의 기회를 본 사장님과 지금 기회를 본 제 모습이 너무 비슷해서였군요."

"그렇다네."

"사장님, 이 사업은 반드시 성공할 겁니다. 저도 꼭 함께하고 싶습니다."

'이건 무슨 끌어당김인 거지?' 오십 대인 자신과 삼십 대의 단정한 청년이 한 공간에, 한 꿈을, 한 시점에 꾸겠다는 것도 신기했다. 학연, 지연, 인연 그 셋 중 무엇 하나로 연결된 것도 아니었다. 언제 봤다고 생판 모르던 자기랑 단판 짓자며 설득하는 저 모습이라니…. 모든 연(緣)을 넘어서는 무언가를 필연으로 만들려는 모습이었다.

'학연, 지연, 인연과 상관없는 필연이라….'

R은 자기가 걸어온 영업직이 한평생 사람을 끌어당기는 일이라 믿어왔다. 사람을 끌어당기는 재미가 영업의 첫 번째 매력이었다. 학연에 기대서 제품을 팔 때도 있었고, 지연과 인연까지 다 엮어서 실적을 올릴 때도 많았다. 초등학교 동창회도 제일 먼저 만들었고, M도 그 많은 인간관계의 뿌리들 속에서 발견한 한 명이었다. 그런데 그들과

만날 때마다 술자리에서 그리고 카페에서 딱 그 자리에서 할 법한 이야기들만 시시콜콜 늘어놓다가 사라졌다. 가히 공허함을 끌어당겨온 세월이었다. 이게 정말 사람을 끌어당기는 일이었을까?

그러나 이번에는 조금 달랐다. 내면의 모든 기운을 오직 하나의 꿈을 향해 끌어당기자, 엄청난 스펙의 사람이 별 다른 노력 없이 눈앞에 끌어당겨졌다. 자질구레한 이야기들은 필요없었다. 바로 본론으로 들어왔다. 바로 수십 년간 서로가 원하던 자아의 신화에 깊게 빠져들 수 있었다. R은 어찌 보면 저절로 굴러 들어온 청년을 보며 생각했다.

'그냥 내가 나를 끌어당기면 되는 거였구나.'

R은 내면에서 어떤 깨달음이 올라오는 걸 느꼈다. 왜 이제야 알게 된 걸까? 왜 수십 년간 단 한 명과도 깊은 변화를 말할 틈새도 없이 흘려보낸 걸까? R은 이 깨달음을 공식으로 만들어보고 싶어졌다. 마침 회장이 줬던 주머니에 든 장난감 레이저가 떠올랐다. 레이저를 만지작거리던 R은 아인슈타인이 만든 유명한 공식 하나가 떠올랐다.

"$E=MC^2$."

'1917년, 빛은 하나, 둘, 셋으로 늘어나는 게 아니라 끌어당김(Magnetic) 법칙으로 하나, 둘, 넷으로 늘어나는 게 밝혀졌고….'

R은 더 깊은 생각에 잠겼다.

'이 빛을 키우는 인간은 어제와 오늘을 똑같은 파동으로 만들어 파도가 될 수 있게 복사(Copying×Copying)를 하고 있지.'

그리고 이것이 바로 성공할 수 있는 에너지였다!

'$E(Energy) = M(Magnetic) \times C^2(Copying \times Copying)$'

과학자는 빛의 속도와 질량을 이야기했지만, R은 인간의 하루와 반복을 이야기했다. 둘 다 같은 것을 말했다. 훗날, 한 철학자는 R의 발견에 감탄하며 자신의 명상록에 그 공식을 메모했다.

　R은 자주 혼자만의 세계에 빠지는 버릇이 있었다. 현실로 돌아온 그는 물 한 모금을 들이켰다. 정신을 차려 눈앞에 있는 청년에게 집중했다. 무엇보다 이 청년은 자신을 하루이틀 관찰한 게 아니란 점을 알 수 있었다. 과거 M을 몇 주 몇 달 관찰했던 R처럼, 케임브리지 일리노이주에 한 명문대 출신의 청년이 R을 그렇게 오랫동안 관찰해온 것이다. 사람을 관찰하는 것에는 그만한 힘이 있다. 바깥의 빛은 눈동자에 광속으로 전달되지만, 내면의 빛은 눈동자가 두뇌에서 가져와야 한다. 그래서 사람은 눈을 마주치며 대화를 나눈다. 서로가 내면의 빛이 같은지를 확인하면서 친해지고 진해지고 합쳐진다. 청년의 눈을 들여다보자 자신과 같은 울림을 품고 있다는 것을 느낄 수 있었다. R은 이제 사람을 만날 때 그 사람이 가진 파동이 서서히 느껴지기 시작했다.

　'레이저에서 같은 에너지끼리 합치면 더하기가 아니라 곱하기가 된다고 그랬지?'

　R의 이 간절함과 청년의 저 간절함은 똑같은 파동을 이루고 있기에 곱하기가 될 것이다.

　간절함의 제곱은 어느 정도로 강력해질까? 이제 혼자가 아니다. 같이 증폭할 사람도 찾았다.

　R은 청년의 진지한 눈빛을 들여다보다가 결심했다.

　"좋네, 오늘부터 자네는 나와 함께할걸세."

빛은 젊은 빛과 늙은 빛이 없다. 파동만 있을 뿐이다.

R은 이제 더 넓은 빛을 비출 시점이라는 것을 깨달았다. 이 청년은 다음 날부터 똑같이 제냐 정장을 입고 R의 일거수일투족을 복제하기 시작했다. 사람이 사람을 따라 하는 모습은 오묘했다. 가방끈이 짧은 자신을 정말 상위 0.1퍼센트의 머리 좋은 사람이 와서 그대로 복제한다는 것이 신기하면서도 낯설었다. 내 안의 우주가 완성되면 바깥의 우주는 내가 품은 우주 그대로 복제되는구나. 진짜 끌어당김은 진짜 나를 향할 때였어.

'오직 확신만이 확산될 수 있는 세상이야.'

R은 자신과 똑같이 새벽에 나와서 새벽에 퇴근하는 모습에 감탄하며 메모했다. R은 M이 했던 말이 떠올랐다. '하지만 막상 자네 의견대로 내가 해본다 해도 말이지…' M의 저어하던 표정도 떠올랐다. '우리 대신 식당을 그만큼 몇 배로 열어줄 사람을 어디서 찾을 수 있겠나?' M이 걱정하던 모든 것을 R은 결국 죄다 끌어당겼다. 방법도 간단했다.

'내 안에 파동이 강해지면, 바깥에 같은 파동을 가진 것들이 다 끌려

온다.'

R은 황홀한 표정으로 중얼거렸다.

"내가 품은 우주 그대로 복제되는 세상이라니."

그렇게 R과 청년은 연결된 서로의 파동으로 열심히 일했다. 1년 정도 지났을까. R과 청년은 드디어 미국 어디서든 복제될 만큼 완벽한 햄버거 가게 시스템이 탄생했다는 것을 깨달았다. 1년 동안 4가지 원칙이 생겼다. 품질, 서비스, 청결, 가치. 이 4가지 원칙을 엄격하게 적용하면 어디든 똑같은 가게로 관리할 수 있었다. R과 청년은 그 원칙을 완성했고, 원칙이 법칙이 된 순간부터 월스트리트의 두뇌를 가진 청년은 R이 생각한 대로 바로 일리노이주 카운티 사거리에 여기저기 햄버거 가게를 열기 시작했다. 결과는 대성공이었다. 공장에서 수많은 공산품이 제조라인을 흘러가는 것처럼, 쉴 틈 없이 가게가 지어지고 있었다. 단순한 돈을 넘어서 땅이 복제되고 있었다. 전략가인 청년은 단순히 임대한 건물에 가게를 오픈할 것이 아니라, 가게를 짓는 땅도 그만큼 사업에 도움이 될 거라고 조언했기 때문이었다. 그리고 곧 부동산 폭등장이 찾아왔다. 모든 게 너무 순조롭고 빠르게 큰돈을 향해 증폭해 당황스러울 정도였다.

가능성을 축소해 바라보던 M은 수십 개의 점포가 늘어나자 복잡미묘한 표정을 지었다. 500만 원이던 게 500억이 되니 야릇한 기분이었다. 오션 뷰 아파트를 내놨다는 소문이 들렸다. 이거 다 자기 아이디어였다고 분노하던 뒷담화도 들려왔다. 어쨌거나 중요한 건 R과 청년의 증폭은 멈추지 않았다는 것.

완전히 같은 메뉴판, 같은 백화점 분위기, 같은 가격. 그리고 둘은

5년 만에 100개 매장을 오픈했다. 100개마저도 튼튼한 1,000개의 매장을 열기 위해 서서히 오픈한 속도였다. 100번째 매장을 오픈하던 날, 무언가에 홀린듯이 R과 청년은 첫 번째 매장에 방문했다.

"이 밤에 전광판에 몰려드는 곤충 떼를 보고 문득 나와 자네 같다는 생각을 해본 적이 있네."

"무슨 말씀이세요?"

"빛을 보고 그 빛에 황홀함을 이기지 못해 그 방향으로 끌려갈 수밖에 없는 느낌 말일세."

R은 다시 첫 번째 매장을 열던 때로 되돌아간 것 같았다.

첫 매장을 열 때의 뭉클함이 지금도 느껴졌다. R은 혹시나 운명이 자신을 첫 번째 매장부터 다시 시작하라고 가혹하게 되돌린다 하더라도 이 길만큼은 다시 걸을 거라고 생각했다. 피아니스트라는 꿈으로 충분히 아파할 것이고, 영업 사원으로서 온갖 것을 다 팔아볼 것이고, 마지막 순간에 이 하나의 매장에서 다시 시작할 것이다.

"다시 그때로 되돌리신다 하더라도, 그러겠습니다."

R은 기도를 하며 나지막히 중얼거렸다. 청년은 그의 입 모양을 보고 혼잣말을 다 알아들었다.

"첫 매장!"

청년은 그때를 떠올리며 말했다.

"그래서 그때 다른 직원들 다 퇴근한 이후에도 가게 간판을 한참 쳐다보셨던 거군요?"

"하하. 자네, 그것도 관찰했었나?"

"제 모든 것을 걸었는데 그 정도는 기본이죠."

청년은 그때를 떠올리다가 불현듯 궁금했다.

"아, 그리고 그때 매일 밤 불 꺼진 가게 간판을 장난감 레이저로 쏘시던데, 왜 그러셨어요?"

'헉!' R은 별안간 놀란 표정을 지었다. 청년은 처음으로 R에게 항상 궁금했던 것을 물어봤고, R은 뭔가 자신의 내밀한 리추얼을 들킨 기분이었다. 매일 밤 하루 일과가 끝날 때마다 오늘의 간절함을 어제처럼 똑같이 해냈다는 의식이었다. 스스로 같은 노력으로 잘 증폭하고 있다는 것을 되새기는 의식이었다.

'인기척을 못 느꼈었는데… 이제 레이저 이야기를 들려줄 때가 되었구나.'

그러려면 깊은 대화가 필요했다.

"그래서 말인데 자네, 그 잘 나온 대학과 잘나가는 회사를 걷어차고 나한테 온 진짜 이유가 뭐였나?"

청년은 전광판에 달라붙은 불나방 한 마리를 가리켰다.

"저 불나방한테 물어보고 올까요?"

청년은 자신의 농담에 R이 반응하지 않자 머쓱해하다가 진심을 털어놓았다.

"여기에 빛이 있었습니다."

청년은 잠시 침묵하다가 말했다.

"아, 물론 최고급 정장 차림으로 화장실 청소를 돕던 사장님의 모습이 특이해서 호기심이 일었던 것도 사실이죠. '뭐 이런 곳에서 이런 사람이 이런 걸 하고 있지?' 하고 홀린 듯 한참 바라보게 되었죠. 그런데 사장님, 저희 아버지가 어떤 사람이었는지 아십니까?"

"그거야 모르지."

"저희 아버지도 경영학과를 나오셨습니다. 역시 명문대였죠. 저도 아버지가 나온 같은 대학을 나온 겁니다. 저의 자부심은 엄청났죠. 좋은 회사를 들어갈 때도 그랬고요. 그런데 딱 거기까지였습니다. 그다음부터 세상이 온통 회색빛이 되더군요."

R은 항상 밝던 청년의 표정이 처음으로 어두워지는 것을 봤다.

"아버지는 20년을 20일처럼 그 회사에 다녔습니다. 그런데 저는 20일만 다녀봐도 알겠더군요."

"이렇게 20년을 살아야 한다?"

"그렇죠. 그러다가 이 구역에 이상한 어른이 운영하는 가게가 있다는 소문을 들었습니다."

"아니, 사람들이 나를 그렇게 말했나?"

"모르셨어요?"

"몰랐네."

"사실 사장님의 첫 매장 부동산 중개업자가 저희 이모부예요. 사장님께서 이모부한테 그러셨죠. 이 매장이 시작이라고, 이제 이 구역 전체로 뻗어나갈 거라고. 이모부가 저한테 말씀하시더군요. 들어오는 족족 망하는 상권에 이상한 꿈을 꾸는 어르신이 왔다고."

R은 순간 속이 쓰라렸다.

"저도 처음엔 우연히 구경 삼아 갔다가 이렇게 되어버렸네요. 사장님이 매장 마감 시간까지 켜둔 빛은 어디서든 켤 수 있는 빛이었습니다. 제가 경영학에서 배운 표준화, 품질, 신속성이 완벽하게 맞아떨어졌죠. 사장님은 대학을 나온 적이 없다고 하셨죠?"

"그렇네."

"하지만 제가 보기에 사장님은 대학원까지 다 다니고 탄탄한 이론으로 무장한 분 같습니다. 박사님 같았어요. 아니고서는 이렇게 복제 가능한 놀라운 매장을 만들 수가 없어요."

"사실 학력이 중요한 건 아니지. 자네 혹시, 초등학교 과학 시간 때 눈동자의 원리를 배웠던 거 기억하나?"

"당연하죠. 제가 안경을 쓰고 있어서, 더 집중하며 들었던 기억이 납니다."

"우리가 바깥을 보는 게 사실은 두뇌까지 있는 그대로 전달되는 게 아니라는 거 혹시 기억하는가?"

"예. 우리가 앞을 볼 수 있는 건 눈동자에 빛을 굴절시키는 기관이 있고, 그 굴절 덕분에 빛을 하나로 모을 수 있는 거죠. 정작 빛을 굴절시키면 눈동자 안에서는 빛이 서로 반대로 부딪혀서 들어가니 눈동자 뒤쪽에 거꾸로 세상이 맺히게 되죠. 그게 그대로 두뇌로 들어가면 큰일나니까, 눈동자에 맺힌 빛을 두뇌로 보내는 과정에서 전기신호들이 거꾸로 된 빛을 원래대로 한 번 반전시켜서 보내고요."

청년은 명문대 출신답게 R을 가르치듯이 상세히 알려줬다.

"그런데 이걸 왜 물어보시죠?"

"쉰두 살에 지금 내 눈은 어떨 거 같나?"

"음… 혹시 앞이 침침하신가요?"

"하하. 그렇기도 하네. 그런데 말일세. 내가 가방끈이 짧아서 그런가. 나는 초등학교 때 배운 내용이 살아볼수록 참 기억에 남더라고. 엄밀히 말해 우리가 보는 세상은 바깥 그대로 들어온 것이 아니라 눈동자에서 한 번 해석한 세상인 거거든."

"오, 그런 생각은 못해봤어요. 그렇지만 결국 눈동자에 들어온 빛은 처음에는 뒤집혀 있었고, 두뇌에 도달하기 전에 빠르게 그걸 교정하는 거니 해석한 세상이란 말씀이 맞죠."

"나는 그때 배운 것을 반대로 생각해봤네. 두뇌에 해석된 세상이

들어오는 거라면 반대로 두뇌가 생각한 세상을 내보낼 수도 있지 않을까?"

"흥미진진해지는데요?"

청년이 말했다. R의 표정도 갈수록 힘이 들어갔다.

"나는 어릴 때 별명이 몽상가였다네. 항상 세상을 있는 그대로 보기보다는 '나'대로 보곤 했지. 어머니는 돌아가셨지만 늘 뭔가 잡다한 꿈을 꾸던 나에게 '몽상가'라고 웃으며 놀리기도 하셨어. 이십 대가 되어서도 '우리 몽상가 아들'이라고 하셨지."

R은 그때를 되돌아보는 모습이었다.

"그 과정에서 중요한 것을 깨달았네. 눈동자가 세상의 빛을 받아들이게 설계되어 있는 만큼 눈동자도 자신이 만든 빛을 내보내고 싶어 한다는 것을. 자네 혹시 레이저빔 원리를 아나?"

"예, 그것도 초등학교 때…."

"레이저는 빛을 양쪽에 거울을 두고 가둬버리는 것에서 시작하지. 빛이 곧 엄청나게 강해질 거라서 이들이 도망가면 안 되거든. 말 끊어서 미안하네."

"그러려면?"

"빛을 백 퍼센트 반사시키는 것은 거울밖에 없지. 최초의 빛에 에너지를 공급하면 이들이 거울 사이를 무한대로 왔다 갔다 하며 증폭되다가, 어느 순간 한계를 넘어설 때 바깥으로 툭 튀어나오기 시작하네. 그게 아인슈타인이 발견한 레이저지."

"그렇죠."

"그렇다면 두뇌가 무언가를 상상할 때 맺히는 이미지들도 빛의 한 종류 아니겠는가? 그 빛들이 간절해지면 어느 순간 한계를 넘어설 때 빛줄기처럼 바깥으로 툭 튀어나올걸세. 나는 그걸 많이 경험해봤네. 우리가 지금 100개의 매장을 만들고 왔지만, 나는 이미 이 지역에 100개의 매장이 생겨나는 걸 그 현장에서 수천 번은 간절하게 상상했어. 저 가게의 간판이 내려가고 내 가게 간판이 보일 정도였지. 내가 만나본 수많은 성공한 사업가 친구들이 다 이렇게 시각화 과정을 반드시 거쳤더군. 행여나 남들이 알았으면 남의 멀쩡한 매장 앞에서 뭔 망상이냐 했겠지만, 나에게는 그게 레이저처럼 내 두뇌에서 눈동자를 지나 강하게 쏘던 빛줄기였다네."

"결국 그 가게들은 지금 다 우리 매장이 되었죠."
청년은 눈을 동그랗게 뜨고 답했다.
"더 놀라운 것은 이 모든 게 파동이란 사실이네."
R은 매장 간판을 바라보며 말했다.
"이제 파도가 될 거고."

R은 M의 간판에 파동이 지구 전역으로 이어지는 파동이 되는 모습을 상상하며 말했다.

"나는 평생을 몽상가라고 놀림받았지만, 사실 나는 내가 꿈꾸는 모습을 만들어서 바깥세상에 합성하는 것을 좋아했어. 기분이 좋아지거든. 저 비싼 아파트에 내가 살고 있는 모습, 저 매장에 내 손님이 몰려드는 모습, 내 매장이 여기저기 퍼지는 모습, 돈이 계속 복제되어 경제적 자유를 이룬 모습… 십 대 때는 워낙 하고 싶은 게 많아서 도전한 건 많은데 잘되는 건 없었지. 이십 대 때도 마찬가지였네. 그러다 지금 나이쯤 오니까 인생이 간절해지고 어떤 것만 봐야 하는지를 깨닫게 되었다네. 결혼이랑 비슷한 거야. 마음에 드는 이성을 뚫어져라 쳐다보다가 그 사람과 평생을 이어나갈 만큼의 에너지가 생겨나고, 결혼하자는 말이 툭 튀어나와서 한 사람과 한 인생을 끝까지 가보는 것처럼 말이야. 하지만 반대로도 생각해보게. 세상에 얼마나 많은 사람들이 있는가. 그런데 그 세상 속에 단 한 사람을 선택해서 그 사람에게 자신의 모든 인생을 하나로 합치지. 무수한 빛들 중에 단 하나의 에너지로 합쳐져서 강하게 쏘는 레이저 빛처럼 말이야. 둘은 같은 파동을 잇네. 그들은 서로의 삶에서 거대한 파도가 되지."

R은 숨을 들이쉬며 말했다. 청년은 이제야 R을 완전히 이해할 수가 있었다.

"저도 그 말씀이라면 공감합니다. 저에게 마음에 드는 이성 같은 존재는 내내 '1등'이었어요. 사람이 아니라 사람처럼 느껴지는 숫자였죠. 단 한 번도 이 숫자를 놓치기 싫었어요."

청년은 그때를 떠올리며 말했다.

"교실에서 1등을 놓치기 싫었고, 2등으로 밀려났을 때 1등이던 친구를 꺾고 싶어서 1등에 제 이름이 새겨지는 순간을 수십 번, 수백 번을 되뇌었으니까요."

"제 경우 그런 되뇜 없이는 노력도 그 집중력을 잃게 되더라고요."

"그렇지. 반복의 힘이 없으면 아인슈타인의 공식이 무너지고 말지."

R의 얼굴은 어느새 숨길 수 없을 만큼 큰 미소가 감돌았다.

"자네가 왜 나에게 왔는지 이제야 알겠네. 우리는 바깥이 만든 화려한 빛이 아니라 우리가 스스로 만든 빛을 꺼내 세상에 비출 줄 아는 사람들이네. 우리에겐 나이를 초월하는, 그런 공통점이 있네."

"그래서 제가 그 잘 나온 대학과 잘나가는 회사를 걷어차고 이 배에 올라탔던 겁니다."

청년은 일어서서 가게 간판에 아직도 붙어 있는 불나방 한 마리를 잡아 왔다.

"이 친구가 꼭 몇 달 전 제 모습처럼 보이네요."

그리고 청년은 100번째 매장 계약서 위에 잡아 온 불나방 한 마리를 올렸다.

"바깥에 빛을 보는 것과 내면에 빛을 보는 것은 결국 같은 거군요."

"…나에게 빛은 오십 대에야 만들어졌고, 자네의 빛은 삼십 대에 만들어진걸세."

"부러우신가요?"

"출발점이 다르니 부러울 수밖에. 나는 내 동갑 친구들에게서 이제 다 죽을 나이인데 뭐 하러 자기 걸 해보겠다고 다시 세상에 덤비느냐는 말까지 들었으니까."

청년은 아무 말도 할 수 없었다.

"나는 제1차세계대전, 제2차세계대전… 그 세대일세. 세상은 우리가 못 일어설 만큼 다 두들겨 팼다고. 경제 대공황은 시도 때도 없이 우리를 찾아왔어. 내 친구들은 바짝 엎드려버렸지. 자네가 빛이라 부르는 걸 만들고 나서도 말이야. 나는 그 빛을 어떻게든 수류탄처럼 들고 뛰쳐나온 참전 용사 같은 심정이었다네."

"반대로 저희 세대부터 경제 호황이 시작됐죠."

R과 청년은 서로 잠시 아무 말도 하지 않았다.

"하지만 우리는 한 공간에 한 꿈을 한 시점에 꾸고 있다네. 빛은 비추는 자의 나이에 관심이 없거든."

성공의 이상형이 담겨 있는 '원형의 방'

"제법인데?"

마틸다는 R이 떠드는 말을 듣다가 개구쟁이처럼 미소를 지었다.

"빛은 비추는 자의 나이에 관심이 없거든."

마틸다가 R의 말투를 따라 하자, 바틀비가 콧방귀를 뀌며 전망대에서 내려갔다.

"바틀비도 저 청년의 눈빛을 들여다봤어야 해! 같은 파동으로 이어져 있는 게 진짜 신기해!"

"너나 실컷 봐!"

바틀비는 꿈쩍도 하지 않았다. 한편 몬스터들은 두뇌에서 100개의 M 매장으로 상상하는 레이저 빛을 수십 번 수백 번 역방향으로 눈동자 행성에 내보냈다. 그러면 마틸다는 그 빛을 바깥으로 내보내서 멀쩡한 남의 가게를 M의 가게로 보이게끔 상상하는 장면을 만들어줬다. 마틸다의 역할은 거기까지다. 그러고 나면 몸속 100조개의 세포들이 상상한 현실을 향해 전속력으로 움직이기 시작했으니까. 100조개의 세포들은 바깥과 내면의 빛의 출처를 구별하지 않았다.

"마치 지휘자가 된 기분이야."

마틸다는 100조개의 단원들을 거느린 오케스트라의 단장처럼 스스로가 대견했다.

"꼬르륵."

하지만 배고픔은 어쩔 수 없었다. 샤인머스캣은 이 행성에서 사라진 지 오래였고, 바깥세상의 달콤함 대신 내면세계의 매콤함은 눈동자 행성에 큰 가뭄을 불러일으켰다. 바틀비가 투덜거리며 갯벌로 변한 행성 바닥에서 미생물들을 퍼 올려 오면 마틸다는 이틀을 한 끼 식사로 버틸 때가 많았다.

"바틀비, 도와주지 않아도 돼."

마틸다가 눈동자 전망대에서 계속 바깥 빛과 내면 빛을 혼자 관리하고 있자, 바틀비도 죄책감에 조금씩 도우려고 했다. 하지만 꿈을 이룬다는 것은 둘 다 앙상한 미어캣이 되어서 누가 봐도 당장에 때려치울 정도로 힘든 일이었다.

'어차피 우리의 꿈들도 별에 새겨질 뿐인데….'

과연 현실 세계에서 돈을 더 많이 번다는 것, 꿈을 이룬다는 것, 정말 되고 싶은 뭔가가 된다는 것. 그게 정말 그렇게 의미가 있을까? 다른 평범한 사람들의 평범한 하루가 그렇게 꼭 무언가를 간절히 원하는 하루로 변해야 할까? 뇌가 아드레날린을 미친듯이 뿜어대고 더 열심히 움직이려고 할 때 결국 인간은 다 소멸하기 마련이다. 대체 무엇을 위해 이렇게까지 해야 할까? 마틸다도 고민이 많았다. 100조개의 쿼크들이 자신을 R로 알고, 거대한 에너지를 만들고 있다 한들, 그게 다 무엇을 위한 것일까? 인간은 결국 죽고 눈동자 행성에 사는 미어캣들도 함께 죽는다.

미어캣들은 인간이 본능에 충실하게끔 해줄 수도 있었다. 마치 배고플 때 라면을 끓여주면 생각을 거치지 않고 바로 젓가락을 갖다 대는 것처럼, 결국 초점을 어디에 맞추느냐에 따라 이 행성에 샤인머스캣도 다시 달콤하게 돌아올지도 몰랐다. 세상에는 약간의 돈으로도 놀고 먹고 즐길 것들이 너무도 많은 것이다. 그저 그렇게 인간을 기쁘게 해주면 눈동자 행성도 항상 샤인머스캣 파티를 벌일 수 있다. 주인만 살이 찌는 게 아니다. 100조개의 세포들 모두가 파티를 열며 살찐 행복감과 늘어진 편안함으로 살아갈 수도 있을 것이다.

솔직히 마틸다는 힘들었다.

"샤인머스캣 먹고 싶다…."

마틸다가 중얼거렸다.

"그래? 지금이라도 그만둘 수 있어. 언제든 초점은 바꿀 수 있어. R은 100개 매장만 하루 종일 돌아다녀도 정말 행복할 거야. 그 이상이 필요할까?"

바틀비는 화색이 도는 얼굴로 마틸다에게 말했다. 하지만 마틸다는 알았다. R이 마음속으로 전심을 다해 꿈꾸는 빛은 100개짜리가 아니라는 것을. 100개도 아니고 1,000개도 아니고 1만 개였지. R은 자신의 이 파동이 지구 전역에 연결되는 파도를 꿈꾸는 것이었다.

"바틀비. 그냥 나는 R이 '그만' 하고 외칠 때까지 계속 꿈의 초점을 맞춰줄 생각이야."

바틀비가 마틸다의 대답에 실망한 듯이 사라졌다. 마틸다는 몬태그를 찾았다.

"몬태그, R은 어떻게 꿈을 향한 간절함이 생겨난 걸까요?"

"일단 R이 잠들고 나면 알려줄게."

"요새 R이 잠을 잘 안 자요. 빛폭주가 계속 이어져요."

R은 주변인들이 무언가에 홀린 사람 같다고 말할 정도로 비즈니스에 미쳐 있었다. 아무 학력도, 인맥도 없던 이가 그 나이에 그만큼 혜성처럼 등장한 것은 미국 경제사에서도 처음 있는 일이었다.

마침내 R이 사무실 소파에 쪽잠을 자러 가자 기회를 틈탄 몬태그가 마틸다를 데리고 어딘가로 날아갔다.

"여기가 어디예요?"

두뇌 깊은 곳까지 날아온 몬태그는 거울 초상화가 가득 걸린 방에 마틸다를 내려줬다. 초상화는 세포마다 칠이 되어 있었는데 대충 봐도 수만 개가 걸려 있었다.

"여기는 '원형의 방'이야. 심리학자 융이 알아챈 공간이기도 한데, 인간은 태어남과 동시에 인류가 처음 생겨난 이래로 진화를 계속 거치며 오랜 경험으로 저장했던 모든 잠재적 기억들의 흔적인 '집단 무의식'을 선물받아."

"말이 좀 어렵네요."

"음…. 어디 보자… 인간이 뱀을 피하는 건 누가 가르쳐줘서 피하는 걸까?"

"그거야 당연히 아니죠. 그냥 본능적으로…."

"어떻게 그게 당연한 거지?"

"…."

"그 당연한 게 집단 무의식에서 나온 거야. 누가 알려주지 않아도 인간은 뱀을 보면 피하게 되지. 고립된 원시인 아이를 대상으로 한 연구에서도 아이는 뱀을 처음 보자마자 비명을 지르며 피했어. 그게 우연은 아니지. 그걸 융이 발견했고, 우리는 직접 보러왔네. 봐, 여기 뱀이 노려보고 있잖아."

원형의 방에 뱀의 그림이 그려져 있었다.

"그런데 이게 꿈하고 무슨 상관이에요?"

"인간은 종족의 생존을 위해 집단 무의식을 오랫동안 진화시켜왔고 공유해왔어. R의 시대에 집단 무의식으로 공유되는 생존에 관련된 건 뭐가 있을까?"

"돈? 대학 졸업장? 아파트?"

말하는 순간 주파수가 닿아서 돈으로 유복하게 사는 모습과 대학 졸업식에서 가족과 웃는 모습, 고급 아파트에 사는 모습들의 액자들이 환해졌다. 하지만 곧 주인과 상관없는 일인 것처럼 그림에 불빛이 꺼졌다. 마틸다는 순간 뭔가가 떠오른 듯 외쳤다.

"피아노!"

마틸다는 한때 R의 꿈이었던 피아노를 외치자 어떤 빛도 보이지 않았다.

"마틸다. 그건 저기 구석에 계속 켜져 있었어."

반쯤 켜진 불빛이 존재감 없는 희미한 빛을 띠고 있었다.

"한 번 쓰고 포기한 원형들은 저렇게 절반 정도의 밝기로만 켜져 있지."

그 그림에는 R이 정장을 입고 피아노를 연주하는 멋진 모습이 그려져 있었다. 물론, 지금 R의 저 정장에는 햄버거 냄새가 잔뜩 배어 있지만 말이다.

"몬태그, 이게 간절함의 재료들이라 쳐요. 하지만 재료만으로 어떻게 간절해질 수 있죠?"

"좋은 질문이야. 나를 꽉 잡으렴."

몬태그가 마틸다를 데리고 다음 방으로 이동했다.

"여긴… 사방이 거울인데요?"

"맞아. 너는 작은 거울을 붙이고 다니지만, 여긴 진짜 거대한 거울들로 에워싸여 있어."

미어캣이 항상 바깥을 비출 때 쓰던 거울이 이 방에는 높게 자리 잡고 있었다. 거대한 빌딩 같았다.

"야호!"

마틸다가 외쳐봤다.

"야호, 야호야호야호야호야호~."

마틸다의 목소리가 거대한 통 안에서 반사되면서 울려 퍼졌다.

"여기는 왜 사방이 이렇게 거울로 에워싸여 있나요? 신체 기관 중에 이런 건 처음 봐요."

"인간이 만드는 빛을 증폭해서 보내려면 꼭 필요한 기관이란다."

몬태그가 거울의 방 한바퀴를 돌며 말했다.

"원형의 방에서 두뇌가 이루고 싶은 걸 고르고 나면, ㄱ 액자는 여기 거울의 방으로 옮겨져."

"꼭 엘리베이터에 탄 것 같아요."

"타고 있는데 몰랐니?"

"네?"

깜짝 놀란 마틸다가 자신이 발을 디딘 게 뭔지 봤다. 투명 엘리베이

인간이 건물을 들어 올리는 법은 1, 2, 3, 4, 5로 올라가지만, 우주가 당신을 들어 올리는 법은 1, 2, 4, 8, 16으로 올라간다. 한 달간 같은 노력으로 당신을 들어 올릴 준비가 되었는가?

터였다. 앞을 보니 문을 닫고 올라가는 버튼과 층수도 다 달려 있었다. 마틸다는 엘리베이터를 보다가 놀랐다.

"그런데 왜 층수 버튼이…?"

"1일, 2일, 4일, 8일, 16일… 인간이 만드는 파동으로 올라가는 투명 엘리베이터니까."

"그럼 3층이나 5층 같은 데는 안 서는 거예요?"

"응. 빛의 법칙에 위배되거든."

몬태그가 대답했다.

"원형의 빛이 거울에 부딪히면서 점점 올라가며 강해지는 공간이지. 어쩌면 아인슈타인은 이들을 발견한 걸지도…."

몬태그는 아래를 내려다봤다.

"이제 곧 쿼크들의 에너지들이 여기로 몰려올 거야."

"쿼크요?"

마틸다는 쿼크들의 합창 소리가 다시금 떠올랐다. 엄청난 굉음. 마틸다는 상상만으로도 귀가 먹먹해져서 침을 다시 한번 삼켰다. 몬태그는 그 모습을 보며 말했다.

"인간이 꿈을 이루는 게 아니라 꿈이 인간을 이루고 있는 거란다."

'꿈이 인간을 이루고 있다니….'

마틸다는 원형을 담은 빛이 강해지는 걸 빨리 보고 싶어졌다.

"자, 이제 빔을 하나 쏴서 피아노를 치던 시절에 이 원형의 방에서 레이저 빛이 만들어졌던 걸 보여줄게."

"피아니스트 비디오가 어디 있더라?"

몬태그가 원형의 방 CCTV를 뒤지다가, '피아니스트 사건'이라 쓰인 테이프를 꺼냈다.

"사건이라고 기록해놨네…."

"쿼크들의 분노로 '사건'으로 표기하기로 합의되었어."

그들의 분노는 또 얼마나 거셌을지 감히 상상할 수도 없었다.

몬태그가 곧 리모콘을 꺼내더니 부리로 한쪽 버튼을 눌렀다. 몬스터들이 피아니스트의 원형을 가지고 올라가는 모습이 보였다.

"이것도 몬스터들이 관리해요?"

"당연하지. 곧 어마어마하게 빠른 속도로 원형이 거울에 부딪히면서 빛으로 반사되는 과정을 견뎌야 하거든. 그 무게를 짊어질 수 있는 건 몬스터들밖에 없어."

그리고 과거의 필름 속에서는 몬스터들이 몇 년간 원형의 방 거울로 피아니스트가 되고 싶던 꼬마의 하루를 들고 나르는 모습들이 주마등처럼 지나갔다.

"세상에, 저 어마어마한 무게의 피아노까지 이삿짐처럼 들고 다녀야 했군요!"

"당연하지. 인간은 단순하게 꿈을 꾼다 생각하지만, 몸속에 모든 세포들은 꿈의 무게를 전부 양도받게 돼"

"그럼 피아노 대신에 책은 가벼울까요?"

몬태그가 마틸다의 질문에 피식 웃었다.

"너… 활자의 무게에 안 눌려봤구나?"

마틸다는 입을 다물고 조용히 CCTV를 보기로 했다.

처음에는 한 손으로 건반을 누르며 재밌어하던 아이가 누른 음표들이 이내 거울로 부딪히며 수십 개 수백 개 수천 개로 불어나기 시작했다. 그 음표들을 놓치지 않으려고 안간힘을 쓰는 R의 모습도 희미하게 보였다. 어느새 청년으로 자란 R은 음표들에 짓눌려 지쳐 보였다. 중간쯤엔 분노하며 음표를 던지는 나이 든 R의 모습도 보였다. 그렇게 R의 피아노 원형은 중간에서 끝났다. 건물 제일 꼭대기에는 작은 틈 하나가 보였다.

"원형의 방에서 달궈진 빛이 저기로 나가는 거예요?"

"맞아. 탈출구와 같지."

"레이저의 탈출구와 모습이 닮았네요?"

"똑같아. 파동이 무한대로 거세어지다가 파도가 되면 마지막엔 저 틈으로 나갈 수 있어. 그때 인간은 자신이 살면서 한 번도 본 적이 없는 엄청난 빛이 발사해."

'하지만…'

마틸다는 어두운 틈을 조용히 바라봤다. 마치 불 꺼진 용광로 같았다.

'결국 피아노의 빛은 발사되지 못했구나.'

마틸다는 R이 원형의 방 중간층에서 음표를 집어 던지는 모습을 CCTV로 여러 번 돌려 보다가 살짝 눈물이 고였다. '얼마나 슬펐고

얼마나 힘들었을까. 빛을 켜기 직전에 멈춘 사람들의 공간은 다 이렇겠지….'

"그렇다면 이번엔 뭐가 그리 달라서 이 야단인 걸까요?"

"그건 아직 우리도 알 수 없지. 인간이 사업가 원형을 선택했고, 같은 파동을 수년 째 만들었고, 우린 그걸 보러 온 것뿐이지."

마틸다는 궁금해졌다.

"그 원형은 지금 몇 층쯤 있을까요?"

몬태그가 날개를 활짝 펴서 높은 상공까지 한 바퀴 날고 돌아왔다.

"확실한 건 우리가 있는 1층에서 수천 층은 올라간 상태일 거야."

"그걸 제가 볼 수 있을까요?"

"눈과 귀가 버틸 수 없을 만큼 시끄러울 텐데 괜찮겠어?"

마틸다는 수상했다.

"왜 지금은 조용한 거예요?"

"위장막이니까."

"몬태그, 저 꼭 보고 싶어요."

마틸다는 자신이 비추는 빛이 얼마나 강한지 꼭 두 눈으로 확인하고 싶었다. 몬태그는 작은 가방에 들어 있던 선글라스를 마틸다에게 건넸다.

"이거 써."

"귀마개는요?"

"후후, 이제 전문가 다 됐네."

독수리가 상공에 날아가 그의 권한으로 위장막을 걷었다. 대낮보다 밝은 빛이 직선으로 탈출구까지 올라가고 있었다. 파동이 끊임없이 에너지를 터트리며 밀어 올리고 있었다. 쿼크들의 에너지들이었다.

"지금은 15센트라도 15억 달러가 될 거라니까 그러네??"

"지금은 15센트라도 15억 달러가 될 거라니까 그러네??"

그들의 목소리가 계속 메아리치고 있었다. 파수꾼은 두려움을 떨치려고 성경에 있던 구절 하나를 반복해서 읊조렸다.

"네 생명의 날이 대낮보다 밝으리니…."

독수리는 마틸다의 머리를 수그려서 투명 엘리베이터 바닥을 보게 만들었다. 그곳엔 인간이 선택한 사업가의 원형이 있었다. 그 사업가 액자는 아래에 수천 층에서 올라온 빛들로 강력해져 있었다.

"이게 레이저였어요!"

태양의 휘도보다 백 배가 밝다고 알려진 레이저는 인간의 꿈을 완전하게 밝히기 위해 존재했다. 황홀함과 두려움 속에서 파수꾼은 깨달을 수 있었다.

'생명이 태양보다 밝다는 것은 곧 꿈이 태양보다 밝다는 것을 뜻했구나.'

꿈이 태양보다 밝을 때

R은 밀크셰이크 각도까지 섬세하게 맞췄다. 100개, 200개 증폭을 생각하며 맞춘 각도는 정확하게 모든 매장에 복사되어갔다.

"우리도 인어 친구 스타벅스처럼 지구 한 바퀴를 돌 수 있을까?"

R은 잠깐 쉴 틈이 생기자 청년에게 물어봤다.

"우리 마스코트인 로날드 맥도날드한테 물어봐요."

청년은 재치 있게 대답했다.

"하하."

하지만 똑같이 하라고 해도 자꾸만 다르게 하는 매장들이 생겼다. 어떤 매장은 인테리어를 무시하고 공중전화를 몰래 설치한 곳도 있었고, 햄버거로는 매출이 부족하다며 어디서 레시피를 구해온 건지 피자를 멋대로 만들어서 파는 집도 있었다. 그러다 보니 들어오는 돈도 들쭉날쭉해지기 시작했다. R은 이렇게 흘러가다가는 돈의 증폭이 멈춘다는 걸 알았다. 돈도 같은 파동으로 파도가 된다. 우주 모든 게 그렇다. 우주 모든 게 원자다.

"안 됩니다. 매장에 공중전화나 다른 말도 안 되는 메뉴 다 빼주세요."

R과 청년은 표준화된 매장에 왜 돈까지 표준화시켜 벌어야 하느냐며 아우성치는 점주들에게 설득에 설득을 반복해야 했다.

"한 개의 매장의 질을 높이는 일이 중요한 게 아니라, 한 브랜드가 시스템적으로 명성을 가지는 게 더 중요하다네."

"그렇게 생각하는 이유가 있으신가요?"

청년은 이미 경영학과에서 충분히 배워서 그 이유를 알지만, R의 진실한 생각도 듣고 싶어져서 모른 척하며 물었다.

"자네, 촛불에 불빛을 나누면 어떻게 되겠나? 불빛이 혹시 약해질까?"

"무슨 소리세요. 당연히 불빛은 그대로죠."

"잘 아는군. 그렇다면 돈은 나누면 어떻게 되겠나? 돈이 혹시 약해 질까?"

"음, 당연히 돈은 엄청나게 줄어들겠죠."

"그래, 자네도 정답을 알고 있군. 우리가 되어야 하는 것은 촛불 위 불빛이라네. 매장과 메뉴가 제각기 달라진다면, 그건 계속 복제할 수 있는 촛불 위 불빛이 아니라 대출에 파산을 몰고 오겠지."

R은 벌떡 일어서서 말했다.

"우리가 매장을 확장할 때는 새로운 매장과 이전 매장의 모든 인테리어와 메뉴 구성이 전부 똑같아야 하네."

R은 청년을 본사 회의실에서 데리고 나와 매장으로 데려갔다.

"내가 그걸 증명하겠네. 자네도 꼭 이대로 해주게."

R은 오늘 한 매장의 계산대에서 번 돈 2천 달러를 가져왔다.

"여기 천 달러와…"

책상 위에 천 달러를 올렸다.

"여기 천 달러."

나눠서 올려두고 R은 청년에게 강조했다.

"두 개가 다른가? 앞의 천 달러는 사연이 더 많아서 더 복잡하게 생겼는가? 아닐세. 앞뒤 상관없이 천 달러는 양쪽 다 정확하게 같은 크기, 같은 모양일세. 마찬가지로 돈을 버는 곳도 정확하게 같은 모습으로 같은 에너지들로 끌어당겨야 하네."

R은 다시 스타벅스에서 커피 한 잔을 가져왔다.

"얘네들 보라고. 이 인어 친구는 미국에서도 이 모양으로 생겼고, 중동 사막 한복판 매장에서도 똑같이 생겼다네. 왜 똑같이 복제해야 지구 한 바퀴를 돌 수 있을까?"

청년은 모르겠다는 듯 어깨를 으쓱거렸다.

"이번에 과학자들이 레이저를 발명한 공로로 노벨상을 탔네. 라디오에서 그러더군. 같은 빛을 무한대로 증폭할 수만 있다면 태양까지 그 빛을 쏠 수 있다고. 나는 '같은 빛'이란 말이 너무 와닿았어. 그동안 내가 만났던 실패한 사장들은 전부 다 자기 느낌대로 여기저기 다른 매장에 다른 빛을 켜뒀었지."

R은 명함 더미를 꺼내왔다. 엄청난 양이었다.

"이게 실패한 사장들 명함들일세."

"엄청나게 많군요."

청년은 깜짝 놀랐다.

"이건 성공한 사장들 명함일세."

R은 몇 장 안 되는 명함을 청년에게 보여줬다.

"엇, 이 명함 속 회장님들은⋯."

"회장은 무슨⋯ 다 내가 알던 청년들이었지."

R은 자신도 모르게 힘이 들어갔다.

"이분들이 성공한 과정을 다 지켜보신 거예요?"

기분이 좋아진 R은 한 피자집에 자신이 맞춰준 밀크셰이크 기계 각도가 어떻게 전 세계로 퍼진 매뉴얼에 새겨진 각도가 되었는지를 자랑스레 설명했다. 청년이 너무 경청하며 들었기에 R은 자기도 모르게 목에 더 힘이 들어갔다. R은 스타벅스 컵 두 개를 가져왔다. 그리고 두 컵에 4달러씩 넣었다.

"이 컵은 끌어당기지. 똑같은 걸 끌어당길 때는 똑같은 모습으로 일

정한 간격을 두고 밭에 씨앗을 심듯이 심으면 돼. 농부는 그렇게 지구의 에너지를 길러내지. 부자도 그렇게 돈의 에너지를 길러서 거둘 뿐이야. 세상은 꽤 간단해."

R은 스타벅스 컵에 인어 모양을 가리켰다.

"이렇게 인어를 똑같은 빛으로 깔아대기 시작하면 똑같은 빛들이 서로를 끌어당겨서 지구 한 바퀴는 금세 휘감지."

청년은 지구를 휘감는다는 표현이 참 마음에 들었다.

"우주 모든 것은 빛으로 이루어져 있고, 빛은 곧 파동이야. 우리가 무엇을 이루고 싶든 그 파동을 파도로 만드는 과정이라네. 파동의 법칙은 참 간단해. 같은 파동이 쌓이면 거대한 파도가 되거든. 그게 무엇이든."

청년은 성공한 회장들의 초기 명함들을 다시 만지작거렸다. '이들이 파도가 된 분들이구나.'

"대표님은 제가 경영학도로 십여 년간 배웠던 모든 복잡한 원리보다 더 깔끔할 때가 많네요."

"나는 이 맥도날드가 1만 개 매장을 세울 거라 믿거든."

"대표님은 어떻게 그런 어마어마한 목표를 세우게 되셨을까요?"

"그만한 빛으로 다가왔어. 그러니 내가 쉰두 살에 이 야단을 벌인 거지. 아니었다면 나도 맥도날드 형제에게 셰이크 기계만 갖다 팔고 말았을걸세."

"참, 얼마 전에 맥도날드 형제가 연락을 해왔다면서요?"

"자네도 들었나?"

R은 순간 이 청년도 다른 생각을 품게 되지 않을까 걱정이 일었다.

'100개 매장에서 절반 정도는 이제 떼어내서 저 주셔야죠?' 같은 생각들 말이다. 얼마 전 M에게서 연락이 왔을 때, R은 비슷한 소리를 들었다. M은 이렇게 말했다.

"복잡하게 말하지 않겠네. 세금을 떼고 우리 형제들에게 100만 달러씩 줬으면 하네. 우리는 열심히 노력했고 그만큼 받을 자격이 있다 생각해. 1년 365일 하루도 쉬지 않고 이 일을 30년 넘게 해왔으니까."

R이 100개 매장을 열자, M이 당시로서는 천문학적인 비용을 청구해왔다. 쉰두 살에 석양이 지는 집에서 오션 뷰를 보는 것이 만족스럽다던 늙은 M. 그는 R이 모든 성공을 해내자 100만 달러로 모든 권리를 넘겨주겠다는 입장을 보내왔다. 그러면서 R이 늘린 100개의 매장과 자신이 최초로 만든 첫 번째 매장을 동급으로 취급하며 100개의 매장이 피땀을 흘릴 만큼의 거액을 원했다. 아무리 친하고 아무리 믿어도 결국 아무도 믿으면 안 되는 게 사업일지도 몰랐다. R은 과거의 친구 M이 청구한 돈을 결국 수단과 방법을 가리지 않고 구해와서 보내줬다. R은 재산이 세 배로 불어난 상태였지만, M은 덕분에 재산이 열 배로 불어났다. 웬만한 사람이면 화병으로 암이든 뭐든 하나는 걸렸을 사건이었다.

"이 모든 일을 다 겪으시고도 1만 개 매장을 열 거라는 말씀인 거죠?"

청년은 이미 알고 있었다.

"살날이 얼마 안 남았다는 생각이 들면, 살면서 꼭 해야겠다고 느낀 것들에 집중하게 되네."

"저는 그 절박함이 없는 삶을 살아왔던 것 같습니다."

"절박함은 절대로 자연 상태에서는 생겨나지 않지."

"뭔가 또 이야기가 시작될 거 같은데요?"
"하하, 맞네. 이번엔 나랑 월스트리트로 한번 가보세."
"바로 차량 준비시키겠습니다."

청년은 R이 맥도날드의 주식을 월스트리트에 상장할 거라는 것을 이미 알았다. 매일 아침 R이 신문을 펼치면 가장 먼저 펼치던 면이 기업들의 주식 이야기를 다룬 코너였기 때문이었다.

"여기 이 주식 전광판들을 보게나."

청년은 한때 이곳에서 일할 생각도 해봤던 터라 여기 오는 것이 다소 불편했다. 친구들은 다 월스트리트 한복판에서 일하는데…. 친구라도 만나게 된다면 지금 자신의 처지를 뭐라 설명해야 할지 고민했다. 하지만 R은 그런 청년의 걱정을 아는지 모르는지 혼자 들떠 있었다.

"잠깐만 기다려보게."

R은 바지 주머니에서 문방구에서 파는 천 원짜리 레이저를 꺼냈다. 그리고 전광판을 향해 쏘았다. 수백 개의 대기업들 주가가 나오는 큰 모니터에 빨간 점 하나가 나타났다. 물론 대낮에 싸구려 레이저라 그 레이저 빛을 알아보는 사람은 전혀 없었다. 오직 R과 청년의 눈에만 선명하게 보였다.

"나는 종종 혼자 여기 와서 저 전광판에 우리 회사 이름이 새겨지는 것을 꿈꿨다네. 이 레이저를 꺼내서 비춰봤지."

"주식 상장이 되는 대기업까지 꿈꾸시는군요."

청년은 모른 척 운을 띄웠다.

"하하, 그러게. 자네도 이 레이저를 한번 쏴보게나."

R이 청년에게 레이저를 건네자 청년이 건성으로 전광판에 레이저를 쏘았다. R은 사실 청년이 아까부터 진심이 아니라는 점을 이미 눈치채고 있었다. 자신과 함께 100개 매장까지 잘 늘려왔지만, 이 파동이 파도가 되는 것에는 여전히 믿음이 부족해 보였다. R은 이제 때가 왔음을 느꼈다. 청년에게도 진심을 불러일으킬 만한 비밀을 가르쳐줘야겠다고 확신했다.

"자네, 내일 나와 같이 가야 할 곳이 있네. 대신 거기 드레스 코드가 있네."

"어떤 곳일까요?"

"거기 드레스 코드는 사실 옷이 아니네. 그저 레이저를 하나 사 오면 되는걸세. 문방구에 들러 하나 사 오게나."

"알겠습니다, 대표님."

R은 다시 회사로 돌아왔다. 청년은 마음이 동하지 않는데도 전광판 앞에서 같이 열광하는 척해야 했는지 곱씹어보았다. '혹시 대표님이 화가 난 게 아닐까, 나한테 실망한 건 아닐까' 하는 생각과 함께. 청년은 문방구에서 작은 레이저 장난감을 샀다.

다음 날 청년의 집으로 R이 직접 차를 몰고 왔다.

"오늘은 출근할 필요가 없네. 그곳에 드레스 코드는 없지만 대신 귀한 분들을 만나야 하는 자리이니 좀 더 깔끔한 정장을 입고 오게나."

청년은 다시 집으로 돌아가서 고급 정장을 입고 나왔다.

"이제 됐네. 가세."

"어디로 가시는 겁니까?"

"리츠칼튼호텔이네. 거기 꼭대기 프레지덴셜 스위트룸에 다들 모여 있어."

R은 조금 늦었다는 듯 청년에게 빨리 타라고 손짓했다. 호텔에 도착하자, R은 익숙한 듯 컨시어지에게 자신의 이름을 말했다. 컨시어지가 꼭대기층으로 그들을 안내했다.

"왔는가?"

"네, 회장님."

"옆은 누구… 신입인가?"

"회장님, 제 일을 돕는 청년입니다. 맥도날드 형제들의 매장을 100개까지 함께 늘렸죠."

흰색 양복을 입은 백발의 회장은 경계를 풀고 청년에게 명함과 함께 인사를 건넸다.

'이 기업은….'

청년은 깜짝 놀랐다. 월스트리트에서 수십 배로 떡상한 유명 기업이었다. 그런 기업의 회장을 만나게 될 줄은 상상도 못했던 것이다. 갑자기 청년은 소름이 돋기 시작했다.

"인사가 늦었습니다. 저희 클럽에 오신 걸 환영합니다."

"클럽이라 하면…."

"R이 알려주지 않았나요?"

"회장님께서 직접 만나보고 청년에게 말씀을 들려주셨으면 해서 일부러 말하지 않았습니다."

"그렇군요. 레이저는 챙겨왔나요?"

회장이 청년에게 묻자, 그가 재빨리 레이저를 꺼냈다. 청년은 '이럴 줄 알았으면 좀 더 비싼 레이저를 살걸' 하고 후회했다. 문방구에서 사 오라던 말에 청년은 아무 생각 없이 천 원짜리 싸구려 레이저를 사온 것이다.

'기회가 후회가 되겠군.'

동시에 격식에 맞는 옷차림을 하고 있어 정말 다행이라 여겼다. 회장 뒤에는 같은 클래스의 회장들 열 명 정도가 나란히 앉아 있었다. 청년은 갑자기 승부욕이 생겼다. 이런 자리라면 얼마나 유용한 정보가 나올까. 월스트리트는 결국 정보 싸움이었다. 어떤 기업이 호재가 있고, 어떤 기업이 악재가 있는지를 판별하는 싸움. 다들 이런 자리에 오지 못해, 하루 종일 차트 그래프만 보며 오를지 내릴지 주사위를 던져볼 뿐이다.

'확실히 뛰는 자 위에 나는 자들이 있었어.'

청년은 어려서부터 공부만 열심히했다. 최고의 대학을 졸업했지만 정작 사회에 나오면서 배신감이 들었다. 세상은 이미 돈의 출발점이 달랐다. 연줄이 있어 출력이 다른 무리들이 따로 있었기 때문이었다. 아무리 월스트리트에서 노력한들, 타고난 월스트리트 키즈들을 이길 수 없었다. 며칠 전에 주가가 오를 것을 이미 다 아는 이들 앞에서, 자기는 그저 명문대 졸업장만 가진 뭘 모르는 사람이었다. 그저 월급 모아 때 되면 결혼하고 때 되면 아파트 사고, 그렇게 보편적 흐름을 따라가는 중간 레벨의 그 어딘가에 있었기 때문이었다.

"그래, 대학은 어딜 나왔는가?"

"하버드대학 출신입니다."

"허허, 동문이군 그래."

대학 동문이라는 말이 씁쓸하게 들렸다. '하지만 회장님들과 제가 서 있는 위치는 다릅니다.' 청년은 속으로 말했다. 한편 궁금했다. 'R은 어떻게 저런 대단한 분들과 어울리는 거지. 역시 그때 그렇게 제냐 정장을 입고 화장실 청소하던 게 범상치 않았어' 하고 생각했다. 하지만 의아했다. 청년 자신은 저 회장들과 같은 대학 출신이라 최소한의 결이 맞다면 R은 고졸이었다. 어떤 연결점인 걸까. 돈? 인간관계? 정치 끈?

"여기 청년은 제가 맥도날드 형제들에게서 첫 번째 매장을 허락받고, 100개 매장으로 펌핑시킬 때까지 저의 두뇌가 되어줬습니다, 회장님."

청년은 마음이 불편했다. 문득 자신이 저 대단한 사람들과 대화를 해봤다는 것만으로도 만족해야 할 처지라 느꼈기 때문이다.

"여러분, 여기 신입 회원이 왔습니다. 다들 레이저를 꺼내보실까요?"

청년은 순간 화들짝 놀라서 주변을 둘러봤다. 하루에 천만 원은 한다는 최상급 프레지덴셜 스위트룸에서 다들 천 원짜리 레이저를 꺼냈다. 아무도 비싼 레이저를 들고 오지 않았다. 그것만으로도 충분하다는 듯이.

"이 청년에게 빛을 비춰줍시다."

회장들은 저마다 청년의 가슴을 향해 레이저를 비췄다.

"Sic itur ad astra(식 이투르 아드 아스트라)."

청년은 무슨 말인지 몰라 가만히 그 레이저 빛과 함께 얼어붙어 있었다.

"하하, 이 청년 보기보다 진지하군. 자네 'Sic itur ad astra'라는 말의 뜻을 아는가?"

"모릅니다."

"라틴어일세. '이렇게 하여 별들에 이른다'라는 뜻이지."

"자네도 따라 해주겠나?"

"Sic itur ad astra."

청년이 쑥스러운 표정으로 대답하자 다들 박수를 쳤다. 청년은 정신이 나갈 것 같았다. 재계 서열 최상위권 회장들과 무슨 비밀스러운 주문까지 외다니.

"자, 오늘은 신입 회원도 왔으니 우리 다시 '빛'을 이야기해볼까요?"

회장의 말에 호텔 직원들은 능숙하게 실내조명을 더 밝게 켰다.

　회장은 청년을 큰 소파에 앉으라고 권했다. 앉자마자 눕고 싶을 만큼 푹신했다. '여기 스위트룸은 정말 다른 세상이구나.' 청년은 사실 이곳 호텔에 숙박해본 적이 있었다. 호텔의 기본 방은 원룸처럼 작았다. 그런데도 직장인들 기준으로는 터무니없이 비쌌다. 와봤던 호텔이라 아는 곳이라 여겼는데 아니었다. 딱 15층 객실에서 하루 자놓고 도장 깨기 했다고 여긴 게 부끄러워졌다. 35층 전체를 객실로 쓰는 프레지덴셜 스위트룸은 완전히 다른 세상이었다. 저들은 우리와 뭐가 달랐을까?

　"화이트보드를 가져오세요."

　그 말에 비서가 큰 화이트보드를 가지고 왔다. '혹시 주식 정보라도 주려고 그러시나?' 청년은 본능적으로 두 눈이 커졌다. 빛은 어쩌면 평범한 투자자들은 절대 모르는 고급 정보를 지칭하는 말일지도 몰랐다. 여기서라면 그런 정보가 나올 만도 했다. 회장이 화이트보드 앞에 서서 말하기 시작했다.

　"이 세계에는 두 개의 기본적 현실이 존재합니다."

　그리고 화이트보드에 숫자 1과 99를 크게 썼다.

　"암흑의 1퍼센트 세계와 빛의 99퍼센트 세계죠."

　청년은 바로 메모지를 꺼냈다.

　"빛이 그릇을 계속 채우면 빛의 성질이 그릇에 전해집니다. 세상은 태양 빛으로 시작하고 그걸 받아들이는 우리가 있죠. 우리가 하는 모든 활동도 사실은 빛을 추구하는 겁니다. 이러한 활동은 정말 다양하게 나타나죠. 좋은 대인관계, 성공한 직장 생활, 꿈꾸던 성취, 화목한 가정생활, 경제적 자유, 정서적 만족, 지혜나 지식 등등 우리가 행복해지려고 추구하는 모든 목표들이 그것이죠."

청년은 '그래서 언제 어떤 종목을 사라는 걸까' 궁금했다.

"반면에 1퍼센트의 암흑세계는 우리의 오감이 인지하는 세계죠. 정말 카오스 그 자체인 이 암흑에서는 대부분 머피의 법칙이 지배합니다. 한마디로 잘못될 만한 것은 잘못되고야 만다는 거죠. 우리는 외부 사건들에 반응하기 시작합니다. 충족은 일시적으로 오지만 이내 사라지죠."

회장은 조명을 켜달라고 했다. 그러자 밝은 조명이 회장을 비췄다.

"저를 보지 말고 제 뒤에 생겨난 그림자를 보십시오."

청년은 그림자로 시선을 옮겼다.

"벽에 드리워진 그림자를 건드려서 누군가의 팔을 움직일 수 있을까요? 물론 그럴 수 없을 겁니다. 그 사람을, 진짜 팔을, 99퍼센트에 해당하는 진짜를 움직여야만 그림자도 따라서 움직이죠. 즉, 변화를 일으키려면 우리는 보다 더 높은 차원으로 가야 합니다. 진짜 팔을 움직이면 그림자도 따라서 움직입니다."

회장은 레이저를 꺼내서 빛을 쏘며 한 바퀴를 돌았다.

"진짜 빛을 움직이면 세상에 당신이 얻고 싶어 하는 것들은 따라서 움직입니다."

다시 칠판을 가리켰다.

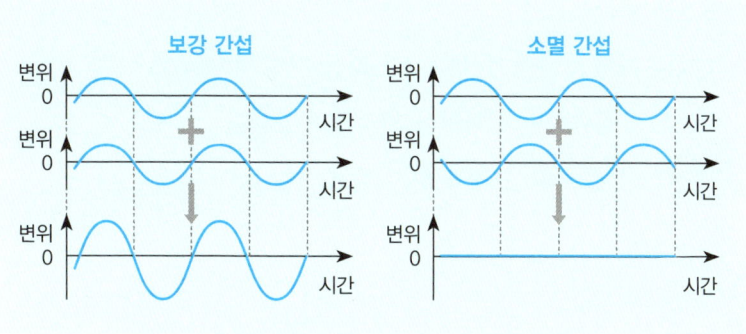

"그리고 빛을 움직이는 방법입니다."

"이걸 설명해줄 아인슈타인 씨가 이젠 안 계시니, 문득 그립고 슬프군요."

"아인슈타인요?"

청년이 놀라서 물었다.

"저기, 저기. 의자야."

회장이 말하기 전에 R이 먼저 청년에게 의자를 가리켰다.

고동색 테두리와 패브릭 소재로 앤티크한 느낌을 주는 의자가 화로 옆에 있었다.

"저기 앉아서 담배 한 모금 피며, 이 놀라운 우주 원리를 여기 회장들에게 새벽 내내 들려주곤 하셨지. 왜 레이저를 발견하게 되었고, 왜 우주가 파동으로 움직이는지를 어찌나 재미있게 이야기하셨는지…."

회장은 미소를 지었다.

"그때 누군가 질문했었죠. 혹시 지금 말씀하시는 우주의 법칙이 우리에게도 적용되는 법칙입니까? 하고 말입니다."

"아인슈타인이 뭐라고 말했나요?"

청년은 궁금해졌다.
"아인슈타인의 다음 한마디에 우리는 기립 박수를 쳤죠."
회장은 아인슈타인의 억양을 기억하며 말했다.
"당신들, 돈을 이미 그렇게 해서 벌고 있잖소."

청년은 돈 이야기가 나오자, 귀를 쫑긋 세웠다. 회장은 아인슈타인이 항상 앉았던 그 의자에 편하게 앉아 말을 이어갔다.

"칠판에 두 개의 파동 그래프를 기억하세요."

청년이 그래프 방향을 다시 쳐다봤다.

"아인슈타인은 우주의 모든 것은 에너지다, 에너지는 파동을 통해 전달된다고 했습니다. 저는 글로벌 기업의 오너이니, 현재 백만 명의 직원을 움직이고 있죠. 이 두 가지 사실에서 무엇이 보입니까?"

청년은 아인슈타인은 잘 모르지만, 회장의 기업 재무제표는 꽉 잡고 있었다.

"연간 500억 달러입니다, 회장님. 귀사의 현금 흐름을 월스트리트에 앉아 있는 제 친구들이 온종일 보고 있거든요."

청년은 회장이 가진 그룹의 어마한 매출을 말했다.

"당신은 여기서 그것을 가능하게 하는 백만 명의 사람이 보이지 않았습니다, 그렇죠?"

회장의 질문에 답이 틀린 청년은 당황했다.

"이 어마어마한 걸 다 가진 제가 부러울 거예요, 그렇죠?"

청년이 고개를 끄덕였다.

"그러면 제 에너지는 얼마나 강할 것 같습니까?"

"엄청날 겁니다. 그러니 이 거대한 글로벌 회사를 만드셨지요!"

청년은 존경심이 가득 묻은 목소리로 답했다.

"제 에너지가 정말 그렇게 강하다면, 저와 팔씨름을 해보면 되겠군요!"

회장이 청년 쪽으로 팔을 건네자, 청년의 표정이 새하얗게 질렸다. 곧 아니라는 제스처를 취했다. 다른 회장들은 청년의 당황한 표정을 보고 슬며시 웃었다.

"그렇게 놀라지 않아도 돼요. 제가 좀 짓궂었죠. 제 육체적인 에너지가 제 앞에 근육질 청년에 비해 나은 게 없다는 겁니다. 그러면 다들 정신적 에너지를 말하죠. 열정? 의지? 그릿? 그런 것들은 눈에 보이지 않으니 눈에 보이는 성공을 포장하기 쉽습니다. 하지만 제가 장담하죠. 그 열정, 의지, 그릿 따위는 저희 회사에서 가장 오랫동안 궂은일을 맡아오던 운송 쪽에 계시던 분들이 더 강력해요. 저는 그분들을 존경합니다. 많은 사람들이 그분들을 존경하지 않겠지만요."

"그러면 어떤 것이 성공의 비결이었습니까?"

청년은 궁금증을 참지 못하고 물었다.

"파동입니다. 당신은 제가 파도를 일으킨 것을 본 것일 뿐이고요."

"어떻게 파도를 일으키셨습니까?"

"백만 명이 일으켰죠."

"그들이 일하고 있는 것을 파동으로 보시는군요."

"평범한 기업가들은 돈을 주면 그에 걸맞게 일하는 것으로 얕게 대하지만, 진정한 기업가들은 자신과 같은 파동을 가진 사람들을 끌어당기는 법을 알죠. 파동이 파도가 되는 것은 회사들을 보면 가장 쉽습니다. 한 명의 창업자가 곧 자신과 같은 뜻을 가진 사람을 끌어모으고, 그들이 곧 눈덩이처럼 불어나며, 그게 회사가 되고, 그게 거대한 그룹이 됩니다."

회장은 청년을 바라보며 말했다.

"한 명의 창업자는 곧 수백 명, 수천 명의 임직원들과 함께합니다. 저는 그 임직원들 한 명 한 명이 창업자를 복제한 사람들이라는 확신을 갖고 있습니다. 그들은 모두 한 사람을 따라 하고 있는 겁니다. 무엇을 따라 하느냐? 바로 한 명의 창업자가 만드는 파동이죠."

"엄청나군요."

청년이 감탄하며 말했다.

"좀 더 와닿게 설명해드리죠. 아인슈타인의 말에서 '우주'를 그저 '돈'으로 바꾸면 됩니다."

회장은 아인슈타인의 의자에서 다시금 그를 떠올리며 말했다.

"돈의 모든 것은 전부 에너지다. 에너지는 파동을 통해 전달된다."

그리고 청년을 보며 덧붙였다.

"파동은 당신의 하루를 통해 전달된다."

"파동을 키우는 법을 좀 더 자세히 알고 싶습니다."

청년은 어느덧 아인슈타인의 이야기에 깊이 빠져들었다.

"여러분, 보셨죠? 또 회장이 될 만한 인재를 우리의 일원으로 자연스럽게 데려왔습니다."

회장의 말에 레이저 클럽에 앉아 있던 회장들 모두가 박수를 치며 웃음을 터트렸다.

"육체 에너지와 정신 에너지를 넘어 마침내 우주 에너지를 이야기할 수 있어 기쁩니다."

청년은 회장이 자신에게 계속 말을 존대하고 있는 것을 신기하게 여겼다. 자신을 보는 순간 당연히 편하게 반말을 할 거라 예상했기 때문이었다. 그러다 문득, 이 회장은 나이로 사람을 보는 게 아니라 파동으로 사람을 본다는 깨달음이 생겼다.

'대단한 기업을 만든 대단한 사람이다.'

청년은 얼른 자신도 그 인사이트를 얻고 싶어졌다. 회장이 다시 말을 이었다.

"파동을 키우는 법은 간단합니다. 1단계로 큰 목표를 정합니다. 구체적인 마감 시간과 이뤄야 할 것을 현재의 두 배 수치로 정합니다."

"무엇이든 두 배인가요?"

"그럼요. 그렇죠? 무어?"

"무어요?"

회장의 말에 무어가 웃으며 자리에서 일어섰다.

"네, 맞습니다."

'헉! 저분은… 인텔 공동 창립자시잖아.'

청년은 두 눈이 똥그래졌다.

흰 와이셔츠에 사각 안경, 그리고 누가 봐도 권위적인 회장보다는 부장님의 느낌이 강했던 고든 무어. 그러니 청년이 오자마자 그를 알아보지 못한 것도 당연했다. 회장은 곧장 청년에게 무어를 소개했다.

"1965년, 무어 씨는 인텔을 설립하기 전에 먼저 논문을 통해 앞으로 세상을 바꿀 변화를 우아하게 예측하셨죠. 반도체 칩의 트랜지스터 수가 매년 두 배로 증가할 거라고 말입니다."

"그전에는 두 배씩 늘어나지 않았나요?"

청년이 예리하게 질문했다.

"발전이 아주 더뎠죠."

회장이 진지하게 대답했다.

"그전에는 아무도 매년 두 배씩 성장할 거라는 구체적인 목표를 말하지 않았기 때문입니다."

"저도 레이저 강연을 듣고 영감을 받은 거예요, 하하."

무어가 겸손한 표정으로 웃었다.

"1955년에 아인슈타인이 떠나고, 1960년에 레이저가 실제로 만들어지고, 1965년부터 한 남자가 정한 이론에 따라 지구가 매년 두 배씩 빠르게 현대의 모든 과학 기기들을 거느릴 수 있게 된 겁니다. 바로 반도체 칩의 트랜지스터 수가 매년 대부분 두 배씩 증가했기 때문이었죠."

 회장은 아직도 개발자 모습의 겸손한 무어를 향해 존경을 담아 말했다.

 "구체적으로 매년 두 배로 증가할 거라고 정확한 목표점을 정한 무어 씨 덕분이었죠."

 회장은 다시 목소리를 가다듬고 말했다.

 "우리 레이저 클럽의 자랑입니다."

 "아유, 과찬이세요."

 청년이 정말 감동해서 박수를 치자, 이내 객실 안에 박수가 이어졌다.

 "그러니 1단계로 마감 시간과 이뤄야 할 것을 현재의 두 배 수치로 정해보세요."

 "2단계는요?"

 청년은 더 달아오른 표정으로 물었다.

"2단계는 그 목표 도달까지 매일 당신의 노력을 동일하게 계속 유지하는 것입니다. 즉, 레이저로는 파동을 동일하게 유지하는 것과 같습니다."

"매일 제 노력을 동일하게 반복하는 거군요!"

청년은 고개를 끄덕이며 메모했다.

"대신 1단계의 마감 시간과 목표치를 염두에 둔 노력이어야겠지요."

회장은 방긋 웃었다.

"그럼요, 정확합니다. 매일 십 킬로씩 달려야 갈 수 있는 거리를 고작 일 킬로씩 달려놓고 매일매일 하지 않았느냐 불평하는 사람들도 더러 있습니다. 당신이라면 십 킬로를 잘 계획할 수 있을 것 같네요."

회장이 청년을 바라보며 덕담했다.

"그 부분이라면 저도 한 말씀 더 드려도 되겠습니까?"

무어가 회장에게 발언권을 요청했다.

"그럼요."

회장이 바로 발언권을 넘겼다.

"제가 1965년에 반도체 칩의 트랜지스터 수가 매년 두 배로 증가할 것이라고 1단계를 정했다고, 바로 두 배씩 세상이 바뀐 게 아닙니다. 개발자들은 당시 어디로 가야 될지 얼마나 가야 할지 모르는 상태였죠. 그러나 제 논문을 토대로 매년 두 배가 가능할 거라고 예측이 되자, 정말 많은 개발자들이 무조건 그 해를 넘기기 전까지 수단과 방법을 가리지 않고 트랜지스터 수를 두 배로 늘리는 데에 완전히 빠져들었습니다."

무어는 물 한 모금 들이켜고 말을 이었다.

"혹시 반도체 칩을 아시나요?"

"그럼요. 휴대폰, 자동차, 의료 기기… 정말 모든 장비에 다 쓰이잖아요."

청년이 무어의 질문에 대답했다.

"맞습니다. 그리고 더 중요한 사실은 반도체 칩은 크기가 우리 손톱보다 작습니다. 제가 그 안에서 트랜지스터 수를 매년 두 배씩 늘릴 수 있다던 말은 갈수록 거대한 도전이 되었죠."

"그럴수록 개발자와 과학자들은 그다음 해에 두 배를 맞추려고 그들의 파동을 더 강력하게 높였지."

회장이 그때를 기억하며 덧붙이자, 무어가 그 시절을 경이로워하며 말을 이었다.

"그리고 실제로 이루었죠."

    청년은 이제 자신의 파동을 높이는 법도 깨닫게 되었다. 그는 파동을 높이는 법을 넘어 점점 자기 자신이 파동이 되고 싶다는 생각이 들었다. 그는 진심이었다. 그동안 남들에게 보여주기 위해서 애써왔던 것들은 파동이 아니라 혼동이었다. 자기 자신이 파동이 되면 이 모든 것들이 파도가 될 수 있었다. 자신이 진심으로 이루고 싶은 것과 이뤄야 하는 날짜, 그리고 이룰 두 배의 목표치, 매일매일 반복할수록 그 에너지들은 더하기가 아니라 곱하기가 된다는 깨달음! 청년은 이것과 함께라면 무엇이든 다시 시작할 수 있을 것 같았다. 이전에 흐리멍덩하게 보는 대로 살아오던 나날들과는 완전하게 다른 삶을 살아갈 수 있겠다는 확신이 들었다. 청년은 이제 3단계를 들으면 조언이 끝난다는 것이 아쉬워졌다. 한편으로 더 궁금했지만 말이다. 과연 3단계에는 무엇이 있을까?

"3단계는 뭘까요?"

청년이 조금 떨리는 목소리로 물었다.

회장은 청년의 눈을 잠시 응시하더니 확신에 찬 목소리로 말했다.

"3단계는 계속 두 배씩 커지는 겁니다."

회장은 다시 청년의 눈을 응시하더니 말했다.

"즉, 자신이 레이저가 되는 것이죠."

(파동 높이기)

1단계.
꿈을 이룰 마감 시간과
현재 상황의 두 배 목표로 정하라.

2단계.
그 목표를 매일매일
동일하게 노력하라.

3단계.
계속 두 배씩 커져라.

"이 장난감 레이저로 과학자들은 어떻게 지구에서 달까지 단 1초 만에 빛을 쏘고 태양까지 레이저를 쏠 수 있게 되었을까요?"

회장이 청년에게 레이저를 보이며 물었다. 청년은 자신이 알고 있던 모든 과학적 상식을 되짚어봤지만, 뾰족한 방법이 떠오르지 않았다.

"잘 모르겠습니다, 회장님."

"아인슈타인은 지구의 것들을 어떻게 하면 우주까지 전달할 수 있을지를 평생에 걸쳐 고민했습니다."

회장은 특별 회원이었던 아인슈타인의 의자에 다시 편하게 앉아서 말했다.

"당신은 지구에서 우주로 전달할 수 있는 것은 무엇이라고 생각합니까?"

청년은 주변의 모든 것을 빠르게 돌아봤다. 순간 밖에서 들린 자동차 경적, 이 호텔 공간의 은은한 향기, 뉴욕의 화려하고 높은 건물들, 오늘 먹은 최고급 스테이크. 아무것도 전달할 수 없는 것들이었다. 그러다 호텔 창 너머로 햇빛을 받으며 반짝이는 강이 보였다. 청년은 단서를 찾았다.

"빛입니다. 우리가 매일 아침에 일어날 때 맞이하는 햇빛이 지구의 보호막을 뚫고 우주에서 유일하게 건너오죠."

"정답입니다. 그러면 지구에서 우주로도 태양처럼 지구에 어떤 빛을 강하게 증폭시키면 우주로 전달할 수 있지 않겠습니까?"

청년은 고개를 끄덕였다.

"우리가 여기서 떠드는 말소리, 50층 호텔의 현란한 모습, 그 어떤 것도 우주에 전달되지 않습니다. 그걸 자랑하는 자들은 우주에서 봤을 땐 한낱 지구에 찍힌 작은 점으로 보일 뿐이라는 걸 모르고 설치는 오만한 자들입니다. 점 같은 존재들이 점을 찍고 자랑하는 내내 우주와는 점점 멀어질 뿐이지요."

'점 같은 존재들이 점을 찍고 자랑한다.'

청년은 이 문장이 마음에 들었다. 우주와 점점 멀어진다는 말도. 회장은 조금 더 진지하게 말했다.

"우주가 반응하는 건 그 지구에 찍힌 점이 아니라 점들이 선이 되려고 할 때입니다."

태양도 우주에서는 '점'일 뿐이다. 그 '점'이 지구에 전달되는 법도 빛줄기로 길게 이어진 '선'들이었다. 인간도 같은 것을 만들었다. 1917년, 아인슈타인이 마침내 빛줄기로 길게 이어진 레이저를 만들었다. 그리고 그 안에 원리 역시 너무도 간단했다. 그 안에는 성공의 정수가 담겨 있었다. 같은 에너지를 반복하면 자신과 같은 에너지들을 두 배씩 끌어당겨 지구에서 가장 강력한 빛줄기를 만들어 태양까지 쏠 수 있었다. 아인슈타인도 인간 역시 에너지이며, 에너지는 파동을 통해 전달된다고 말하지 않았던가!

파동은 인간이 하루를 보낼 때마다 물결 모양으로 굽이치며 만들어진다. 파동을 같은 파동으로 만들어 파도를 일으키는 자가 있고, 파동을 다른 파동으로 헝클어 바닥에 침잠하는 자가 있다. 파동이 강해지면 에너지가 강해지고 빛이 강해지게 된다. 그러면 인간은 아인슈타인의 이론대로 레이저가 된다. 또한 신의 의지대로 인간은 빛이라는 말을 강하게 증폭하게 된다.

회장은 청년에게 한마디로 물었다.

"사람의 빛은 저마다 우주로 전달됩니다. 우주로 전달할 만큼 간절해져본 적이 있습니까?"

청년은 회장의 질문에 처음으로 자신있게 대답했다.

"바로 지금입니다. 저는 맥도날드의 매장이 100개를 넘어 1만 개로 증폭하기를 간절히 원하니까요."

"맥도날드 매장이 백 배나 늘어나는 건 엄청나겠군요."

회장은 잠깐 현재 매장 수의 분포를 헤아리더니 조금 놀란 표정으로 대답했다.

"지구 전역에 오픈하고 싶습니다."

청년이 회장의 말에 확신에 찬 모습으로 고개를 끄덕였다.

"그러려면 엄청 강한 에너지가 필요하겠군요. 이 장난감 레이저로 어떻게 태양까지 쏠 수 있었는지를 알면 도움이 되겠어요. 마침 그걸 발견하신 분이 여기에 계시거든요."

회장은 웃으며 나선형으로 조밀하게 감긴 용수철 형태의 장난감 슬링키를 꺼냈다.

"스트릭랜드 씨?"

"네, 썬그룹 회장님!"

뒤에 정장을 입은 한 중년 여성이 밝게 손을 들었다. 노란색 머리에 단발머리, 그리고 검은색 뿔테를 쓰고 있었다. 검은색 정장을 입고 있었기에 청년은 으레 호텔 직원으로 생각했다.

"어떻게 이 장난감 슬링키로 노벨상을 받으셨나요?"

여성은 자신을 띄워주는 것에 다소 어색해했다. 청년은 칭찬에 멋쩍어하며 바로 자신이 발견한 것을 서둘러 말하려는 여성의 모습에서 진한 학자의 모습을 느꼈다. 그녀는 장난감 슬링키를 아코디언처럼 가로로 길게 늘렸다가 세로로 회전시키더니 밑으로 착 내렸다. 그러자 박수가 쏟아졌다.

"네??"

청년은 당황해서 '방금 뭘 본 거지' 하는 표정이었다. 노벨상을 탄 학자라 하니 방금 본 것을 머릿속으로 복기했다.

1. 장난감 슬링키를 길게 늘렸다.
2. 그 슬링키를 세로로 회전시켰다.
3. 밑으로 내렸다.

딱 이 세 가지가 전부였다. '이 슬링키의 움직임만으로 태양까지 레이저로 빛을 쏘셨다고?' 청년이 의아해하는 모습에 과학자가 회장에게 물었다.

"엇, 이분은 처음 오신 분인가요?"

"스트릭랜드 씨가 중간에 오셨군요. 소개하죠. 여기 청년은 저희 레이저 클럽에 오늘 입회하는 친구입니다."

"아하, 반가워요. 제가 명함이…."

여성은 주머니를 서둘러 뒤졌다.

"깜빡하고 연구실에 두고 왔네요, 하하."

영락없는 학자였다. 청년은 괜찮다며 자신의 명함을 건넸다. 학자는 그 명함마저 대충 스윽 보고는 주머니에 넣었다. 어쩐지 좀 전까지 연구실에서 일하다가 이곳으로 급히 온 듯했다. 사회에 때 묻지 않은 진짜 학자…. 아마 여기 재단에서 연구비를 지원받고 있으리라. 아인슈타인도 여기에서 오랫동안 지원받아왔을 터였다. 그제야 청년은 노벨상 학자들이 이 공간에 드나드는 이유가 이해되었다.

"방금 제 행동이 당혹스러우셨겠어요."

"네, 조금요…?"

"그렇게 가지고 놀다 보면 우주가 보이거든요."

그녀의 말이 그를 뭔가 또 새로운 세계로 이끌어줄 것 같았다. 그녀는 장난감 레이저를 깜빡 켰다 껐다를 반복했다.

"키티, 이리 온!"

그러자 회장이 키우던 고양이가 다시 뛰어나와 레이저 빛을 잡으려고 나섰다.

"원래 레이저 출력은 딱 이런 수준이었어요. 압축된 빛이지만 우주까지 닿기에는 터무니없이 부족하죠."

그녀는 칠판에 자신이 쓰던 증폭기를 그렸다.

"이걸로 레이저에 힘을 더 가할 수는 있어요. 하지만 조심해야 해요. 압축된 가스를 더 눌러보면 어떻게 될까요?"

"터지겠죠."

"이 장난감도 팡! 터질 거예요!"

그녀는 개구쟁이처럼 손을 크게 '만세' 하며 외쳤다.

"압축된 것에 강제로 에너지를 주면 당연히 무리가 오죠."

그녀는 다시 장난감 슬링키를 가로로 길게 늘렸다.

"그럼 레이저를 이 슬링키처럼 길게 늘려보면 어떨까요?"

"빛이 1초 만에 돌 거리를 신이 인간에게는 10년만큼 늘렸던 것처럼요?"

"어머나, 회장님. 첫 만남에 벌써 거기까지 얘기하신 거예요?"

회장이 웃으며 고개를 끄덕였다. 청년은 그 모습에서 회장이 자신에게 들려줬던 우주를 움직이는 가르침들이 과학자들의 통찰에서 시작되었다는 것을 눈치챘다. 과학자는 청년에게 다시 질문했다.

"빛이 1초 만에 돌 수 있는 힘을 인간에게 1초 만에 주입하면 흙으로 빚어진 인간은 어떻게 될까요?"

"다 타버리겠죠."

"실제로 실험실에서 강하게 압축된 레이저도 우리가 일부러 강제로 에너지를 높이자 다 부서졌어요."

그녀는 장난감 스프링을 길게 늘린 것을 유지하며 말했다.

"그래서 이 장난감 슬링키처럼 꽉 압착된 레이저 빛을 길게 늘려서 증폭한 거죠."

"그래서 신이 빛으로 빚었다는 인간에게도 나이가 부여된 거군요."

"맞아요!"

스트릭랜드는 활짝 웃었다.

그녀는 얼른 다음 이야기를 들려주고 싶어서 말이 좀 더 빨라졌다.

"이 장난감 슬링키는 색깔이 무지개로 되어 있죠?"

"네."

"왜 그럴까요?"

"아이들이 더 재밌게 갖고 놀라고 색칠하지 않았을까요?"

"아닌데…."

스트릭랜드가 해맑게 웃었다. 얼른 저 장난감에 칠해진 무지개색들이 아이가 아니라 바로 나를 위해 색칠한 거라고 말하라는 표정처럼.

"제일 끝은 왜 빨간색으로 칠해져 있을까요?"

청년은 별로 관심없었지만 그녀의 텐션에 호응해서 일부러 질문을 던졌다.

그러자 스트릭랜드가 슬링키 끝에 빨간색을 가리켰다.

"빨간색이 파장이 길어서 제일 빠르게 이동하기 때문이죠!"

"네?"

청년은 다시 이해하지 못하겠다는 듯 되물었다.

"장난감 주제에 굉장히 과학적이에요. 왜냐면 과학에서도 빛이 색깔마다 굴절률이 달라서 물질마다 움직이는 속도가 달라지거든요."

"이걸로 노벨상을 타셨다는 거죠?"

"이걸로 세상을 바꿨죠!"

청년은 과학자의 답변이 만족스러웠다. 언젠가 자신에게도 속물처럼 묻는 이가 온다면 세상을 바꾸는 중이라고 대답하리라. 과학자는 자신의 에르메스 가방을 꺼냈다. 18K 화이트 골드가 아낌없이 들어가고, 무려 245개의 다이아몬드가 촘촘히 박혀 있는 악어가죽 버킨백. 청년은 단번에 과학자의 가방을 알아봤다. 청년의 연인이 갖고 싶어 했던 백이었다. 구경하기도 힘들었다. 매장에서는 항상 재고가 없다고 했다. 잡지에서만 보던 전설의 백을 장난감을 들고 다니는 과학자가 아무 생각 없이 탁자 위에 올려놨다.

"여기 슬링키를 좀 늘려주세요."

과학자는 호텔 직원들에게 양옆으로 슬링키를 늘려줄 것을 요청했다. 그리고 버킨백에서 무언가를 주섬주섬 꺼냈다. 에펠탑, 엠파이어 스테이트빌딩, 도쿄타워, 두바이타워… 이번에도 모두 아이들 장난감이었다.

"하하하."

청년은 큰 소리로 웃었다. 수천만 원짜리 버킨백에 몇 천 원짜리 전 세계 랜드마크 장난감이라니. 자신의 여자 친구가 이걸 본다면 뭐라 할까? 여자 친구는 이 비싼 버킨백에 대체 뭘 넣고 싶었던 걸까? '이 백에 장난감 넣고 다니는 과학자를 봤어' 하면 여자 친구가 믿을까?

"착! 착!"

장난감들은 하단이 자석으로 되어 있어서 철제 스프링에 모두 일렬로 달라붙었다. 그 덕에 1미터 가까이 늘어난 스프링에는 저마다 다양한 나라 건물들이 일렬로 전시되었다. 과학자가 청년에게 물었다.

"신이 왜 지구를 동그랗게 만들었는지 아세요?"

"갑자기요?"

"갑자기 아닌데…."

과학자가 길게 늘어난 슬링키를 동그랗게 오므렸다. 그러자 슬링키가 지구본처럼 동그랗게 말렸다. 청년은 깜짝 놀랐다. 엠파이어스테이트 빌딩은 진짜 미국쯤 되는 위치에, 그리고 에펠탑도 프랑스가 있을 위치에 놓여 있었다.

"맙소사. 이거 지구를 표현한 거였나요?"

"지구가 둥글다는 것을 발견하기 전에 사람들은 지구가 평평하다고 믿었죠."

과학자가 다시 슬링키를 가로로 길게 늘리며 말했다. 청년도 감동해서 맞장구를 쳤다.

"그렇죠. 우리도 관념적으로 지구가 둥글다는 것을 알지만, 눈으로는 평지에 지은 100층짜리 건물들로 보이니까요."

"당신이 들고 있는 레이저…."

과학자가 제법 진지한 표정으로 청년이 손에 쥔 레이저 포인터를 가리켰다.

"눈앞에 보이는 걸 강하게 만들려면 시간을 펼쳐놓고 강하게 만들어야 해요."

청년이 그 말에 응수했다.

"시간은 파동을 위해 존재하니까요."

"그것도 알고 계셨나요?"

과학자가 깜짝 놀랐다. 청년은 어느새 과학자처럼 말하고 있었다.

"레이저를 달까지 1초 만에 쏘신 비밀도 이렇게 빛을 길게 늘려놓고 저마다의 파장들을 엠파이어스테이트빌딩처럼 증폭시켜서 다시 압축시킨 거군요."

"고마워요. 저 대신 말해줘서."

과학자가 맞장구를 치며 좋아했다.

"지구도 그런 신의 의지가 담겨 있는 공간이죠."

"그래서 미국에는 엠파이어스테이트빌딩을 짓고, 일본에는 도쿄타워를 짓고, 프랑스에선 에펠탑을 지었군요. 저마다의 증폭을 만들지만, 결국 지구라는 공간이 강렬한 빛을 가득 품은 공간이 될 수 있는 거고요? 그게 레이저를 만드는 과학자들이 발견한 것과 같군요!"

"철학과 나오셨어요?"

"아뇨, 경영학과입니다."

"회장님들, 긴장하셔야겠어요. 여기 회장님들 어릴 때 모습을 가진 청년을 어떻게 이렇게 딱 맞게 데려오셨어요? 다시 본론을 말하자면, 레이저는 아인슈타인의 머릿속에서 처음 아이디어가 나온 뒤로 50년이 지나서야 실제로 쏠 수 있었어요. 20년이 지나 제가 달까지 1초 만에 쏠 수 있게 만든 거고요."

"70년이 걸렸군요."

"저도 저녁밥 먹다가 떠오른 거예요. 아이와 놀아주려고 슬링키를 늘리는데, 좁은 빛을 무리해서 늘리지 말고, 그냥 이 스프링처럼 펼쳐놓고 빛을 키우면 되잖아? 그 아이디어가 떠오른 거죠."

좀 더 자신의 과학적 성취를 권위 있게 포장할 수 있었을 텐데, 두 아이의 엄마라던 과학자는 노벨상과 동떨어진 엄마의 언어로 자신의 발견을 설명했다.

"그 말은 인간도 꿈꾸는 걸 10년으로 늘리고 증폭하게 되면 강한 출력이 나오겠군요. 어떤 꿈이든 이룰 수밖에 없겠군요!"

청년은 그제야 빛이 1초 만에 도는 거리를 인간은 10년으로 늘려둔 걸 오롯이 이해할 수 있었다. 그렇게 10년으로 늘려놓고 인간이 긴 시간 동안 여기저기 높은 궤도를 쌓은 다음에 어떤 것을 꿈꾸든 10년의 시간 동안 증폭한 에너지를 다시 한 점의 시간에 압축한다. 이제 그가 무엇을 꿈꾸든 그 에너지는 지구 한 바퀴를 휘감을 만큼 강해진다. 이야기를 경청하던 회장이 청년의 말에 동의를 표현했다.

"정확합니다. 꿈도 편하게 증폭할 수 있도록 늘려주고, 그 증폭한 에너지를 압축하면 됩니다."

"제가 경영학을 꿈꾸고 경영대학을 나오고 대표님을 만나기까지 10년이나 걸렸던 이유가 이거였군요."

"만약 청년이 지금보다 훨씬 전에 갑자기 매장 100개를 가졌다면 어땠을 거 같나요?"

"그 부의 힘을 주체 못하고 어쩔 줄 몰라 하다가 다 무너뜨렸을 것 같습니다."

회장은 청년을 보며 미소를 찡긋하며 조금 전에 과학자의 질문을 반복했다.

"빛이 1초 만에 돌 수 있는 힘을 인간에게 1초 만에 주입하면 흙으로 빚어진 인간은 어떻게 될까요?"

청년은 잠시 온몸을 떨면서 앞의 대답을 반복했다.

"그래서 신이 빛으로 빚었다던 인간에게도 나이가 부여된 거군요."

회장은 웃으면서 비서에게 말했다.

"여기 칠판을 다 지워주세요."

비서가 칠판을 깨끗하게 지워놓자, 회장은 칠판에 작은 원을 하나 그렸다.

"이 동그라미는 원자입니다. 그리고 청년과 나, 그리고 여기 계신 모두가 이 작은 원 하나가 무수히 달라붙은 걸로 이루어져 있습니다. 과학자들은 사실 세상의 모든 것이 원자로 이루어져 있다고 말합니다."

청년은 원자에 대해 충분히 알고 있었다.

"하지만 과학자들이 돋보기로 더 들여다보니 사실 원자들은 신이 그 속을 더 들여다보지 못하게 씌운 등껍질이었죠."

"등껍질요?"

"이 등껍질을 벗기면 뭐가 있을까? 과학자들은 집요하게 파고 들었습니다. 아인슈타인을 비롯한 과학자들은 오직 신만 알고 있었던 무서운 질문의 답을 인류 역사 수십만 년 끝에 찾으려 했던 거였죠. 우리 재단에서도 이 질문의 답을 찾는 데에 돈을 어마하게 지원했습니다."

청년은 순간 '역시…' 하는 표정을 지었다.

"그 질문은 '우주는 진실로 무엇으로 이루어져 있는가?'였습니다. 그리고 마침내 원자 안에 온 우주를 실제로 이루는 가장 작은 마지막 본질을 찾고야 말았습니다. 그건 바로….'

"쿼크죠."

청년은 과학 시간에 배웠던 내용이 생각나서 자랑스럽게 말했다.

"하하, 맞습니다. 그리고 그 쿼크가 움직이는 속도를 과학자들이 측정해봤습니다. 어느 정도 빠를 것 같습니까?"

"글쎄요, 제 몸은 고정되어 있으니 피가 흐르는 속도 정도이지 않을까요?"

회장이 의미심장한 표정을 지었다.

"틀렸습니다. 정확하게 '빛'의 속도였습니다. 인간 몸속 입자들이 빛의 속도로 흐르고 있었던 것이지요! 이제껏 과학자들이 발견한 비밀 중에 내게는 가장 놀라운 발견이었습니다. 우리의 몸은 고정되어 있지만 우리 몸속의 입자들은 잠시도 쉬지 않고 빛의 속도에 가깝게 진동하고 있다는 발견이었던 거죠."

청년은 놀라서 안경을 다시 세워 올렸다.

"그렇단 말은 이미…."

청년이 당황하며 말할 때, 회장은 말을 끊었다.

"'너희는 세상의 빛이다.' 예수가 말했었죠."

"그 말을 하려고 했습니다."

청년은 고개를 끄덕였다. 마태복음 5장 14절에 있던 말이었다. 청년은 어릴 때 성경 전체를 외웠던 적이 있었다.

"그제야 내 존재에 대한 의문이 모두 풀렸습니다. 내가 간절함을 느끼는 것은 내 안에 빛의 속도를 느끼는 것과 같고 오직 빛으로만 전달되는 우주의 완전함을 느끼는 것과 같다는 것."

회장의 표정은 진지해졌다.

"그러니 정말 간절한 것을 끌어당길 땐 진실로 세 가지를 기억해야 합니다."

청년은 회장의 말을 되새기고 있었다.

'내가 간절함을 느끼는 것은 내 안에 빛의 속도를 느끼는 것과 같다.'

정말 아름다운 말이라고 청년은 생각했다.

회장이 집게손가락을 꺼냈다.

"첫째, 내 몸에 가장 깊은 본질은 이미 빛의 속도로 달리고 있다는 것."

그리고 두 번째 손가락도 꺼냈다.

"둘째, 나는 그저 그 빛이 갈 방향만 정해주면 된다는 것."

세 번째 손가락도 꺼냈다.

"셋째, 내가 곧 '빛'이라는 것."

회장은 칠판에 세 문장을 썼다.

"YOU ARE NOT HUMAN.

YOU ARE THE LIGHT.

YOU ARE THE LASER."

청년은 세 문장을 얼어붙은 듯이 바라봤다. 속으로도 중얼거렸.

'I AM THE LASER.'

　회장과 청년의 대화가 끝났을 때는 이미 자정을 훨씬 넘긴 시각이었다.

　반면 회장은 너무 많은 말을 청년과 독대하듯이 나눈 것 같아 주변 회장들에게 양해를 구했다.

　"미안해요. 오늘 이 청년이 꼭 예전의 나를 보는 것 같아서, 말이 많았네요."

　"아니, 괜찮습니다. 오히려 저희도 초심을 떠올렸어요."

　청년은 순간 여기서 서열이 있다는 느낌이 들었다.

　"회장님, 혹시 그러면 여기 계신 분들이…."

　"맞아요, 다 저의 제자들입니다."

　월스트리트에서 다들 매일 차트를 보며 어떻게든 뒤꽁무니를 쫓으려는 대기업의 주인들이 제자들이라니. 다들 그림자를 보고 있을 때 청년은 진짜 빛을 만난 느낌이었다. 그리고 청년은 문득 R은 어떻게 이런 자리에 함께 있는 건지 궁금해졌다.

　"혹시 저희 대표님은 어떻게 이 자리에 오신 거예요?"

　"아, R? 왜요? 다 하버드 출신에 기업 자산 규모로 걸러내는 것만 같나요? 하하."

　회장이 호탕하게 웃었고, 청년은 괜한 질문을 한 것 같아 민망했다.

　"우리는 그런 걸로 멤버를 정하지 않아요. 불안정한 상태에서도 거대한 것을 준비하면서 직선처럼 나아가는 사람들이 이 클럽의 사람들입니다. R은 분명 처음에는 우리가 골프 칠 때 영업망을 뚫으려고 인사를 했겠지만, 우리는 R의 빛을 엿보았죠. 여기 회장들 모두 내로라 하는 사람들인데, 아무도 R이 들어오는 것에 대해 반대하는 사람이 없었습니다. 오히려 우리는 R이 시련을 뚫고 나오는 기술에 감탄했죠. R도 그 궤도에 올라온 겁니다."

청년은 오늘 깨달음이 자신의 인생 깨달음이 될 거라는 확신이 들었다.

'나는 점으로 단절된 게 아니라 지금 이 순간도 직선으로 뻗어가는 중인 거야.'

회장은 화이트보드에 기록하기 시작했다.

"해리, 따라 적어주게."

칠판에는 이렇게 기록되었다.

"빛은 비출 것을 선택한다.

빛은 배가 되어 강해진다.

빛은 앞만 보며 직진한다."

청년은 메모지에 그대로 적었다.

"혹시 회장님, 그 옆에 제가 이해한 것을 같이 적어봐도 괜찮을까요?"

"물론이지요. 자, 여기 펜."

"정말 되고 싶게 선택할 것.

정말 배가 되게 목표할 것.

정말 끝이 되게 직진할 것."

청년이 화이트보드에 적자 뒤에서 박수 소리가 터졌다. 그리고 모두들 이렇게 대답했다.

"Sic itur ad astra."

청년과 R은 호텔에서 나왔다. 이대로 집에 돌아가기에는 아쉬운 밤이었다. 둘은 와인을 곁들인 저녁 식사를 함께하기로 했다.

"어땠나?"

"대표님, 저는 이제 대표님의 꿈을 온 맘 다해 지지합니다. 다시 한번 잘 부탁드립니다."

"그러겠네. Sic itur ad astra. 자네가 나의 별이 될지도 모르겠군."

청년은 다음 날 퇴근하고 간만에 대학 도서관에 갔다. 아인슈타인의 레이저 이론이 담긴 논문들을 복사해왔다. 그리고 그가 정말 한때 베개처럼 끌어안고 잤던 두꺼운 경제학 원론 책도 다시 빌려왔다. 그는 그 페이지에 실린 한 문장을 수천 번을 읽고 또 읽은 적이 있었다. 책에는 수백 년 전에 이 모든 돈의 세상을 설계한 경제 사상가들이 자본주의 시장을 돈의 파동으로 묘사해놓고 있었다.

'이 세상은 돈의 파동이다….'

청년은 오랜 비밀이 풀리는 표정을 지었다. 그 깨달음을 살며시 읊조렸다.

"자본가들은 세상을 거대한 파동으로 바라보다가, 스스로 거대한 파동이 되었지."

아침에 일어난 청년은 바깥에 나가니 온 세상이 파동으로 느껴졌다. 지갑을 꺼내서 매일 담배를 사고 식사 거리를 사는 사람들, 커피를 쥐고 택시를 찾는 모습들이 전부 거대한 파동이었다. 자신이 존재하기 전부터 그리고 자신이 사라진 뒤에도 변함없을 거리의 파동들이었다. 자신의 파동도 이 거리 속에 섞여 있을 터였다. 하지만 이 파동은 0이 된다. 우주의 단 하나의 규칙, 보강 간섭이 아닌 것들은 전부 다 사라진다. 청년은 한 달 만에 사람이 변하는 비밀을 알았다.

한 달을 '1일+2일+4일+8일+16일'로 다섯 단계를 밟으면 그 파동이 서로를 끌어당겨 무엇이든 변할 수 있다는 것이었다. 청년은 마음속으로 신에게 물었다. '그렇다면 1년+2년+4년+8년+16년은 어떻습니까?' 신은 답이 없었지만, 청년은 답을 정했다. '31년은 얼마나 긴 시간일까요?'

한 달은 짧았지만, 같은 주기를 연도로 바꾸니 어마하게 긴 시간이었다. 자신의 청년, 중년, 장년을 관통하는 시간이었다.

'그래도 이제 단 하나의 파동만 바라볼 준비가 되었습니다.'

청년은 매장 하나가 매장 하나를 완벽하게 복사하는 데에 모든 힘을 기울였다. 훗날 〈뉴욕타임스〉는 그것을 과학의 경지라고 불렀다. 기자들은 그를 이렇게 기록했다.

"프레드 터너는 이십 대에 앳된 청년으로 중년의 레이 크록과 함께 맥도날드를 일으켜 세웠다. 그의 몸은 피가 아니라 케첩이 흐르고 있다. 그는 아무도 신경 쓰지 않는 감자튀김의 두께까지 교본을 만들고 그걸 무조건 지켜야 하는 규칙을 직원 계약서 1조 1항에 기록하고 있다. 그에 따르면 감자튀김은 정확히 0.28인치 두께로 잘라야 하며, 소고기 1파운드에서는 정확히 열 개의 패티가 만들어져야 한다. 그는 이런 내용을 가르치는 햄버거 대학까지 여러 나라에 걸쳐서 설립했다. 이 대학의 졸업장을 가진 학생들은 저마다 매장으로 흘러들어가 0.28인치 두께의 마법의 감자튀김을 내놓는다. 혹시 소고기 1파운드로 여덟 개, 아홉 개 패티가 만들어지고 있는가? 걱정 마시라, 그곳은 맥도날드가 아니거나 프레드가 와서 곧 그 매장의 전 직원을 해고할 곳이니까."

레이 크록이 사업을 이렇게 저렇게 하고 싶다고 말하면, 프레드는 자신의 젊은 감각으로 그것을 완벽하게 실행시켰다. 마이크 로버츠는 "레이는 카리스마 넘치는 슈퍼세일즈맨이었고, 프레드는 실질적으로 모든 일을 진행시킨 사람이었습니다"라고 대답했다. 프레드는 모든 매장을 직접 하나하나 오픈했다. 모든 매장이 완벽하게 복제되었고, 모든 매장이 정확하게 0.28인치 두께의 감자튀김을 내놓을 수 있었다. 러시아에 1호점을 냈을 때 터너의 친구들이 축하 파티로 캐비어와 와인을 가져와 저마다 흥을 내고 있을 때였다. 당시 프레드가 불안함을 견디지 못하고 맥도날드로 건너가 빵과 감자튀김을 제대로 튀겼는지를 몰래 주문해 확인한 일화는 유명하다. 러시아인들도 0.28인치 두께를 정확하게 잘랐을까? 프레드가 매장에서 돌아오며 함박웃음을 지었다. 물론이었다!

그는 완벽하게 매장과 매장을 복제했다. 결국 1만 개의 매장을 완성하는 것이 목표였다. 그 목표를 '1년+2년+4년+8년+16년'으로 이루려 했다.

"100개는 어느 정도인가요?"

"동네 체인 사업가들이 만족해하지."

"1,000개는요?"

"가족 대대로 물려받아 살 수 있지."

"1만 개는요?"

"전 세계에 퍼져야 달성할 수 있지."

청년은 레이 크록과 대화를 하다가, 미국의 철학자인 매슬로의 인간 욕구 단계 이론의 가장 정점에 올라섰다. 그것은 바로 자아실현의 욕구였다. 매장에 들어온 청년은 들어온 순간 모든 것이 파동으로 느껴졌다. 아침 여섯 시에 정확하게 켜진 빛, 바깥 배경만 지우면 어딘지 모를 만큼 완전하게 똑같이 움직이는 직원들, 수백 곳이 한 곳처럼 움직이는 파동. 그것이 1만 개의 파동으로 매일 아침 여섯 시에 반복되었다. 그러자 청년은 이십 대의 심장에서 울릴 수 있는 가장 큰 고동을 느꼈다.

"인어 머리도 첫 매장이 무한하게 복사되어 지구 한 바퀴를 돌았지. 우리도 돌아보세."

레이가 카리스마 넘치게 말했다. 그 말에 청년의 마음이 지구 한 바퀴를 돌기 시작했다. 그러자 곧 청년의 시간이 파동을 위해 존재하기 시작했다. 길거리에 모든 것이 소음이었다. 길거리에 딱 하나만 보이기 시작했다. 매일 같은 시간에 같은 파동이 켜지는 곳이었다. 자신의 시간이 파동이 될 곳이었다. 그곳이 바로 모든 파동이 따라갈 신호였다.

'그렇다면 1년+2년+4년+8년+16년은 어떻습니까?'

청년은 스스로에게 다시 물었다. 그러자 마음이 대답했다.

'Sic itur ad astra.'

이렇게 하여 별들에 이른다. 시간은 결심하는 자의 손을 붙잡고 금방 그 시간의 끝점까지 인간을 데리고 가는 버릇이 있다. 그래서 청년은 정신 차려보니 중년이 되어 있었다. 청년은 0.28인치의 두께가 모든 매장에서 수십 년 반복되듯 살았다. 그의 하루는 3일 전의 그와 2일 전의 그와 1일 전의 그가 완전하게 하나가 되어, 국가간의 벽을 뚫기 시작했다. 그 벽도 막상 겪어보니 고작 0.28인치처럼 얇았다.

미국 아이오와주에 평범한 빵 판매원 집안에서 태어난 이십 대 청년이 평범하게 경영학과를 나와서 0.28인치의 두께를 반복하는 세상에 들어갔다. 거기엔 '1일+2일+4일+8일+16일'을 하고 월급을 받아가는 아르바이트 직원들도 있었고, '1달+2달+4달+8달+16달'을 거치며 매니저로 올라가는 직원들도 있었다. 그리고 '1년+2년+4년+8년+16년'을 거치며 지구 한 바퀴를 도는 자도 있었다. 물론 프레드의 집안에는 과거 족보를 빡빡 긁어봐도, 어디에도 그런 사업가의 피가 흐르지 않았다. 그의 부모도 한 달 한 달 매출에 연연하는 레이 크록과 같은 판매원의 삶을 살았다. 그의 집안 어디에도 지구 한 바퀴를 돌아야 할 것 같은 사업가의 기풍이 흐르지 않았다.

그러나 자아실현의 욕구가 씨앗을 싹 틔웠다. 누군가 그 씨앗에 긴 시간 물을 주기 시작한다면, 그 씨앗은 물을 주는 자가 원하는 만큼 자란다. 물론 우주의 법칙은 정확하게 매일 같은 물을 주는 자가 원하는 만큼 자라는 것이다. 프레드의 하루는 0.28인치의 두께를 반복하는 세상 속에서 가장 우아한 형태로 반복되었다. 그리고 이십 대였던 프레드가 31년이 지나 중년이 되었을 때, 그는 세계적인 기업의 회장이 되어 있었다.

레이 크록은 죽기 직전에 프레드를 불러 마지막 순간에 이렇게 말했던 것으로 전해지고 있다.

"Sic itur ad somnium."

이렇게 하여 꿈에 이른다는 뜻이었다.

1957년, 프레드는 이십 대 중반에 첫 번째 운영 및 훈련 매뉴얼을 기록한 교본을 만들었다. 물론 0.28인치의 두께로 감자튀김을 만드는 것도 아주 상세하게 기록되어 있었다. 그게 너무도 완벽해서 오십 년이 넘도록 아주 약간의 변형만 거친 채 사실상 그대로 쓰일 줄은 그도 몰랐다. 그 매뉴얼대로 매장이 1만 개까지 늘어난 것이었다. 더 놀라운 것은 1957년에 프레드가 1만 개를 결심했을 때, 그의 결심이 한 치의 오차도 없이 정확하게 1988년에 실현이 되었다는 사실이었다. 우주의 법칙은 정확했다.

세상에서 가장 강력한 것은 빛이 커지는 과정대로 크는 것이었다. 물리학자들은 시간도 에너지로 환산한다. 그래서 하나, 둘, 넷의 세상은 1년, 2년, 4년으로 두 배의 배수로 환산할 수 있었다. 그렇게 모이는 에너지는 가장 강력한 레이저의 에너지가 된다. 프레드도 그동안의 시간을 헤아렸다.

'1년+2년+4년+8년+16년….'

자신의 성장 궤도를 밟아온 시간이 회사의 성장 자체였다.

"정확히 31년이 걸렸군."

그리고 1988년에 1만 개 오픈이 정말 가능할 줄은 그도 몰랐고 레이도 몰랐다. 프레드는 레이의 묘지로 갔다.

"딱 이 년만 더 사셨더라면, 꿈의 실현을 보실 수 있었을 텐데요!"

레이는 당연히 말이 없었다. 매장이 8천 개가 될 무렵 레이는 눈을 감았다.

레이는 68세의 평균 나이를 넘어 83세까지 살았고, 맥도날드 형제들은 90세까지 살며 100만 달러로 행복한 노후를 보냈다. 물론 맥도날드라는 기업이 시총 1,000억 달러를 돌파했다는 것은 눈과 귀를 다 막고 절대 듣지 않은 채로 말이다. 그들의 노후는 100만 달러로 안정된 삶 속으로 사라졌다. R은 전 세계 지구상의 모든 지역에 자신의 매장이 꽂혀 있는 것을 보며 눈을 감았다.

"정작 맥도날드 형제들이 살아서 하나의 매장이 1만 개가 되는 것을 보는 게 더 고통스러우려나요."

프레드가 웃으며 레이의 묘지 앞에서 혼잣말을 했다. 맥도날드 형제들은 이 증폭이 시작될 때 불과 5년 만에 자신들의 모든 권리를 100만 달러로 맞바꿨다. 그 뒤로 수천 배로 증폭할 것을 모른 채로 말이다. 매장 하나로 만족하던 사람들의 파동은 그렇게 동네 안에서 아파트를 사고 벤츠를 탈 수 있을 정도면 충분했다. 잔잔한 파동 위에 요트를 타는 사람들은 그 수준에 모든 파동이 멈추었다. 그리고 그 파동이 파도가 되는 것을 끝까지 지켜보는 자들은 저마다의 "1년+2년+4년+8년+16년"을 거쳐서 스스로 파동이 되었다.

"레이저 통도 들뜬 빛의 원자들이 빠르게 에너지를 해소하고 싶어 했죠."

아인슈타인이 1917년에 그 들뜸의 끝을 기록했던 것처럼, 프레드 또한 그 신화의 끝을 만나고 있었다.

'신이시여. 그렇다면 저의 1년+2년+4년+8년+16년은 어땠습

니까?'

프레드가 다시 신에게 물었다. 신은 이번에는 꿈속에 나타나 처음부터 그들을 향한 계획이 있었음을 말씀하셨다.

"다 이루어지고 난 뒤에 다 계획이 있었다고 말하면 어떻게 믿습니까?"

신은 프레드의 말에 웃으며 대답했다.

"이 꿈을 깨거든 자네와 레이 크록의 태어난 날을 다시 확인해보게나."

원래 꿈을 잘 꾸지 않던 프레드는 이 꿈이 너무 선명했다. 그는 잠에서 깨자마자 바로 서재로 뛰어가 레이 크록이 언제 태어났는가를 찾아봤다.

"저는 그이가 갑자기 왜 저러나 싶었어요."

프레드의 아내가 그가 뛰어나가던 장면을 회상하며 말했다. 그리고 서재에는 오열하는 소리가 들렸다. 놀란 아내가 서재에 뛰어갔을 때, 프레드는 그가 평생 들고 다니던 가죽 플래너에 두 줄이 쓰여 있는 것을 볼 수 있었다.

"프레드 터너. 1933년 1월 6일생."
"레이 크록. 1902년 10월 5일생."

정확히 31년이었다. 신은 인간이 '1년+2년+4년+8년+16년'으로 움직일 때 이미 답을 기록해두셨던 것이었다. 신은 이미 그들이 만날 때부터 다 계획이 있으셨다. 한평생 피아노를 치다가 종이컵을 팔다가 말년에 밀크셰이크를 팔던 늙은 남자와 빵을 팔던 집안에서 태어나 열등감이 가득했던 젊은 청년이 물과 기름의 모습으로 만나서, 지금까지도 미국 기업 역사상 전 세계에 가장 널리 퍼지는 파동을 만들어내고 있다.

같은 노력을 반복하는 자들의 힘

R이 매장 5천 개를 돌파했을 때 5천 번째 매장 축하식을 임원들과 성대하게 치른 다음에, 첫 번째 매장으로 다시 혼자 찾아갔다. 그곳은 5천 번째 매장과 똑같이 생겼다. 첫 감동을 잊지 않으려는 듯 다 꺼진 매장 간판에 레이저를 쏘아봤다. 그리고 차 안에서 이 감동을 배로 올려줄 비틀스의 CD를 꺼냈다. 기존에 익숙했던 카세트 테이프가 있어야 할 자리는 얇은 CD만 넣게끔 바뀌었다.

"쯧쯧, 음악 들을 줄 모르는 것들…."

아니, 그보다는 카세트 플레이어를 들고 온다는 것을 깜빡한 자신의 기억력을 탓하는 게 현명했다. 하지만 5천 번째 매장에 축하하러 갔다가 첫 번째 매장으로 당일치기하려면 비행기가 필요했다. 칠십 대 노인에게는 몹시 힘든 하루였다. '레이저라도 챙겨온 게 어디야.' R은 아직 자신의 기억력이 쓸 만하다는 것을 레이저 통을 만지작거리며 느꼈다. CD가 찌리릭 소리를 내다가 곧 피아노 건반 소리가 들렸다. 〈렛 잇 비〉였다. R은 두 눈을 감고 들었다.

피아노 건반만 나오는 10초 동안 R은 피아니스트를 꿈꾸던 시절

10년이 주마등처럼 지나갔다. 롤렉스 시계를 볼 때마다 똑같이 떠올렸던 10초였지만, 눈을 감고 그 시절을 떠올리는 느낌은 또 달랐다.

"삶이 곤경에 처해 있을 때, 내 어머니 메리는 나에게 와서 지혜의 말씀을 해주곤 해. 그대로 두어라. 내가 어둠 속에서 방황할 때 다시 그녀가 내 눈앞에 와서 지혜의 말씀을 전해주지~ 그대로 두렴. 그대로 두렴. 다 해결될 거야."

물론 R은 노랫말처럼 인생을 그대로 두지 않았다. 그는 정면으로 운명을 마주했다. 너무도 늦은 나이였지만, 운명을 뚫는 힘을 결국 가지게 되었다. R은 그럼에도 이 노래를 끊을 수가 없었다.

"내가 왜 이 노래를 아직도 듣는지 모르겠네. 나는 인생을 그대로 두는 것과는 완전히 다른 삶을 살아왔는데…."

"에? 저는 대표님이 누구보다 그 노랫말을 잘 실천하고 있다고 생각했는데요?"

"그게 무슨 말인가?"

"대표님은 매일 같은 노력을 그대로 그 자리에 두고 오셨잖아요. 그래서 이 자리에 계신 거잖아요."

"아…."

청년이 대표의 허를 찔렀다.

"렛 잇 비, 렛 잇 비."

R은 그제야 눈을 감고 이 노래를 들을 때 피아노를 치던 시절의 자신부터 지금까지로 시계 초침의 끝을 완전하게 이을 수 있었다. 자신

의 노력을 그날 그 자리에 그대로 두고 오는 겸허함, 자신의 파동을 우주에 맡기는 간절함. 그리고 마침내 만난 완전함.

'신은 나의 이 나이에도 내 간절함이 내 완전함이 되게 허락해주셨지.'

R은 오만함은 전혀 찾아볼 수 없는 겸손한 할아버지가 되어 있었다. 다만 세상이 그를 세계적으로 성공한 사업가로 부를 뿐이었다. 우주는 간단한 원리만 반복하면 누구나 성공할 수 있게 설계되어 있었다.

매일 하나하나 똑같이 간절함을 그대로 두고 오는 용기, 그것들이 모이면 하나, 둘, 셋이 아니라 하나, 둘, 넷이 된다는 믿음. 그리고 궤도를 위해 존재해온 시간들. 이 모든 세 가지가 운명의 벽을 뚫는 자신 안의 레이저가 된 것이다. R은 첫 번째 매장 간판에 다시 레이저를 쏴보았다.

"렛 잇 비, 렛 잇 비."

R은 그날 술도 걸치지 않았는데 취한 것처럼 첫 번째 매장 앞에 차를 세워두고 〈렛 잇 비〉 노래만 백 번이나 들었다. 그럼에도 5시간이 5분처럼 느껴졌다. 5천 개 매장이 다섯 손가락처럼 느껴졌다. 이제야 간절함이 완전함이 되었다는 증거를 느꼈다. 그리고 R이 5천 개의 매장을 돌파했을 때, 눈동자 행성에서도 많은 토론이 오갔다.

"원래 세상의 빛은 모두 굴절되어서 들어오는데, 내면의 빛은 모두 직진해서 나가는구나."

마틸다는 원형의 방과 거울의 방을 지나서 두뇌가 밝은 빛을 한 단으로 모아서 마침내 문방구 레이저 빛과 똑같이 쏠 때 아이처럼 기뻐했다. 하지만 진짜 기뻐했던 자는 의외의 인물이었다.

"쏴아아아아."

눈동자 행성에서 폭우가 쏟아졌다. 미어캣들이 깜짝 놀라 위를 쳐다보니 몬태그가 상공을 날면서 눈물을 주룩주룩 흘리고 있었다. 몬태그의 놀라운 행동에 당황한 마틸다가 바깥세상을 보자, 세상을 향해 빔 프로젝터를 쏘듯 자신의 모습과 몬태그의 모습이 지구상에 그대로 선명하게 보였다.

'진짜 우유니 사막은 진짜 빛을 비추면 볼 수 있는 거였어.'

내면의 빛이 눈동자 행성에 가득 채워져서 발사되자 행성의 모든 모습도 그대로 복사되어 바깥 하늘에 선명하게 쏘아졌다. 그 덕에 몬태그가 눈동자 행성의 가짜 하늘이 아니라, 진짜 하늘 위에 나는 모습이 보였다.

'몬태그가 진짜 하늘을 날고 있어.'

마틸다는 더 높은 하늘 위로 초점을 맞췄다.

"맞아! 바로 그 각도야!"

몬태그가 정말 행복해하며 푸드덕푸드덕 날개를 한껏 펼쳤다. 몬태그는 하늘 상공에서 태양을 향해 근사하게 날고 있었다.

"바틀비, 우산 있어?"

몬태그는 정말 많은 눈물 비를 뿌려댔다. 바깥세상으로 나가게 해 달라고 기도했던 건 정작 자신이었는데, 그런 스스로를 꾸짖던 것도 몬태그 자신이었다. 수십 년 만에 일어난 기적에 몬태그는 모든 힘을 다해 날갯짓했다. 독수리의 배에서 꼬르륵 소리가 났다. 미어캣들을 잡아먹었으면 이렇게 배고프지 않았을 텐데…. 어쨌든 후회는 없었다. 미어캣들 덕분에 진짜 하늘을 날고 있었다. 그들 덕분에 감시하는 자는 감사하는 자로 바뀌었다.

'몬스터들은 뭐할까?'

마틸다는 문득 떠올랐다. 예전에 눈동자 행성 바닥에 우유니 사막을 보고 감동해서 자신을 살려줬던 몬스터들이…. 몬스터들의 과거의 꿈을 비췄던 그때가 아닌, 마침내 진짜 꿈을 비추고 있는 지금 그들은 어떤 표정일까? 마틸다가 눈동자 행성 전망대에서 내려와서 몬스터들을 찾아갔다. 마틸다는 그들의 모습에 뭉클해지고 말았다. 그들은 거대한 팔을 번쩍 들어 흔들고 있었다.

'저 손을 흔드는 모습은 R이 타던 비행기가 이륙할 때 자주 보던 모습이었어.'

비행기 정비를 다 마친 엔지니어들이 승객들을 향해 잘 출발하라고 손을 흔들어주던 모습 그대로 몬스터들도 이륙한 진짜 '빛'을 향해 손을 흔들고 있었다. 빛은 이미 몬스터들의 손이 필요 없을 만큼 빠른 속도로 밖을 향하고 있었다. 몬스터들은 자신의 임무를 다 해낸 뿌듯한 표정으로 날아오르는 빛을 향해 손을 흔들었다.

'우리가 해냈구나.'

두뇌가 오랜 시간 품은 꿈이 증폭되어서 마침내 강한 빛이 되는 것은 정말 강력한 한 줄기 빛이었다. 그제야 눈동자 행성은 세상의 빛을 받아들이는 기관이 아니라 자신의 빛을 완전하게 내보내는 기관이란 것을 깨달았다. 그렇게 내면의 빛은 진짜 레이저가 되었다. 물론 가시광선만 볼 수 있는 인간들은 그 빛을 온전히 볼 수 없겠지만 말이다. 빛은 직진하는 중이다. 인간도 우주의 일부이니 당연히 인간에게서 나오는 빛도 직진하는 것이다.

"정말 아름답지 않아요?"

마틸다의 말에 몬태그가 상공에서 내려와서 머리를 끄덕였다.

"이 빛들은 어떻게 될까요?"

"세상의 빛을 사람이 그릇으로 받듯, 사람의 빛도 세상은 그릇으로 받네."

"인간은 모르겠죠?"

"뭐, 의지가 어쩌고 열정이 어쩌고 하면서 그럴싸하게 포장하는 모사꾼들이 있긴 한데, 실제로 인간이 우주상에 빛을 알아보는 것도 빛 전체의 파장 중에 아주 좁은 파장인 가시광선일 뿐이야. 정작 자신이 만드는 두뇌에서 뻗어나오는 간절한 형태의 레이저 빛은 가시광선이 아니니 보지 못하겠지."

"아쉽네요. 이걸 볼 수만 있다면 누구나 자기 내면의 빛을 찾으려고 들 텐데요."

"신이 그렇게 설계한 데에는 그만한 이유가 있겠지?"

몬태그는 또 멋진 말을 아무렇지 않게 뱉었다. 눈동자 행성에는 꽤 오랜 시간 동안 백야 현상이 이어졌다. 내면의 빛이 워낙 밝다 보니 세상의 빛이 들어오지 않는 때에도 행성은 계속 밝은 빛으로 가득했다.

"원형의 방은 지금쯤 어떨까요?"

"궁금하니?"

"네! 한번 가보고 싶어요."

몬태그는 마틸다를 다시 두뇌 속 원형의 방으로 데려갔다.

"여기 뭔가 그림들이 조금씩 다 바뀌었어요."

"그래, R이 그럴 정도로 멀리 오긴 했지."

마틸다는 미술관처럼 전시된 원형의 방을 하나하나 지나가다가 새로운 사실을 발견했다.

"몬태그. 여기 집단 무의식이라고 새겨진 이 원형들 말이에요. 다 추상화처럼 그려져 있네요?"

"아! 처음에 왔을 때 제대로 안 봤구나?"

"네. 저는 두뇌에 이런 방이 있다는 것 자체가 신기해요."

둘은 이 방 안에서 가장 밝게 빛나는 그림을 발견했다. 기업가의 원형이었다. 거기에 R의 얼굴이 선명하게 그려져 있었다.

"저 구석에 피아니스트 원형은 R의 앳된 얼굴이라면, 여기 기업가 원형은 아주 그럴싸하지 않은가. 역시 제냐 정장의 노신사야."

"하하하."

"집안의 가장이 된 모습도 저기 적당히 켜져 있고, 부동산 업자의 모습도 적당히 켜져 있네."

"R이 요새 맥도날드 햄버거 팔다가 맥도날드를 짓는 땅에 관심이 확 켜졌거든요."

"음…. 그런데 아주 밝게 켜지진 않았구나."

"그렇죠, R은 어쨌거나 맥도날드 매장을 1만 개 만들어내겠다는 것이 인생의 가장 큰 목표였으니까요."

밑에는 잔디밭 할아버지의 그림도 그려져 있었다. R은 결국 이 모든 성공을 만난 잔디밭 할아버지가 되었다. 그래서 교외에 나가서 잔디밭에 물을 뿌리는 모습도 선명했다. 하지만 그때 스위트룸에서 만났던 회장들은 이제는 안타깝게도 아무도 지구에 남아 있지 않았다. 미어캣들과 독수리도 자신의 수명이 얼마 남지 않았음을 직감했다.

그들은 그 잔디밭 그림에 대해서는 서로 말하지 않기로 했다. 각오가 되어 있던 것에 새로운 감정은 필요 없었다.

"거울의 방은 어때요?"

"거긴 지금 못 들어가."

"왜요?"

몬태그는 진지한 목소리로 말했다.

"거긴 지금 현실 세계로 전환하면 5천 개 매장 정도의 압력으로 눌려 있어. 궤도에 오를수록 중압감이 상상 이상이지. 내가 거기 들어가는 순간 날지도 못하고 바로 땅바닥에 눌릴 거야. 마틸다 너는 말할 필요도 없고."

"인간이 성공을 한다는 게 그 정도의 압력인 거겠죠?"

"맞아, 하지만 R은 이제 1만 개를 향해 더 올라가려고 거울의 방과 합의를 한 거 같더군."

눈동자 행성은 백야로 밝게 빛나고, 거울의 방은 그 빛을 만들어내기 위해 엄청난 에너지가 불안정하게 증폭되고 있었다.

"R은 한 번도 걸어본 적이 없는 길을 걷고 있지. 일개 영업 사원에서 이젠 국민 기업의 CEO가 되었으니까. 그러니 불안정할 수밖에."

"참 웃겨요, 정작 R이 거느리는 수만 명의 직원들은 정말 안정적인 직장을 다니고 있다고 생각할 텐데요."

"불안정한 상태가 원인이라면 안정적인 상태는 결과야. 평범한 사람들은 원인도 안정적인 상태이길 원하지. 그 불안정한 상태를 조금 더 견디면 더 높은 궤도의 안정적인 상태로 갈 수 있는데도 말이야."

"그냥 그 상태를 견디기만 하면 되는 거예요?"

"아니."

몬태그는 중요한 걸 알려주려고 목소리를 낮췄다.

"결국 '거울의 방'은 '저울의 방'이야. R이 사업가가 되겠다는 원형을 가져왔어. 그러면 처음에 1개의 원형의 입자가 거울의 방에서 출발하지. 에너지 진위가 정확히 1개의 원형의 입자만 있으면 돼. 하지만 그 다음부터는 2개, 4개, 8개… 정확히 같은 에너지를 넣어줘야 해. 학창시절 때 학년이 올라갈수록 공부를 더 열심히 해야 하는 것과 같아. 초등학교 다닐 때 구구단만 외워도 좋은 점수를 받았지만, 대학에 들어갈 때쯤엔 100점을 받거나 1등을 한다는 건 상상 초월로 어려워지지. 원래 세상이 다 그래. 심지어 레이저조차도 처음에 가볍게 빛줄기 하나가 경쾌하게 출발했다가 거의 광기에 가까울 만큼 광속으로 빛줄기들이 무한대로 뭉쳐지고 그제야 강한 레이저빔이 될 수 있는 것처럼! 단순히 그 상태를 견디기만 하면 결국엔 그 견디는 행위가 어리석은 거지. 견디면 안 돼. 궤도에서는 딛고 올라가야 돼. 그것도 정확히 배수로 올라가야 해. 대충 적당히 타협하면 안 돼. 100개 다음은 무조건 200개여야 하지. 그게 우주의 법칙이고 성공의 법칙이야. 거울의 방이 저울의 방이란 별명이 괜히 붙은 게 아냐. 우주에서 무엇을 하든 인간도 똑같이 에너지 배수의 법칙을 겪어야 해. 노력이 어쩌고 열정이 어쩌고는 헛짚는 거야. 그저 두 배로 다음 궤도로 올라간다고 생각하면 돼. 그게 바로 R이 일개 회사 직원이었다가 세계적인 CEO가 된 비결이기도 하지. 1개의 매장을 10,000개로? 우주는 불가능한 게 없어. 대신 그걸 원형의 방에서 가져온 사람은 저울의 방에 초대되겠지. 1개에서 2개, 2개에서 4개, 4개에서 8개, 8개에서 16개… 위로 올라갈수록 엄청나게 불안정해질 건데, 그저 직선으로 뻗어나가야 해. 천 원짜리 레이저도 원자 단위에서 그걸 견디는데 인간이라고 못할 리도 없고."

마틸다는 몬태그가 참 지혜롭다 생각했다.

"몬태그, 그냥 똑똑이로 이름을 바꾸는 게 어때요?"

"싫어."

"왜죠?"

"나는 몬태그란 이름이 마음에 들어. 나는 부모님이 왜 나를 몬태그라고 이름 지으셨는지 항상 궁금했어. 인간 세계에서는 현실에 순응하다가 꿈의 혁명꾼으로 유명했던 자였잖아. 그런데… 이제 제법 어울리지 않아?"

몬태그가 우쭐대며 물었다.

"하긴, 그러네요. 바틀비는 삶이 그저 안정적인 상태로 흘러가는 걸 아주 좋아할 텐데요."

"바틀비는 아직도 너를 무시해?"

"아뇨, 그냥 우린 각자의 길을 가고 있는 거 같아요."

몬태그는 마틸다에게 좀 더 의미 있는 걸 보여주고 싶었다.

"엇? 우리 안 돌아가요?"

"어. 잠깐만 숨 참아. 피를 통과해야 하니까."

밤이 깊어서 이젠 집으로 돌아갈 줄 알았던 마틸다는 R의 두뇌 밑으로 내려와서 심장 주변까지 도달했다.

"설마 심장에 들어가려는 건 아니죠?"

"당연히 아니지. 거기는 우리가 들어가는 순간 엄청난 속도로 전속

력인 자동차에 부딪히듯 튕겨나갈 거야. 대신 폭포를 자연경관이라고 구경하던 인간들처럼 100조개의 세포들을 잘 관찰할 수 있는 명당이 여기지."

몬태그는 독수리답게 날아올라 가장 높은 절벽에 마틸다를 내려줬다.

"이게 다 세포들이에요?"

"그래, 세포 안에 또 원자, 원자 안에 쿼크… 정말 숱한 것들이 뭉쳐 있지. 잘 관찰해봐. 마치 너도 독수리가 된 것처럼. 지금 너는 미어캣 최초로 독수리들만이 올라갈 수 있는 높이에서 세포 뷰를 감상 중이야."

"하하, 세포 뷰라니요…."

마틸다가 10분 동안 그 절경을 바라보았다. 인간이란 존재가 얼마나 경이로운 존재인지를 문득 깨달을 수 있었다. 이런 엄청난 수의 세포들이 하나의 인간을 만들어서 하나의 방향으로 흘러가고 있다니.

"인간은 한 명 한 명이 정말 거대한 우주네요!"

"그렇지, 그런데 인간은 자신의 우주를 보지 않고 주변의 눈치를 보며 살지. 뭐랄까, 마치, 어? 저기도 우주가 있네? 여기도 우주가 있네? 그러니 나는 우주가 있다는 걸 깊이 생각하며 살면 안 되겠다. 이런 느낌이지."

"어찌 보면 성공한 사람들은 자신의 우주를 세상의 그릇에 정확하게 투영할 줄 아는 사람들일지도 모르겠어요."

"맞아, 정확한 표현이야. 인간이라는 헤아릴 수 없는 세포로 이루어진 우주도 이미 바깥세상의 우주와 완전히 똑같이 지배받고 있으니까. 우주는 입력한 대로 출력할 뿐이야. 그러니 자신이 정말 되고 싶던 원형을 찾아 거울이 비치는 저울의 방에서 같은 에너지를 겹겹이 쌓아가면서 계속 직진해 가기만 하면 돼. 인간은 꼭 그 단순한 과정에 많은 의미를 부여하더라. 어떻게 보면 천 원짜리 문방구 레이저보다 못난 모습인 거지."

"맥도날드 씨처럼요?"

"하하, 맞아. 그 사람은 딱 거기까지 멈춰 섰지."

마틸다는 자기가 다음 생에 인간으로 태어난다면 자기도 꼭 레이저 빔을 문방구에서 사서 그 리츠칼튼호텔의 스위트룸 아저씨들처럼 들고 다니고 싶다는 욕망이 생겼다. 이 욕망은 당연한 것이었다. 자기가 평생 비추던 빛…. 저 빛의 원리를 삶의 원리로 삼지 않는다는 게 이해가 되지 않았다. 세상은 얼마나 단순하고 간단한가. 자기가 인간으로 태어난다면 원형의 방에서 꼭 되고 싶은 것을 고를 것이다. 그리고 배수의 법칙에 맞춰서 계속 에너지를 겹겹이 쌓을 것이고, 바깥에서 뭐라 하든 끝을 향해 직진만 할 것이다. 그러면 짜잔! 내가 되고 싶던 빛이 부자든 학자든 한 분야에 전문가든 뭐든 다 이룰 수 있는 것이다. 그럼 자신도 R 아저씨처럼 5천 개 매장도 가능할 거라 상상했다.

"뭘 그렇게 곰곰이 생각해, 마틸다?"

"인간이 되고 싶단 생각을 처음 해봤어요."

"그래, 인간이 무언가를 이루는 건 성말 단순한 기야. 복잡하게 만들수록 안정적인 상태로 내려오고 싶은 자신에 대한 기나긴 변명의 시간들일 뿐인 거지. 이 100조개의 세포들이 엄청난 속도로 자신이 생각한 대로 움직이는데, 왜 인간들은 폭포를 보면서 자연 절경이라며 감탄하고 정작 자기 안에 힘을 엄청난 속도로 느끼는 것은 자꾸 눈치 보고 빨간불을 켜려고 할까."

"그러게요, 몬태그. 우리가 이제 R과 정말 기나긴 시간을 함께했는데, 당신은 이 모든 시간들이 뭐라고 생각하세요? 저는 M이 놓쳤던 이 거대한 기회와 에너지가 자꾸 비교되어 떠올라요."

"글쎄… 좀 생각해봐야겠는걸? 그 주제는 R도 똑같이 고민하고 있을 거야."

"그렇겠죠."

몬태그와 마틸다는 한참 동안 인간의 모든 세포가 가장 잘 보이는 꼭대기에서 진짜 우주를 바라보는 것처럼 황홀하게 내려다봤다. 몇 시간이 흘렀을까. 둘이서 인간의 모든 모습을 조용히 내려다보고 있었던 순간이. 몬태그는 R이 걸어왔던 모든 시간의 의미에 대한 답을 드디어 찾았음을 깨달으며 말했다.

"같은 노력을 반복하는 자들은 같은 밝기로 우주까지 닿게 되고, 그 끝에 우주를 만든 자에게까지 닿게 된다네."

"Sic itur ad astra."

마틸다도 그렇게 하여 별들에 이른다는 말을 벅찬 표정으로 되뇌었다.

"Sic itur ad deus(식 이투르 아드 데우스)."

몬태그가 마틸다의 마지막 말을 바꾸어주었다.

"데우스가 무슨 뜻인가요?"

"데우스는 신을 의미해. 그렇게 하여 신에게 이른다라는 뜻이지."

마틸다의 눈에 경외감이 가득 찬 눈물이 고였다.

비밀이 전해지다

영국 경제학자인 팜 우달은 오랫동안 하나의 생각에 깊게 빠져 있었다. 그것은 바로 '일물일가의 법칙(The Law of One Price)'이었다. 일물일가의 법칙은 하나의 물건에는 정확하게 하나의 가격만 존재한다는 법칙이다. 이 법칙이 무서운 이유는 지구 어디를 가든 그 물건의 가치는 똑같다는 점에 있었다. 15센트짜리 햄버거를 동네에서 팔고 끝낼 수도 있지만, 지구 한 바퀴를 돌면서 팔 때에도 그 가치는 똑같기 때문에 15센트로 150억 달러를 벌 수 있다는 뜻이다. 곧 하나의 물건은 전 세계에 하나의 가치를 가진다. 어디까지 확장할 것인가는 그 파동을 일으키는 사람의 몫에 달려 있다는 것이다.

1871년에 세계적인 경영 사상가에게서 이 이론이 나오고 나서 경제학자들은 백여 년간 토론을 이어왔다. 그 사이 더 흥미로운 일들이 벌어졌다. 1917년에 아인슈타인이 같은 파동끼리는 서로 합쳐져서 거대한 레이저가 된다는 이론을 발표하였고, 1900년대 세계 경제도 산업혁명 이후로 같은 제품, 같은 생산 라인들을 갖추며 거대한 돈의 팽창이 시작되었다.

같은 물건을 파동으로 만드는 사람들이 백만장자, 천만장자 저마다의 빌딩을 올리며 거대한 부자가 되기 시작했다. 그리고 부자가 되면 놀랍게도 더욱 빠르게 더 큰 부자가 될 수 있었다. 돈이 돈을 끌어당기는 것이다. 반대로 빈자가 되면 놀랍게도 더 가난한 상태로 빠르게 굴러 떨어졌다. 끌어당김을 놓치고 끌려다니는 순간, 돈은 그렇게 냉정해졌다.

1968년에 사회학자 로버트 K. 머튼은 이를 두고 "무릇 있는 자는 받아 넉넉하게 되되 없는 자는 그 있는 것도 빼앗기리라"라는 마태복음 구절을 갖다 붙여 마태효과를 만들어 비판적으로 풍자했다. 이 또한 경제학자들의 눈에는 근본적으로 돈이 가진 파동이 같은 파동을 끌어당기는 본능으로 보였다.

1988년에 15센트를 팔던 맥도날드는 창립자가 꿈꾸었던 15억 달러의 매출이 아니라 150억 달러의 매출을 기록하고 있었다. 그렇다면 쉰두 살의 밀크셰이크 판매 사원과 스물다섯의 젊은 청년이 무릇 있는 자였을까? 머튼은 그 지점에서 틀렸다. 이 둘은 하나의 파동을 1만 곳에 그대로 심었을 뿐이다. 그게 150억 달러 매출을 손에 거머쥔 자를 설명할 수 있는 전부다. 일 년에 150억 달러의 매출을 만드는 파동은 얼마나 거대한 것일까? 그것도 15달러도 아닌 15센트로 시작했던 파동이라면 말이다.

보통 사람들은 직장인으로 흘러 들어가 돈의 파동 속에서 쥐꼬리만 한 월급만 매달 받았지만, 경제학자들은 이 파동을 파도로 만드는 자들을 해석하기 시작했다.

팜 우달은 물론 맥도날드의 이야기를 이미 알고 있었다. 1개로 끝날 뻔한 작은 매장 하나를 레이 크록이란 자가 인수하여 1만 개 가까이 지구 전역에 뿌린 이야기. 그들의 M자 마크는 맥도날드의 앞 글자 대신에 경제학자들 사이에서는 돈이 파동치는 모양으로도 유명했다. 그 파동으로 지구 한 바퀴를 다 연결했다는 것도 경제학자들이 즐겨 쓰는 유머였다.

그러나 영국의 경제학자 팜 우달의 미간이 다시 주름이 진 건, 맥도날드의 다른 부분 때문이었다. 우달은 다시 한번 맥도날드가 커져간 파동을 측정했다.

1955년: 1

1959년: 100

1963년: 500

1968년: 1,000

1972년: 2,000

1976년: 4,000

1980년: 6,000

1984년: 8,000

1988년: 10,000

'어떻게 이럴 수 있지?'

우달은 각 연도별로 차이를 점검했다. 딱, 한 기간이 5년인 것을 제외하고는 모두 4년마다 일정한 배수로 성장했다. 우달은 이 정돈된 수치에서 바로 파동을 느꼈다.

'4년 사이에 1개를 100개로. 뭐, 이건 기본기가 된 업체들이 잘 늘어나는 수치지.'

우달은 브랜드 팽창과 역사를 같이 점검해나갔다.

'100개에서 500개 사이에 최초 창업자가 100만 달러에 모든 권리를 팔았지. 본사에서는 재정적으로 큰 타격을 받았던 시기였고.'

그다음 1천 개가 되기까지는 예외적으로 5년이 걸렸다.

'하지만 1,000개에서 2,000개로 성장할 때는 다시 4년의 주기를 맞췄어.'

이 시기에 해외로 첫 매장이 뻗어나갔고 빅맥이 튀어나왔고, 그 뒤로 이들은 계속 4년마다 점포 수를 두 배씩 늘렸다. 물론 76년부터는 두 배가 아닌 2천 매장씩 늘어났지만, 이 또한 새로 생긴 패턴을 4년마다 정확하게 따르고 있었다.

하지만 세계 정세는 이렇게 깔끔하지 않았다. 1950년 후반은 제2차세계대전 이후에 경제 회복을 하며 고도성장을 누릴 수 있었다. 매장 한 개에서 100개로 늘어날 기회의 씨앗을 품고 있었다는 뜻이다. 1960년대까지도 제법 괜찮았다. 100개에서 1,000개로 늘어나기에도 괜찮은 시기였다. 그러나 1970년대에 오일쇼크가 일어나면서 세계 경제가 주저앉았다. 경제 활동이 위축되고 소비와 투자가 모두 위축되던 시기였다. 1,000개가 다시 100개로 돌아가도 이상하지 않을 시기였다. 그런데 어떻게 반대로 매장이 1만 개가 되었을까? 그녀는 창립자들을 파고들었다. 이들의 뒷배경에는 이들을 스타로 만들 화려한 무언가가 보이질 않았다. 나이 든 세일즈맨과 아주 어린 경영학과 출신 젊은이가 고군분투한 기록들이 쏟아져 나올 뿐이었다. 이들은 어떻게 이걸 만든 걸까?

우달은 프레드가 기록했던 1957년의 교본을 입수했다. 노란색 표지에 백 페이지 가까이 기록된 교본에는 "성공이 성공을 낳는다"라는 한 줄의 표어와 함께 1953년의 캘리포니아 첫 매장이 그려져 있었다. 첫 매장의 성공이 그다음의 성공을 계속 복사하고 있다는 뜻이었다.

교본 속에서 프레드는 이렇게 강조하고 있었다.

삼십 년간 한 개의 매장을 일만 배로 늘어나게 만든 백 페이지 매뉴얼

"반복해서 읽을 것. 반복해서 실천할 것."

이 교본이 삼십 년이 넘도록 1만 개 매장 전체를 움직였다. 소고기 1파운드에는 10개의 패티가 나올 것, 0.28인치 두께까지 각을 맞춘 감자튀김. 품질, 청결은 100개의 매장이든 1,000개의 매장이든 10,000개의 매장이든 이렇게 관리되어야 한다는 세부 기록들. 그보다 중요한 것은 이 모든 게 1953년의 캘리포니아 첫 매장을 반복해서 따라 하고 있다는 증거였다. 교본의 표지에도 첫 매장이 그려져 있었다.

그들은 경제학자들보다 더 경제학자들처럼 행동했다. 첫 페이지를 넘기면, 바로 레이 크록이 충고하는 페이지가 나온다. 그는 "뿌린 대로 거두리라"라고 성경책 한 구절을 갖다놓고, "그게 전부다"라고 말했다.

"그러니 첫 영업일처럼 반복하십시오."

"우리 고객은 우리가 '반복'해서 만족시키고 싶은 사람들입니다."

백 페이지의 모든 내용에서 반복을 말하고 있었다. 정확하게는 1953년의 반복을 말하고 있었다. 0.28인치 두께에 집착할 만큼 집요함을 가지고 말이다. 1953년에 그들이 봤던 첫 파동을 복사하는 것이 100페이지의 전부였으며, 100억 달러 매출의 전부였다. 팜 우달은 어렵게 구한 100페이지 교본을 덮을 때쯤, 맥도날드의 모든 매장이 1953년을 복사하기 위해 존재한다는 느낌이 들었다. 모든 매장은 1953년의 파동을 시공간으로 반복하고 있었다. 파동이 넓게 이어져서 그들이 사이클을 만들자, 하나에 15센트짜리가 일 년에 150억 달러가 된 것이었다. 우달은 지구본을 꺼냈다. 맥도날드가 진출한 나라들에 하나둘 자석핀을 붙이기 시작했다.

'50개 나라군.'

우달은 미소를 지었다. 특이하게도 그녀는 웃을 때 미간에 주름이 잡혔고, 집중할 때 주로 웃곤 했다.

"좋은 소식이 있어요. 일물일가의 법칙을 설명하기 딱 좋은 지수죠."

그녀는 자신이 아는 모든 경제학자들에게 전화를 돌렸다. 그리고 우달의 전화를 받은 학자들이 모여들었다. 경제학자들은 모여서 저마다 어려운 용어로 일몰일가를 설명하기 시작했다. 중국 경제가 어떻게 성장하고 있고, 소비자 물가 지수가 어떻게 오르고 있고, 부동산과 원자재의 값이 오르니 기업들도 같은 제품을 같은 가격으로 유지하기가 어렵겠다는 복잡한 이야기들이 오고 갔다.

"그래서 그 일물일가의 법칙을 설명할 수 있다는 게 뭐요?"

우달에게 한 경제학자가 물었다.

"지금 먹고들 있잖아요"

우달이 웃으며 말했다.

"이거? 햄버거 말이오?"

"정확하게는 영국에서 먹고 있는 미국산 햄버거지요."

우달은 학자답게 용어를 정정했다. "우리는 한 줄로 정의된 용어를 너무 복잡하게 늘리고 있어요. 다들 각각 빅맥 얼마 주고 이 자리에 앉으셨죠?"

"1.07파운드요."

"미국에서는 1.6달러더군요."

"그 가격 맞소."

미국에서 얼마 전 영국으로 건너온 경제학자 제임스가 맞장구를 쳤다.

"그러면 1.07파운드는 달러로 얼마일까요?"

우달이 묻자 경제학자들은 1초 만에 대답했다. 그들은 숫자에 대해서는 전광석화의 처리 능력을 가졌다.

"1.61달러죠."

"대략 5천 킬로미터 떨어지고 비행기로도 여덟 시간은 가야 하는 두 대도시의 가격이 같다는 것은 무엇을 말할까요?"

"아….."

"반면에 일본에서는 1.75달러더군요. 미국에 비해 약 10퍼센트 비싸죠."

"그거는 일본과 미국이 지난해에 맺은 플라자 조약 때문이오. 미국 달러를 절하하고, 일본 엔화의 강세가 시작됐거든. 일본에 버블이 끼기 시작했지."

나이 든 경제학자가 자세하게 설명했다.

"이 빅맥이 다 말해주고 있네요."

"깔끔하다."

나이 든 경제학자는 박수를 쳤다.

"저는 이걸 다음 주 목요일에 발표할 계획이랍니다."

그러자 그가 다시 우달에게 물었다.

"이들은 어떻게 이렇게 깔끔하게 일물일가 법칙에 맞춰 움직일까? 흔들릴 요인이 수백 덩어리인데."

그 말에 우달은 삼십 년 전에 프레드가 쓴 교본을 꺼냈다.

"스스로 파동이 된 자들은 바깥의 파동에 흔들리지 않는 자들이죠."

그리고 첫 페이지의 첫 매장을 가리켰다.

"이들은 1953년의 파동을 반복하는 사람들이에요."

    1986년 9월 25일, 영국의 경제지 〈이코노미스트〉에는 세계지도가 펼쳐져 있고 그 사이에 맥도날드 햄버거 하나가 그려져 있는 기사가 실렸다. 그리고 빅맥 버거가 각 나라별로 얼마인지를 표시한 지도가 그려져 있었다. 복잡한 경제 모델에 대한 설명은 단 한 줄도 없었다. 빅맥을 살 때 미국보다 가격이 비싸면 그 나라에 인플레이션이 높은 상태였고 저렴하면 그 나라 화폐가 과소평가된 상태였다.

    이렇게 설명하자 곧 세상에 돈으로 움직이는 모든 게 설명이 되기 시작했다. 빅맥을 먹기 위해 제일 조금만 일해도 되는 나라 1위는 홍콩이었다. 그들은 십 분 미만으로 일하면 평균적으로 빅맥 하나를 먹을 수 있었다. 가장 많이 일해야 되는 나라는 아프리카의 케냐였다. 그들은 세 시간을 일하면 빅맥 하나를 먹을 수 있었다.

    우달이 만든 빅맥 지수는 곧 경제지표를 대변하게 되었다. 곧 노벨 경제학상을 수상한 폴 크루그먼이 빅맥 지수로 세상을 이야기하기 시작했다. 그러자 경제학자들이 너도나도 빅맥 지수로 경제를 설명했다. 세계 경제를 말하는 것은 복잡하고 졸린 일이었지만, 케냐 시민이 세 시간을 일해야 빅맥 하나를 먹을 수 있고, 홍콩 시민은 십 분만 일해도 빅맥 하나를 먹을 수 있다는 것은 1초 만에 눈에 들어왔다.

    그 거대한 불평등을 볼 때, 우리는 그 거대한 파동을 만든 사람을 놓치고야 만다. 그렇지 않은가? 15센트를 반복해서 150억 달러 매출을 매년 반복할 수 있었다면, 아프리카에도 15센트를 반복하는 교훈을 심을 수 있다. 아프리카에도 새로운 경제지표가 생겼다. 선진국에서 십 분만 일해도 될 것을 세 시간은 일해야 하는 아프리카에서 그 운명의 벽을 뚫고 새롭게 성장하는 부유층을 〈포브스〉에서는 '블랙 다이아몬드'라고 불렀다.

15억 달러를 거머쥐었던 레이 크록의 재산을 훌쩍 뛰어넘는 30억 달러를 거머쥔 흑인 기업가들이 새롭게 등장했다. 그들의 부모는 3만 달러 이상을 쥐어본 적이 없었다. 그 파동의 정점에 서 있던 패트리스 모체페는 그 비결을 "높은 기준을 설정해야 한다. 나는 절대로 평범한 성과에 만족할 수 없다"라고 말했다.

높은 기준을 설정하고 같은 파동을 계속 일으키면 아프리카에도 레이 크록이 탄생할 수 있다. 일물일가의 법칙은 지구 어디에서든 지구 한 바퀴를 돌 수 있기 때문이다. 시작이 어디인지는 중요하지 않다. 파동이 얼마인지가 중요할 뿐이다. 그 교훈을 아는 모체페는 30억 달러의 절반을 떼어내서 15억 달러를 아프리카의 젊은 청년들이 자신처럼 성장하도록 사회 시스템에 환원하겠다고 밝혔다. 그렇다면 앞으로 아프리카에서도 얼마나 더 많은 레이 크록들이 자라날 수 있을까? 얼마나 새로운 파동들이 만들어질 수 있을까?

우리가 지금까지 만났던 쉰두 살의 레이 크록의 기적에서 1만 킬로미터나 떨어진 아프리카에 누군가가 삼십 대에 더 빠른 파동을 만들기 시작했다. 그가 부모에게서 물려받은 3만 달러의 벽을 뚫고 억만장자가 되는 데에 걸린 시간은 십 년이었다. 그를 비롯한 대부분의 블랙 다이아몬드들이 십 년의 주기를 거쳐 쏟아지고 있다.

우리도 이제 파동을 안다. 그렇지 않는가? 세 시간을 일하는 세상과 십 분만 일해도 되는 세상의 격차가 중요한 것이 아니다. 중요한 것은 그 꿈을 반복하는 자의 파동이다. 그 꿈이 반복되면 15센트가 반복되어 매년 150억 달러가 반복되기 때문이다. 아프리카에서 반복된 돈도, 3만 달러의 세상을 나와서 30억 달러까지 치솟았다.

그리고 이제 우리 차례다. 우리도 그 빛을 강하게 만드는 법을 배웠다. 높은 기준을 설정하면 정말 큰 꿈을 품는 사람이 된다. 15센트로 15억 달러를 향할 만큼 크게 된다. 꿈이 원래 그렇다. 하지만 우주의 법칙도 원래 그렇다. 당신의 꿈이 일물일가의 법칙에 맞춰서 지구 한 바퀴를 돌 수 있는지를 확인해보라. 그 과정은 당신의 파동이 될 것이다. 그리고 마침내 당신은 파도가 될 것이다. 진실로 큰 꿈을 품는 사람은 눈동자가 지구본처럼 바뀐다. 지구의 빛이 눈동자에 다 모이기 때문이다. 우리가 만난 소우주의 세계를 잊지 말길 바란다. 당신의 몸은 이 글을 읽는 순간에도 빛의 속도로 움직이면서 빛의 방향을 기다리고 있다.

당신의 세포에는 마틸다와 바틀비, 그리고 몬태그가 살고 있다. 당신의 몸속에서 비범한 능력을 지니고 지적 탐구를 해나가지만 괴짜 취급을 당하는 마틸다와 당신의 지난날의 꿈에 상처를 입고 "하지 않는 편을 택하겠습니다"라고 말하는 바틀비, 그리고 당신의 현실에 순응하다가 돌연 꿈의 혁명꾼이 된 몬태그. 당신은 어떤 세포에게 힘을 실어주고 싶은가?

마틸다에게 힘을 실어주고 싶다면, 큰 꿈에 걸맞은 노력을 매일 정확하게 반복하면 된다. 그러면 3일 전의 나와 2일 전의 나와 1일 전의 내가 완전하게 하나가 되어, 운명을 뚫는 힘을 가지게 된다. 그만한 힘을 가지게 된 파동이 당신이 살고 있는 작은 동네를 넘어 당신의 나라를 넘어 지구 한바퀴를 돌 것이다. 일물일가의 법칙은 일인일가의 법칙이다. 곧 당신의 법칙이다. 당신은 한 명의 인간으로서 지구인 모두에게 같은 돈을 받을 수도, 같은 존경을 받을 수도 있다. 세계적인 가수들은 같은 노래 하나로 지구 전체가 그 노래를 반복하는 파동을 만든다. 세계적인 기업가들은 같은 제품 하나로 지구 전체가 그 상품을 반복 구매하는 파동을 만든다. 당신의 파동도 그렇게 같은 파동 하나로 지구의 파도가 될 수 있다. 당신은 무엇을 그렇게 만들고 싶은가? 당신의 마틸다가 당신의 대답을 간절하게 기다리고 있을 것이다.

그리고 1917년에 아인슈타인의 발견은 일물일가 법칙의 정점을 보여준다. 그가 발견한 대로 당신은 원자 덩어리다. 원자는 같은 에너지를 하루 이틀 사흘로 반복하면, 그 에너지들간의 끌어당김으로 인해 에너지가 하나, 둘, 넷으로 바뀐다. 거기서부터 기적이 일어난다. 당신이 할 일은 매일 같은 에너지로 같은 꿈에 같은 힘을 주기만 하면 된다. 그러면 우주에서 가장 강한 에너지가 만들어진다. 1917년 아인슈타인은 당신의 에너지가 그렇게 커지는 것을 발견했다. 그렇게 빛 한 줄기가 우주까지 닿는 것을 발견했다.

당신이 정말 이루고 싶은 간절한 것이 있다면, 높은 기준을 설정하고 매일 같은 노력을 반복하여 같은 파동을 일으키면 된다. 그게 태양보다 100배 밝은 레이저를 만드는 법칙이며, 동시에 빛으로 기록된 당신의 법칙이다. 당신은 파동이다. 이제 어떤 파도를 일으키고 싶은가?

4

The Laser

당신은 M입니까? R입니까?

"어떤 지적인 바보도 사물을 더 크고 보다 복잡하게 만들 수 있다. 그러나 그 반대편으로 나아가기 위해서는 천재의 손길과 많은 용기가 필요하다."

―알버트 아인슈타인

"회장님은 레이 크록을 실제로 만나보셨나요?"

긴 이야기를 들은 나의 첫 질문이었다.

"아주 어린 나이에 아버지 손에 이끌려 레이 크록을 만났지. 너무 어려서 세세한 기억은 없네. 다만, 그가 이십 대처럼 엄청나게 활기차 보였다는 기억은 선명하다네."

회장은 그때를 떠올리며 말했다.

"아버지가 나를 소개했던 순간은 선명하게 기억난다네. '여기 제 아들입니다. 제 아들도 별명이 몽상가랍니다'라고."

"몽상가요?"

"레이 크록을 대표하는 단어이지. 국어사전에는 실현성이 없는 헛된 생각을 즐겨하는 사람이란 뜻으로 나오지만, 15센트짜리로 150억 달러 매출을 만든 사람에게 어울리는 단어이기도 하지. 레이 크록은 실제로 15센트들로 그 꿈을 꾸었으니까 말일세."

"그러기엔 피아노를 치던 시절부터 삶의 굴곡이 많았던 거 같습니다."

나는 회장이 들려준 그의 피아니스트 시절을 떠올리며 말했다.

"아버지가 레이 크록에게 나를 소개할 때, 레이가 나에게 그의 셔츠 주머니에 들어 있던 레이저 포인터를 손에 쥐어줬다네. 내가 자네에게 준 것처럼 말이야. 그리고 그가 말했지. '실현성 없는 꿈을 꾸렴, 대신 그 꿈을 꾸는 너의 노력이 매일 똑같이 뭉쳐지면 무슨 일이 일어날지 궁금할 때 이 포인터를 켜보렴' 하고."

"그저 붉은 빛이었겠어요."

"그래서 나는 아빠한테 진짜 레이저 빛이 강해지면 얼마나 강해지는지 보고 싶다고 졸라댔고, 아빠는 다음 날 미국에 한 과학자 연구실에 나를 데리고 갔다네."

"엄청 강한 레이저 빛을 직접 보셨겠군요."

"엄청났지!"

그는 그때를 떠올리며 아이 같은 표정을 지었다.

"빛이 엄청나게 강해져서 철을 싹둑 잘라버릴 수도 있었고, 하늘에 빛을 쏘면 우주까지 날아갈 수도 있었지."

"그 힘은 인간에게도 같은 작동법으로 켜지는 거였군요."

"그 과학자가 인간도 같은 원자로 이루어져 있어서 같은 작동법이라는 것을 나에게 말해줬다네."

회장의 눈빛이 달라졌다.

"그 뒤로 나는 인간 레이저가 되고 싶었어."

나는 그가 어떻게 살아왔는가를 수십 번의 만남 속에서 절로 체화될 만큼 들었다. 그는 한국의 레이 크록처럼 살았다. 말도 안 되는 꿈을 말도 안 되는 추진력으로 말이 안 나올 만큼 거대한 사업체로 키웠던 사람. 그는 나에게 좀 더 진지한 목소리로 말했다.

"같은 노력을 반복하는 자는 같은 하루를 살아가는 자들 중에 가장 강한 자가 된다네."

나는 약간의 떨림을 느꼈다.

"회장님, 내일부터 저는 다른 사람이 될 것 같습니다."

"그러길 진심으로 바라네. 같은 파동을 시작하게나."

나는 몸속에 차분한 열정이 감돌기 시작하는 것을 느꼈다.

그리고 석 달 뒤 나에게는 놀라운 변화가 일어났다.

"자네, 무슨 일이 있었던 건가!"

회장이 나를 다시 만났을 때, 이미 나는 다른 사람이 되어 있었다.

"같은 파동의 힘은 엄청났습니다."

나는 3일 전의 나와 2일 전의 나와 1일 전의 내가 온전히 협력하는 순간을 느낄 수 있었다. 나의 하루는 남들이 보기에 지극히 따분하고 재미없어 보였지만, 나의 내면은 갈수록 거대한 무언가가 출렁거리기 시작했다. 열정과 의지를 항상 갈구했던 나는 그것이 허상임을 마침내 깨달았다. 중요한 것은 파동의 반복이었다.

"철학자 칸트가 몸과 마음은 서로 영향을 주고받는 불가분의 관계라 말했던 게 정말 맞았죠. 몸속 파동이 바뀌니 저를 무겁게 하던 것들이 제일 먼저 씻은듯이 내려가더군요."

나는 석 달 뒤에 50킬로그램이 빠진 채로 회장을 만났다. 세 자릿수였던 몸무게가 다시 두 자리가 되고, 내 정신은 그 어느 때보다 세상을 선명한 해상도로 바라볼 수 있는 상태였다. 내가 꿈꾸고 있던 모든 것에 이전과 다른 에너지로 달려가고 있었다. 벌써 이루어지는 것들이 많아졌다.

"엄청나군. 자네 모습이 이렇게 바뀔 줄 몰랐네."

"간단했습니다. 다시 날씬해질 목표를 갖고, 매일 같은 운동을 하루 한 시간 정확하게 반복했습니다. 예전 같으면 어느 날은 두 시간, 어느 날은 삼십 분, 제멋대로 운동했을 건데, 무슨 일이 있어도 매일 한 시간을 반복했더니 결국 다시 건강한 몸이 되었습니다."

"동일한 파동이 거센 파도를 일으켰군."

"정확합니다. 이전에 온갖 다이어트를 다 해봐도 실패했던 게, 이번에는 필요한 운동량을 매일 반복했을 뿐인데, 모든 게 바뀌었으니까요."

그는 고개를 끄덕이며 내 말을 경청해주었다.

"한 달을 실천해보니 정말 많은 게 바뀌었습니다. 1일+2일+4일+8일+16일. 몸이 한 달의 파동을 익히자, 그 뒤로는 파동을 이어가는 게 정말 쉬워졌습니다."

"시간은 궤도가 되고, 몸과 정신의 파동은 그 궤도에 올라타게 되지."

"그래서 여섯 번째 단계인 한 달의 노력은 하루처럼 쉽게 쌓였습니다."

나는 오랫동안 미뤄왔던 꿈을 다시 시작했다는 사실을 알렸다.

"1일, 2일, 4일, 8일, 16일의 파동을 만나고 나니, 몸과 마음이 완전히 바뀌었습니다. 마음은 진정한 꿈을 찾는 소리를 굳세게 내기 시작했고, 몸은 그 꿈을 지탱할 체력이 준비되었다고 신호를 주었습니다. 그러자 1년, 2년, 4년, 8년, 16년이 쌓여 제 평생을 걸고 이루고 싶은 게 마침내 생겼습니다. 이미 그것을 시작한 지가 석 달이 지났습니다."

"그 꿈을 모두 이룰 때쯤엔 자네가 내 나이가 되어 있겠군."

회장이 웃으며 말할 때, 나도 절로 미소가 지어졌다.

"마침 나도 오늘 회사 하나를 인수했지. 그는 M 같았어."

"흥미진진해지겠는데요?"

나는 남아 있던 커피를 한 번에 들이켰다.

"자네 데스밸리라고 아나?"

회장이 묻자, 나는 바로 신나서 대답했다.

"그럼요, 미국에 있는 가장 더운 사막 중에 하나잖아요."

"아, 사막 이름이기도 하지. 하지만 사업하는 사람들이 반드시 새기는 용어이기도 하지."

"용어요?"

그는 만년필을 꺼내서 나에게 보강간섭 그래프를 그려주었다.

"이제는 너무 익숙한 그래프네요, 하하."

"모든 우주의 파동이 이렇게 강해지니까."

"그렇죠."

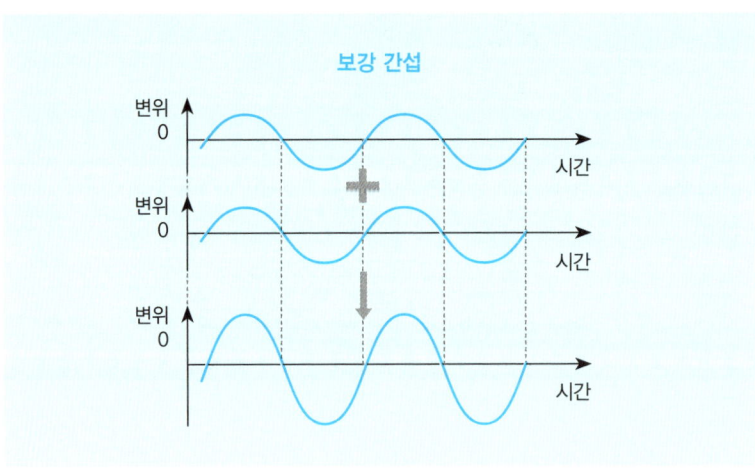

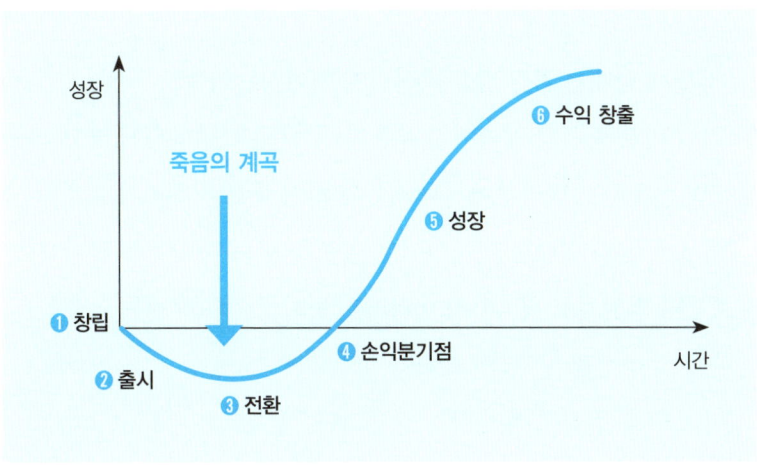

돈을 만지는 기업들은 모두 이 그래프를 겪는다. 당신도 인생에서 알게 모르게 다 겪은 그래프다. 어느 단계에서 멈춰 있는가?

"데스밸리는 이 파동이 생기기 전에 최초의 그래프를 보여준다네."

"총 여섯 단계가 있어."

"궁금합니다."

나는 재촉하는 목소리로 말했다. 그는 여섯 단계로 다시 표현했다.

"첫 번째는 시작이라네. 모든 새로운 꿈과 위대한 아이디어들이 시작하는 순간이지."

"정확하게 0에서 시작하는군요."

나는 그래프의 시작점을 보며 말했다.

"그리고 두 번째 단계는 그 아이디어의 공개라네."

"바로 마이너스 상태로 떨어지는데요?"

"아무도 주목하지 않기 때문이지."

"마치 제 지난날의 꿈과 같네요."

그러자 회장이 크게 웃었다.

"세 번째 단계는 가장 깊은 바닥까지 떨어지는데요?"

"거길 바로 죽음의 계곡이라 부른다네. 아무도 주목하지 않고 더는 움직일 돈조차도 말라붙어서 극적인 변화가 필요한 시기가 오지."

"새로운 꿈과 위대한 아이디어로 발을 내딛는 사람들은 금방 지하실로 곤두박질치고 최악까지 내려가서 변화를 견뎌야 하는군요."

나는 그 심정을 헤아려보았다.

"마치 맨홀 뚜껑에 빠진 사람 같습니다."

회장이 고개를 끄덕였다.

"나도 겪었고, 자네도 겪을 그래프라네."

"파동을 반복할수록 미동도 안 하는 세상을 겪는다니… 좀 무서운데요."

나는 나도 모르게 몸을 떨었다.

"그러면 어떻게 네 번째 단계로 나아갈 수 있나요?"

"이때에도 우주 만물의 법칙이 적용된다네. 아인슈타인이 하나, 둘, 셋의 세상이 아니라 하나, 둘, 넷이라 했지 않나?"

"그렇죠."

나는 그때 회장의 얼굴에 무언가 강한 경외감이 깃드는 것을 느꼈다.

"하나, 둘, 넷. 죽음의 계곡, 즉 세 번째 단계도 사실 위로 올라가는 가장 큰 에너지를 가득 담고 있을 때라네. 바로 이때부터 하나, 둘, 넷의 세상이 펼쳐지거든."

"아…."

나는 다시 가슴이 뛰기 시작했다.

"하지만 대부분 이때 포기해버리겠어요."

"그렇다네. 우주는 정확하네. 평범한 결심도 작심삼일을 겪는 것처럼 거대한 꿈을 이루는 죽음의 계곡에서도 세 번째 단계를 지날 때, 꿈을 가진 자들이 기존에 가지고 있던 모든 것들을 먼지 한 톨도 남김없이 초토화시키지. 돈도 사람도 다 떠나가는 시기라네."

"하지만 정작 그때 에너지가 도약하고 있었군요. 세 번째 단계에서부터 에너지가 하나, 둘, 넷으로 올라가니까요."

나는 세 번째 단계에서 바닥을 찍고 올라가는 그래프를 가리켰다.

"맞아, 이 에너지는 변화의 에너지라네. 이대로 끝나지 않으려는 자들이 발버둥치며 강한 파동을 만든다네."

"그렇게 네 번째 단계에 오니 인생이 무상할 만큼 원점이 되는군요."

나는 첫 번째 단계와 네 번째 단계의 0을 직선으로 이으며 말했다. 두 번째와 세 번째의 시절은 기억하고 싶지 않은 악몽이었던 것처럼.

"네 번째 단계까지 오기에 보통 얼마나 걸리나요?"

"3년 정도 걸린다네."

"3년이나 꿈을 꾼 대가가 비웃음과 조롱 속에 마이너스를 찍고 다시 원점을 마주하는 거라니. 슬픈걸요?"

"내가 본 많은 M들이 멈춘 지점이기도 하지."

회장이 과거를 돌아보듯이 말했다.

"그렇지만 다섯 번째 단계부터는 돈이 벌리기 시작하는데요?"

회장은 고개를 끄덕였다.

"셰익스피어는 홀수에는 행운이 깃들어 있다고 말했지. 우주의 법칙에도 홀수에 행운이 깃들어 있거든. 그 말을 염두에 두고 다시 그래프를 보게나."

그러자 첫 번째, 세 번째, 다섯 번째가 눈에 들어왔다. 회장이 말을 이었다.

"첫 번째 단계에서 위대한 꿈을 품은 때, 그리고 세 번째 단계에 최악으로 내려왔을 때 그제야 '하나, 둘, 넷' 하며 도약하는 에너지, 그리고 다섯 번째 단계에서 마침내 그 꿈이 보상을 받기 시작하지."

'세 번째 단계도 행운이 깃든 단계였어.'

나는 문득 찰리 채플린이 말했던 '인생은 가까이서 보면 비극이지만 멀리서 보면 희극이다'라는 말이 떠올랐다.

"세 번째 단계도 가까이서 보면 비극이지만 멀리서 보면 희극이군요."

나의 말에 회장이 크게 웃었다.

"나의 인생은 정말 희극이었지."

그의 말에 나도 덩달아 웃었다.

나는 내가 직접 겪은 한 달 만에 다섯 단계로 변한 몸을 생각했다. 파동을 반복했을 때 정말 큰 파도가 만들어졌다. 하지만 세 번째 단계에서는 나도 정말 포기하고 싶었다. 마음이 의심의 소리를 가장 목청껏 내던 시기였다. 나는 그 의심과 싸웠다.

그리고 그때가 몸에서 가장 강한 변화의 에너지를 만드는 순간이었다는 것을 다섯 번째 단계에서 깨달을 수 있었다. 나의 몸은 변할 수 있었다. 내 몸이 바뀌자 내 정신도 바뀌었다. 나의 정신이 바뀌니 나의 세상도 바뀌었다. 나의 세상이 바뀌자 그제야 나를 둘러싼 세상도 바뀌기 시작했다.

돈을 버는 과정도 똑같다는 것은 정말 신기했다. 하긴, 모든 변화는 원자들의 변화이니까 같은 법칙을 따른다. 돈 덩어리도 원자 덩어리, 살 덩어리도 원자 덩어리. 모든 게 내 세상의 덩어리를 바꾸는 과정이었다.

회장은 내가 잠시 사색에 빠져 있자, 충분히 사유할 수 있도록 기다려주었다. 그리고 내가 서서히 현실로 돌아올 때, 그는 자신의 몽블랑 가방에서 무언가를 꺼냈다. 회장은 나에게 100페이지짜리 책을 한 권 주었다. 나는 깜짝 놀랐다.

"이건, 맥도날드가 1957년에 만든 첫 매뉴얼이잖아요!"

"그렇다네. 나는 이걸 레이 크록을 만났을 때 선물로 받았어. 그는 나에게 삼십 년간 이 한 권의 매뉴얼로 지구 한 바퀴를 다 돌았다고 말했지. 내가 갖고 있는 것은 삼십 주년 기념판이라네."

페이지를 넘기자 감자튀김의 0.28인치 두께를 반드시 지킬 것을 신신당부하는 조항이 눈에 띄었다. 맥도날드 형제들이 최초의 매장을 만들 때 발견한 0.28인치 두께의 세상을 레이 크록이 솜씨 좋게 매뉴얼로 만들어둔 것이었다. 나는 맥도날드 형제들이 0.28인치를 발견해놓고, 레이 크록에게 모든 권리를 양도한 것이 네 번째 단계라는 것을 깨달았다.

석양이 보이는 오션 뷰 아파트, 벤츠, 그것을 지탱하게 해주는 매장 하나. 1만 개의 꿈은 매장 하나의 달콤함 속에서 잊어도 되는 것들이었다.

"꿈을 향해 가는 자들은 네 번째 단계에서 정확히 현실로 돌아오는군요."

"그렇지, 큰 도약이 있기 전에 꿈은 인간을 테스트한다네. 지하를

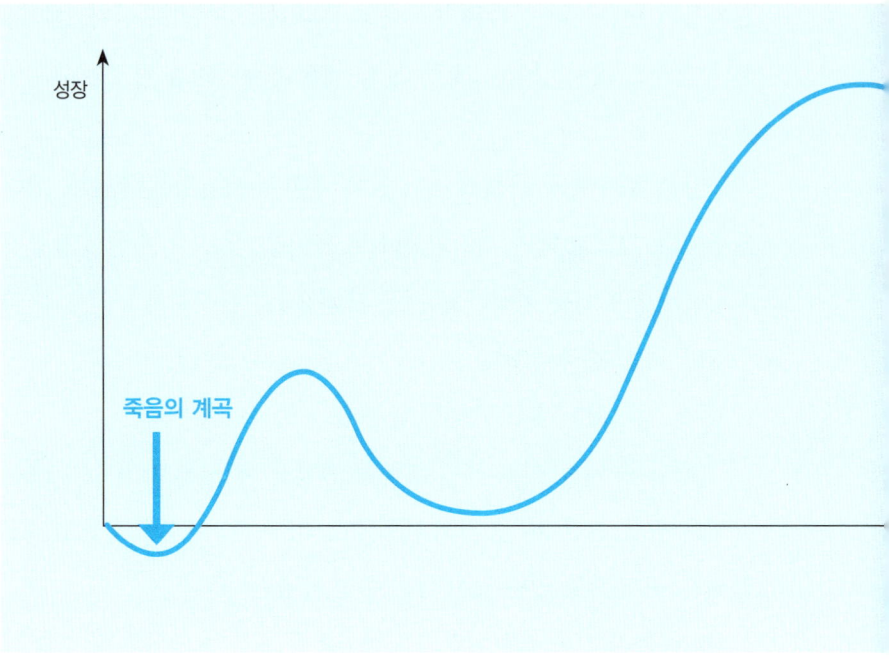

뚫고 돌아와 적당히 먹고살 만한 현실을 만나게 해주지. 그럼에도 다시 파동을 완성하고 싶은가를 묻는다네."

"저는 그저 파동을 반복만 하면 되는 줄 알았어요."

그러자 회장은 다시 죽음의 계곡 그래프를 가리켰다.

"신은 그렇게 인간이 오만하게 되길 원하지 않지."

나는 회장의 말에 내 삶을 돌아보고 고개를 끄덕였다. 나도 이십 대 때는 내가 뭐라도 되는 줄 알았던 오만했던 시절이 있었다. 순위 경쟁

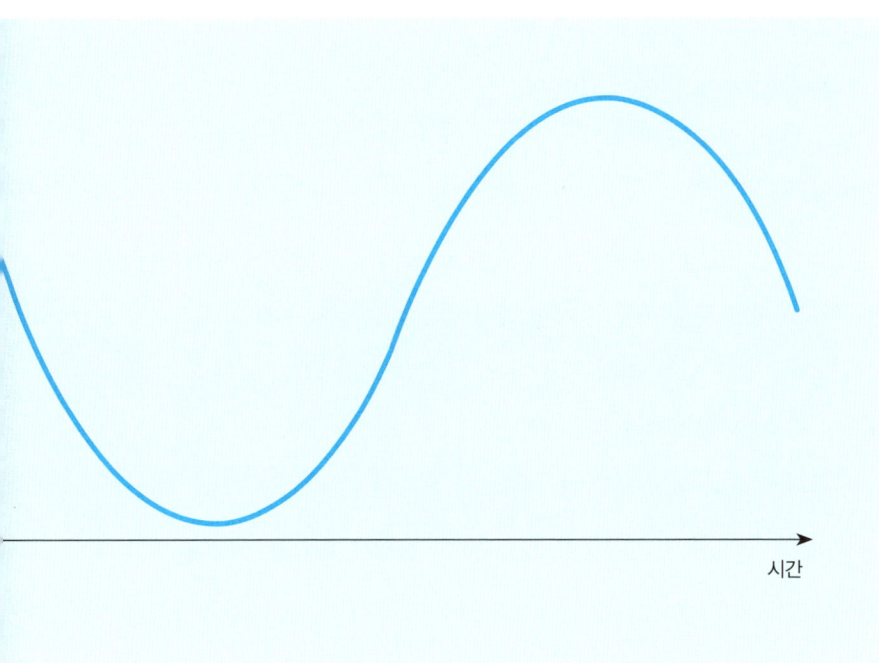

죽음의 계곡의 반전. 계곡은 자연적으로 물이 많이 흘러서 깎여나가며 생기거나 지층의 힘이 작용해 생긴다. 꿈의 힘이 강하면 이렇게 계곡이 만들어진다. 그리고 곧 치고 올라가는 힘을 보라. 애초에 꿈은 힘이 강했다. 죽음의 계곡은 성공의 계곡이었다. 우주는 파동을 그리는 자에게 더 큰 파동을 이어줄 뿐이다. 그게 성공의 전부다. 그게 우주의 전부다.

을 하면서 학교 안에서 그리고 사회 안에서 몇 번 1등을 하니까 금세 오만해졌다. 그러나 삼십 대, 사십 대를 지나며 그 시절의 오만함은 겸손함으로 쪼그라들어 있었다. 그리고 지금의 나는 두 손을 뻗어 간절함 속에서 완전함을 꿈꾸며 매일 같은 노력을 이어가는 중이다.

"그래서 지금 저의 파동에는 세상이 미동도 하지 않는 거였군요."

"하지만 자네의 간절함이 가득 차면 곧 그만한 파동을 만든다는 것을 잊지 말게. 그 파동을 반복하며 자네는 바닥에서 올라올 걸세. 자네는 파도가 되어 있을 거라네, 분명."

나는 순간 눈에 눈물이 고였다.

"오늘 회장님이 인수하셨던 기업은 네 번째 단계에서 멈춘 기업이었나요?"

"그러엄~. 그들은 당장 기업을 팔고 싶어 안달이 난 모습이었다네. 우리는 어찌나 큰 보물을 손가락 하나 까딱하고 얻었는지!"

"그래서 무릇 있는 자들은 받아 더욱 풍족하게 되고, 없는 자들은 있는 것까지 빼앗기게 되는군요."

내가 마태효과를 말하자 회장은 크게 웃었다.

"파동을 파도로 만들어본 자들은 파도가 되기 직전의 것들도 보이는 법이지."

I AM THE LASER

1917년, 아인슈타인이 발견한 빛을 강하게 만드는 법은 곧 우주의 모든 존재를 강하게 만드는 법이었다. 우주의 모든 물체는 에너지이고, 에너지는 곧 빛이기 때문에 당연했다. 그래서 빛을 강하게 만드는 법은 결국 당신을 강하게 만드는 법인 셈이다. 규칙도 간단하다. 같은 에너지는 같은 에너지를 끌어당긴다. 당신은 오늘 하루를 어떻게 보냈는가? 어제와 같은가? 같은 것을 같은 양으로 노력하고 있는가? 만약 그랬다면 그 에너지들이 서로를 끌어당겨 강해지기 시작할 것이다. 3일 전의 나와 2일 전의 나와 1일 전의 내가 완전하게 하나가 될 때, 우주에서 가장 강한 힘을 가지게 된다. 그게 1917년 아인슈타인이 발견한 레이저 법칙이다.

그리고 이제 과학자들이 말하는 모든 분야의 성공을 만드는 '1만 시간의 법칙'을 다시 들여다보자. 1만 시간의 법칙은 하루에 세 시간씩 십 년을 쌓아야 하는 법칙이다. 우리는 이제 '1만 시간'의 총량이 중요한 것이 아니라 매일 세 시간씩 일으키는 파동의 힘을 알게 되었다. 우주는 파동으로 이루어져 있다. 당신이 하루 동안 움직이는 모든 행동은 파동이 된다. 파동은 에너지이고, 에너지는 곧 빛이다. 당신이 하루 중에 하는 모든 행동은 결국 빛의 밝기를 나타낸다. 우주는 같은 빛들이 모일 때 레이저가 되도록 설계되어 있다. 레이저는 빛이 우주까지 가는 가장 강한 상태이며 유일한 전달 매개체다. 오직 빛만이 지구를 넘어 우주까지 도달할 수 있다. 심지어 레이저는 태양보다 백 배나 밝다. 그리고 만드는 법도 쉽다. 그 빛은 오직 같은 파동이 하나로 뭉쳐져 있을 뿐이니까.

당신은 무엇을 만들어 우주까지 알리고 싶은가? 당신은 무엇으로 살아가고 있는가? 그리고 그것이 어디까지 도달해 있는가? 혹시 아직 아무 곳에도 도달하지 못했는가? 그랬다면 쉰두 살의 레이 크록의 시계를 만날 시간이다. 우리는 이 책을 통해 우리가 빛이라는 사실을 깨달았다. 우리를 이루는 가장 작은 단위인 쿼크가 빛의 속도로 수백 조개가 움직이는 것을 확인했다. 그 빛을 키우는 것은 우리의 몫이라는 점도 배웠다. 간단하게 당신의 하루가 태양보다 백 배나 밝아지려면, 당신의 하루는 꿈을 이룰 만큼 매일 같아져야 한다. 매일 동일한 노력으로 1만 시간을 쌓으면 그 파동은 레이저가 된다.

우리는 이 책을 통해 세 가지 단계를 발견했다. 첫 번째, 당신은 큰 꿈을 꿔야 한다. 15센트로 15억 달러의 꿈을 꾸듯이, 당신이 정말 그만큼 크게 갖고 싶고 되고 싶은 것은 무엇인가? 레이 크록은 죽음을 앞둔 나이에 이 질문을 가장 무섭게 했던 사람이었다. 두 번째, 당신은 큰 꿈을 이룰 파동을 오랜 시간 만들어야 한다. 우주는 그만한 꿈에 그만한 파동을 요구한다. 그게 전부다. 당신이 '1년+2년+4년+8년+16년'을 거쳐 완성할 만큼 인생 전체를 아우르는 큰 파동은 무엇인가? 그리고 큰 파동을 만들기 위해 먼저 하루를 바꾸는 과정으로 한 달 동안 마인드셋을 바꿔보라. '1일+2일+4일+8일+16일'을 거쳐보

라. 큰 파동을 앞둔 당신의 몸과 마음이 준비운동을 할 시간이다. 다섯 단계만 지나도 당신의 몸과 마음은 거대한 파동을 일으키기 시작할 것이다. 몸과 마음은 불가분의 관계에 있기 때문이다. 운동을 해서 체력을 기르고, 공부를 해서 지력을 길러라. 재력은 그다음에 요구해야 한다.

그리고 한 달 동안 다섯 단계를 지나왔다면, 한 인생의 다섯 단계로 진입하라.

'1년+2년+4년+8년+16년'의 렌즈로 바꿔서 세상을 보라. 여기서 중요한 것은 당신의 한 해가 우주에게는 거대한 에너지일 뿐이라는 사실이다. 우주에게는 하루와 일 년 사이에 에너지의 차이만 존재할 뿐이다. 아인슈타인은 "물리학을 믿는 나와 같은 사람들은 과거, 현재, 미래의 구별이란 단지 고질적인 환상일 뿐이란 사실을 알고 있다"라고 말하기도 했다. 이 문장을 여러 번 되새기길 바란다.

즉, 인간이 나누는 과거, 현재, 미래의 구분은 환상일 뿐이며, 모든 것은 그저 파동이 된다는 뜻이다. 과거든 현재든 미래든 당신이 살아가는 모든 순간은 파동일 뿐이다. 그래서 당신이 꿈을 향해 3일 전과 2일 전과 1일 전이 똑같아질 때 당신은 꿈의 보강 간섭 상태에 이르게 된다. 혹시 그렇다면 3년 전과 2년 전과 1년 전의 파동도 똑같다면 그 에너지는 얼마나 강력해질 수 있을까? 죽음의 계곡에서 갓 헤엄쳐 나온 당신은 결국 그 질문의 답도 발견하게 될 것이다.

우리가 아인슈타인이 되어 우리의 과거, 현재, 미래라는 단어의 환상을 다 지우고 나면, 우리는 1년 단위가 가장 거대한 에너지라는 것을 깨닫게 된다. 인간이 쌓을 수 있는 가장 큰 에너지의 단위가 1년 단위다. 당신은 그 에너지 단위에 하나, 둘, 넷의 세상을 붙여볼 용기가 있는가? 레이 크록은 1만 개의 매장을 만들기 위해 인생의 다섯 단계인 삼십일 년을 온전히 바쳤다.

당신도 이제는 그만한 큰 꿈을 이루는 파동을 긴 시간 동안 만들어야 한다. 15센트를 '1년+2년+4년+8년+16년' 반복하니 150억 달러가 되었다. 어떤가? 당신도 그만한 무언가를 꺼내고 싶지 않은가?

그리고 마지막 세 번째 단계는 당신이 레이저가 되는 것이다. 죽음의 계곡의 무시무시한 세 번째 단계에 접어들어도 당신은 계속 같은 파동을 반복해야 한다. 홀수에는 행운이 깃들어 있다. 당신의 간절함에도 행운이 깃들기 시작할 것이다. 물론 꿈이 당신을 시험할 것이다. 그래서 세 번째 단계의 지옥에서 벗어나서 마침내 현실 속 원점으로 되돌아가도 꿈을 향한 파동을 멈추지 마라. 당신은 어느날 0.28인치의 세상을 가지게 될 것이다. 그게 홀수의 다음 행운인 다섯 번째 단계를 만날 비밀이 될 것이다.

"나는 실패하지 않았다. 단지 효과가 없는 10,000가지 방법을 발견했을 뿐"이라던 어느 과학자. 바로 세계에서 가장 많은 발명을 남긴 에디슨의 말을 기억하라. 당신도 1만 시간의 파동 속에서 같은 깨달음을 얻게 될 테니까 말이다. 결국 1955년, 레이 크록이 맥도날드 1호점을 보고 이 기회를 남에게 빼앗길까 봐 두려워했던 것보다, 더 두려워해야 했던 것은 0.28인치 감자튀김을 마침내 만들었던 M이었다. 지금 당신은 M인가? 아니면 R인가? M이라면 긴장해야 한다. 당신이 꿈꾸는 것에 기회를 놓치면 레이 크록이든 프레드든 누구든 당신의 다섯 번째 단계를 빼앗아갈 것이다. 그 안에는 모든 꿈과 풍요로움이다 깃들어 있기 때문이다.

그러니 큰 꿈을 품은 당신이여, 모든 순간에 파동을 멈추지 마라. 최종적으로 레이저가 되려면 당신은 1917년의 아인슈타인을 만나야만 한다. 그리고 그가 당신을 점검할 지점은 아주 간단하다. 당신이 꿈꾸는 것에 노새처럼 매일 같은 파동을 끊임없이 반복하고 있는지를 볼 것이다. 그의 삶도 정확하게 그러했기 때문이었다. 시샘에 가득 찬 동료 과학자들이 그의 뇌를 240조각으로 잘라봐도 노새같이 파동을 만들어왔던 사람이라는 점을 발견했을 뿐이다. 그들은 그 발견에 당황했지만, 우리는 우리의 가장 강력한 무기로 삼을 것이다. 같은 파동을 만드는 것은 아름답고 단순한 과정이다. 240조각으로 뇌를 나눌 만큼 복잡한 세상을 살아가고 있다면, 당신도 이제 그 아름답고 단순한 파동에 집중해보기를 바란다. "나는 우주의 원리가 아름답고 단순하다고 믿는다"라고 말했던 아인슈타인이 아는 세상도 같은 파동이 오랜 단계로 합쳐진 레이저의 세상이었다.

과거든 현재든 미래든 당신이 살아가는 모든 순간은 파동일 뿐이다. 파동은 같은 파동으로 뭉쳐져야 비로소 강해진다. 그걸 모른다면 당신이 젊든 늙었든 아무 기적이 일어나지 않는다. 파동은 당신의 나이를 구분하지 않는다. 당신이 젊다고 파동의 기회가 더 몰려다니는 것이 아니라는 얘기다. 당신이 쉰둘이든 스물다섯이든 수천억 년의 우주에는 아주 짧은 파동이 섬광처럼 켜질 뿐일 터. 우주가 당신을 지나치려 할 때, 당신은 레이저를 만들어야 한다.

혹시 당신도 지금 간절한 상태인가? 그러면 그만한 파동을 오늘 당장 행동하며 만들어라. 그리고 내일도 반복하고, 계속 반복해라. 같은 노력을 반복하는 자들은 같은 밝기로 우주까지 닿게 되고, 그 끝에 우주를 만든 자에게까지 닿게 된다. 그리고 오늘, 당신은 당신만의 간절함으로 첫 번째 파동을 만들 것이다. 내일도, 모레도, 계속 이어져서 거대한 파도가 될 그 파동 말이다.

파동은 빛이다. 당신의 하루가 빛으로 기록되는 것을 절대 잊지 마라. 같은 빛을 매일 모으면 레이저가 된다. 빛이 1초 만에 갈 거리를 인간은 10년이나 걸리게 늘려뒀던 신의 의지는 이제 당신의 의지가 될 차례다.

당신은 레이저다.

더 레이저 개정증보판

초판 1쇄 발행 2024년 9월 20일
초판 8쇄 발행 2025년 9월 17일

지은이 정주영
책임편집 임주하
디자인 이유나
본문 일러스트 김도희
펴낸곳 메가믹스스튜디오
이메일 megamixstudio@naver.com
주소 서울시 강남구 논현로 151길 41, 3층 (신사동)
출판신고 제2023-000221호

ISBN 979-11-983934-1-8 (03190)

- 이 책은 저작권법에 따라 보호받는 저작물이므로 무단전재와 무단복제를 금지하며, 이 책의 내용의 전부 또는 일부를 이용하려면 반드시 저작권자와 메가믹스스튜디오의 서면동의를 받아야 합니다.
- 책값은 뒤표지에 있습니다.
- 잘못된 책은 구입하신 서점에서 바꿔드립니다.